Bauwelt Fundamente 135

Herausgegeben von
Ulrich Conrads und Peter Neitzke

Florian Rötzer

Vom Wildwerden der Städte

Bauverlag
Gütersloh · Berlin

Birkhäuser – Verlag für Architektur
Basel · Boston · Berlin

Umschlagvorderseite: Stadtmodell, Originalmaßstab, als Nahkampftrainingsstation.
Quelle: The U. S. Army Corps of Engineers. Dank an Bernard W. Tate

Umschlagrückseite: Dubai Marina: The Palm Jumeirah.
Quelle: http://www.remaxunlimiteddubai.com/dynamic/content/589/palmjumeirah_
location_1_.jpg/

Bibliographische Information der Deutschen Bibliothek
Die Deutsche Bibliothek verzeichnet diese Publikation in der Deutschen Nationalbibliographie; detaillierte bibliographische Daten sind im Internet über http://dnb.ddb.de abrufbar.

Der Vertrieb über den Buchhandel erfolgt ausschließlich über den Birkhäuser Verlag.

© 2006 Birkhäuser – Verlag für Architektur, Postfach 133, CH-4010 Basel, Schweiz
und
Bauverlag BV GmbH, Gütersloh, Berlin

bau | | **verlag**

Eine Kooperation im Rahmen der Fachverlagsgruppe Springer Science+Business Media

Gedruckt auf säurefreiem Papier, hergestellt aus chlorfrei gebleichtem Zellstoff. TCF∞

Printed in Germany
ISBN-10: 3-7643-7462-4
ISBN-13: 978-3-7643-7462-4

9 8 / 6 5 4 3 2 1   http://www.birkhauser.ch

Inhalt

Vorab

Bücher können schwere Geburten sein. Das war auch in diesem Fall so, weil ich versucht habe, im Unterschied zu meinen Exkursen vor zehn Jahren (*Die Telepolis: Urbanität im digitalen Zeitalter*), als der Kalte Krieg hinter uns lag, der „lange Boom" begann und das Internet seinen Siegeszug antrat, vom insgesamt optimistischen Grundton abzugehen. Der 11. September war sicherlich das Ereignis, mit dem sich endgültig eine neue Zeit auf schreckliche Weise einläutete. Sie zwingt, auch gegen den eigenen Willen, einen anderen, vorerst düsteren Blick auf die Welt zu werfen. Auf dem Hintergrund meiner journalistischen Arbeit, die mich täglich mit den politischen, militärischen und technologischen Realitäten und Konzepten konfrontiert, entstand dieses Buch. Ohne Elisabeth Blum und Peter Neitzke, die mich zunächst aufforderten, einige Aufsätze zu einem Buch über die Stadt zu versammeln, wäre es gar nicht zustande gekommen. Damit war ich gefangen und es entstand in aller gebotenen Eile daraus ein durchaus anderes, für mich abenteuerliches Projekt, viele, meist nicht verbundene Entwicklungen zusammenzuführen. Mehr als ein Essay im buchstäblichen Sinne kann das nicht sein. Peter Neitzke hat mir wichtige Anregungen gegeben. Danken möchte ich auch meinen Mitarbeitern bei *Telepolis* – Michaela Simon, Thomas Pany, Wolf-Dieter Roth, Michael Schuberthan, Joachim Schlesener – für manche Unaufmerksamkeit und Abwesenheit während der Zeit des Schreibens. Mit mir aushalten mußten in besonderer Weise auch meine Frau, Sara Rogenhofer, und mein Sohn Laurin. Auch ihnen möchte ich für die Geduld danken.

Rückblick aus der urbanisierten Welt

Seit der Entstehung der ersten Städte in der „städtischen Revolution"
im Vorderen Orient, die etwa ab 7000 v. Chr. einsetzte und zu einer
explosiven Ausbreitung der Stadtkultur führte, waren diese durch Mauern und Gräben geschützt und vom umgebenden Land als System abgegrenzt. Schon die Menschen, die zuvor in Dörfern lebten, hatten diese
oft mit Zäunen oder Wällen umgeben, um sich und die Tiere vor Fein-
den, Räubern oder wilden Tieren zu schützen. Eine der ältesten Städte
mit einer Mauer ist wohl Çatal Hüyük im heutigen Anatolien. Die
Stadtmauer von Jericho mit einer Höhe von sechs Metern (!) wird auf
etwa 6000 v. Chr. datiert. Als zentrale, auf räumliche Nähe und Akku-
mulation zur Erhöhung der Geschwindigkeit basierende Prozessoren
der Kultur konzentrierten sich in den Städten schnell Macht, Wissen,
Reichtum und Innovation in jeder Hinsicht, weil sie als Katalysatoren
der Veränderung fungierten und sich vom Land und seinen Traditionen distanzierten. Städte waren in der Geschichte der Menschen eine
wahrhaft einschneidende Erfahrung. Mit ihnen wuchs aus den verstreuten Gemeinschaften ein neuer Superorganismus, der mit einem Kopf
vergleichbar ist und in seinem umgebenden Land wie in einem Leib
steckt, den er zur Sicherstellung seiner Ressourcen benötigt, während
der „Kopf" über die Verdichtung der Kommunikation durch Straßen
und Medien in engem Kontakt zu dem sich bildenden Netzwerk von
anderen urbanen „Köpfen" stand.
Städte wurden begehrte Ziele für Angreifer, weil sie die Machtzentren
und Schatzkammern einer Region waren. Die Stadtbewohner schützten
sich durch immer stärkere und ausgeklügeltere Anlagen gegen mögliche
Angriffe. Schon 3000 v. Chr. gab es recht ausgedehnte Städte. So umfaßte
die Stadt Ur in dieser Zeit mit einer Schutzanlage bereits ein Gebiet von
100 Hektar. Im Zentrum der Stadt gab es weitere Festungsanlagen, darunter auch einen Turm zur Beobachtung der Umgebung (Ziggurat). Vor
allem die Mauern wurden damit zu scharfen Markierungen der Grenze
zwischen dem Innen und dem Außen und wiederholten damit die räumliche Aufteilung, die auch den umbauten Raum der Gebäude vom Drau-
ßen abgrenzte. Lange Zeit wuchsen die Mauern mit den Städten, die sich
auch schon vor langer Zeit gelegentlich in Metropolen verwandelten.
Über die von den Stadtmauern markierte Grenze ließen sich nicht nur
Feinde abwehren, sie boten auch die Möglichkeit, alles Ein- und Ausgehende zu kontrollieren.

In den verdichteten Räumen der Städte lösen sich Traditionen und überkommene Lebensweisen auf, werden Innovationen schneller entwickelt und aufgenommen. Sie waren und sind noch immer Katalysatoren der sozialen, wissenschaftlichen und technischen Veränderung, in denen mit allen auch negativen Erscheinungen und Folgen das Neue entsteht. Städte waren und sind noch immer, auch wenn die virtuelle Metropole im Cyberspace einen Teil dieser Dynamik übernommen und abgelöst hat, *die* Motoren des Fortschritts. Hier prallt das Heterogene aufeinander, vertiefen sich die Widersprüche, bilden sich neue Allianzen und beschleunigen sich die Trends. Möglicherweise waren die alten Städte mit ihrem hoch verdichteten Raum und der Bildung von Massen auch eine Art sozialer Dampfdrucktöpfe, weil sie lange Zeit klar und deutlich von der Umgebung abgegrenzt und so deutlich identifizierbare, aber oft zum Bersten gespannte Entitäten waren. Die Mauer, die Haut, die Grenze schützte vor dem Außen und verdichtete das Innen, so daß sich Kettenreaktionen ausbilden kann oder eine Fluchtgeschwindigkeit von Prozessen entsteht, die sich vom Herkömmlichen lösen.

Die Kriegstechnik von den Kanonen bis hin zum Luftkrieg machte die Mauern anachronistisch, die Industrialisierung ließ die Städte überborden und führte schließlich, vorangetrieben durch die neuen Transport- und Kommunikationsmittel, zu teils riesigen urbanen Regionen. In diesen sind die alten Stadtstrukturen nur noch eingelagert, und man kann sich fragen, ob die Nivellierung der alten Gegensätze durch das Verschwimmen der Grenzen eine Ruralisierung der Städte oder eine Urbanisierung des Landes bewirkt. Mit den in ihr einstiges Umland ausfließenden Städten und den durch schnelle Transportmittel und Medien zusammenwachsenden Regionen verliert der herkömmliche Unterschied von Stadt und Land seine Schärfe und entstehen neue zusammenhängende Siedlungsgebilde mit dichten Kernen, Vororten, Gewerbegebieten, Dörfern, landwirtschaftlichen Flächen und anderen Gebieten. Joel Garreau hat diese Entwicklung noch immer aus dem Blick der Stadt mit dem Begriff „edge cities" zu fassen versucht. Dieser Prozeß spielt sich nicht nur räumlich ab: Mit den schnellen Transportmitteln und Informations- und Kommunikationsmedien schwindet auch der Vorsprung, den die Städte durch ihre Konzentration des Raums, der Massen, des Verkehrs, der Waren, des Wissens, des Geldes etc. vor dem Land innehatten. Weiterhin von Städten oder Urbanisierung zu sprechen, wie dies auch hier geschieht, steht in der Gefahr, falsche Konnotationen mit „alten" Stadtvorstellungen nach sich zu ziehen, die noch immer in unseren Köpfen vorherrschen. Allerdings fehlen neue Begriffe, um die neuen, nur teilweise urbanen Siedlungsformationen wirklich zu kennzeichnen.

Auch wenn in manchen Teilen der Welt die Städte mit der aufgrund strenger Zuwanderungsbeschränkungen und sinkender Geburtsraten zurückgehenden Bevölkerung schrumpfen, wird die überwiegende Zahl der Menschen in der Zukunft in Städten beziehungsweise urbanen Regionen leben, in denen auch der größte Bevölkerungszuwachs stattfinden wird. Die Stadt wird zum Schicksal, der Planet und die Menschheit urbanisiert. Um 1800 lebten nur wenige Prozent der Menschen in Städten, um 1900 sollen es um die 14 Prozent der Weltbevölkerung gewesen sein. 1950 gab es 86 Städte mit einer Million Einwohner oder mehr, heute sind es mehr als 400.

Jetzt lebt bereits mehr als die Hälfte aller Menschen in Städten, in manchen Regionen wie in den Industrieländern sind dies schon 80 Prozent. Bis 2030 sind zwei Drittel aller Menschen Stadtbewohner. Noch immer wandert jeden Tag eine Million Menschen in Städte – oder in urbane Regionen. Jedes Jahr wächst so die urbane Bevölkerung hinsichtlich der Bevölkerungszahl um ein Land wie Frankreich oder in einer Größenordnung von mehreren Megacities an. Die weitere Urbanisierung findet fast ausschließlich in Ländern der Dritten Welt und in Brasilien, China und Indien statt. In diesen Ländern leben bereits etwa so viele Menschen in Städten wie insgesamt in Europa und in den USA. Und hier werden sich bis 2020 auch neun der zehn bevölkerungsreichsten Megacities befinden.

Die Stadt als Risiko

In einer zunehmend urbanisierten Welt wachsen mit den Städten auch die Risiken, zum Opfer von Katastrophen zu werden, gleich ob es sich um die Folgen von Terroranschlägen, Naturereignissen oder technischen Unfällen handelt. Nur mit großem Aufwand ließen sich Vorkehrungen vor manchen der Risiken treffen, die Städte betreffen können. Vor allem bei den schnell wachsenden Megacities mit über 10 Millionen Bewohnern oder urbanen Ballungsräumen in den Entwicklungsländern, in denen sich viele Menschen ungesteuert in Slums oder wilden Siedlungen niederlassen, wächst die Wahrscheinlichkeit, daß sich schwere Katastrophen ereignen können. Als 1984 durch eine Explosion in einem chemischen Werk des US-Konzerns Union Carbide 40 Tonnen hochgiftige Gase (Methylisocyanat) die indische Millionenstadt Bhopal und vor allem die nahe gelegenen armen Stadtviertel überzogen, starben unmittelbar zwischen 5.000 und 7.000 Menschen, in der Folge weitere 15.000 bis 20.000 Menschen an diesem Unfall, der an einen kriegerischen Akt erinnert. Er macht vorstellbar, was geschehen könnte, wenn es sich nicht um einen Unfall handelt, sondern gezielt Anschläge mit chemischen Waffen auf Städte ausgeführt würden. Auch 20 Jahre nach dem Unfall ist in Bhopal das Grundwasser noch kontaminiert, über 100.000 Menschen leiden an chronischen Erkrankungen.

Ein Jahrzehnt darauf ereilte eine andere Millionenstadt eine Katastrophe. Im Januar 1995 richtete ein Erdbeben der Stärke 7 auf der Richterskala in der japanischen Stadt Kobe gewaltige Schäden an. Über 6.000 Menschen starben, der volkswirtschaftliche Schaden war enorm. Hätte ein solches Erdbeben direkt eine Megacity wie Tokio, Mumbai, Mexiko-Stadt oder Los Angeles getroffen, dann wären die Schäden weitaus größer gewesen.

Noch sind solche großen urbanen Katastrophen, verursacht durch Unfälle oder Terroranschläge, selten. Naturkatastrophen überwiegen – trotz Tschernobyl, Vesevo und anderen Industrieunfällen – bei weitem, allen voran verheerende Stürme und Hochwasser. Sie sind die häufigsten Ursachen von Schäden durch Naturereignisse, wie Wolfgang Kron von der Münchner Rück berichtet: „Rund ein Drittel aller Schadenereignisse und ein Drittel der volkswirtschaftlichen Schäden sind weltweit auf die Folgen von Hochwasser zurückzuführen; fast die Hälfte aller Menschen, die in den vergangenen Jahrzehnten bei Naturkatastrophen getötet wurden, waren Hochwasseropfer." Überschwemmungskatastrophen und die von ihnen verursachten Schäden hätten in den letzten Jahrzehnten erheblich zugenommen. Bei der Münchner Rück geht man davon aus, daß man aufgrund der Klimaveränderung, des Bevölkerungswachstums und mangelnder Vorsorge durch Bebauung gefährdeter Gebiete vermehrt mit der Zunahme solcher Katastrophen rechnen müsse, was bereits die ersten Jahre des neuen Jahrhunderts gezeigt hätten. Und in dem Anfang 2005 veröffentlichten Bericht *Megastädte – Megarisiken: Trends und Herausforderungen für Versicherung und Risikomanagement* macht die Münchner Rück darauf aufmerksam, daß von diesen Risiken zunehmend auch die großen Städte betroffen sein werden: „Megastädte sind allen klassischen Gefahren ausgesetzt, aber sie sind überproportional exponiert und angreifbar. Sie schaffen Risiken neuer Dimension – Megarisiken. Tsunamis zum Beispiel könnten auch Ballungsräume im Küstenbereich gefährden. Tokio und Miami etwa liegen in hoch erdbeben- beziehungsweise hurrikangefährdeten Gebieten."

Gefahren treten auch dann auf, wenn es durch den Klimawandel eigentlich weniger regnet, dafür aber die Niederschläge kürzer und heftiger ausfallen und so Überschwemmungen auslösen, wie sie auch in Deutschland aufgetreten sind. Da große Städte mit weitflächig überbautem Boden und ihrer größeren Abgabe von Hitze sich sozusagen eine eigene Klimaglocke schaffen, können dadurch auch Unwetterschäden verstärkt werden, wie die Versicherungsgesellschaft erklärt: „Besonders über dicht bebauten Stadtgebieten – also Gebieten mit hoher Wertedichte – können sich durch die verstärkte Konvektion lokale Unwetter manchmal geradezu explosionsartig entladen und extreme Niederschlagsintensitäten auslösen. Diese sind oft verbunden mit hohen Blitzdichten, Hagelschlag und orkanartigen Böen, manchmal bis hin zu Tornados. Wegen des hohen Versiegelungsgrads in urbanen Gebieten strömt der Starkregen direkt zu den städtischen Entwässerungssystemen, die dafür nicht ausgelegt sind, so daß Unterführungen, Keller und manchmal auch U-Bahn-Schächte mit Wasser vollaufen." Tokio (35 Millionen Einwohner) erstreckt sich beispielsweise über eine Fläche von 13.000 Quadratkilometern, Los Angeles gar über 14.000 Quadratkilometer, obgleich hier mit 16 Millionen Einwohnern nicht einmal halb so viele Menschen leben. Begreift man das Ruhrgebiet (11 Millionen Bewohner) als urbanen Ballungsraum, so überzieht dieser auch fast 10.000 Quadratkilometer und ist damit größer als die Fläche, die Megacities wie Mumbai (20 Millionen), São Paulo (20 Millionen) oder Mexiko-Stadt (22 Millionen) bedecken, deren Stadtgebiet nur zwischen 4.000 und 5.000 Quadratkilometer umfaßt.
In schneller Folge sind 2005 Städte zu Opfern von Naturkatastrophen geworden. Eingeleitet wurde die Serie vom Tsunami in Südostasien, der mit unterschiedlicher Kraft der Verwüstung die Küstenregionen in Sri Lanka, Indien, Bangladesch, Burma, Thailand und Indonesien betroffen hat und auch geographisch bereits eine internationale Katastrophe war. In dem von von Cordt Schnibben herausgegebenen Buch *Tsunami – Geschichte eines Weltbebens* (München, 2005) wurde gar von einem „Weltbeben" gesprochen, vielfach galt sie als „Jahrhundert-Katastrophe", wobei diese quantitative Einstufung auf einer durchaus ambivalent zu verstehenden Hit-Liste schon auf die Erwartung einer weiteren Steigerung hinweist. Trotz der hohen Opferzahlen von vermutlich über 200.000 Toten sowie von Millionen Obdachlosen blieben die großen Städte weitgehend verschont. In der Erinnerung aber dürften bei vielen die Bilder der Städte besonders auf Sumatra wie Banda Aceh geblieben sein. Die Stadt mit mehr als 300.000 Einwohnern war von der Flutwelle auf einen

Schlag zu großen Teilen einfach von der Landkarte gelöscht worden. Symbolisch sah man auf einer freigeräumten Ebene, auf der zuvor noch ein Stadtviertel war, nur noch den Turm einer Moschee, der den Fluten widerstanden hatte. Ansonsten war die weitgehend zerstörte Stadt voller Trümmer, Unrat und Leichen, dazwischen irrten Überlebende herum. Apokalyptische Bilder für die Menschen in den Wohlstandsfestungen wohl auch deswegen, weil sie nicht nur mehr oder weniger live die Bilder des Schreckens über das Fernsehen und das Internet ins Haus geliefert bekamen, sondern auch, weil viele die Region als „Urlaubsparadies" kannten, über dessen Idylle nun die Katastrophe hereingebrochen war. Auch wenn zuvor schon Entführungen und Anschläge von Terroristen Touristen und ihren Urlaubsorten in Bali, Tunesien, Kenia oder Ägypten galten, war dieser „Terrorangriff der Natur" auf die Zufluchtsstätten der Menschen aus den reichen Ländern doch ein Einschnitt und auch eine Erinnerung daran, daß Naturkatastrophen, darin Terroranschlägen ähnelnd, sich immer und überall plötzlich ereignen können, daß es keine sicheren Orte und Regionen auf der Welt gibt – und natürlich, daß die Orte, die am dichtesten bevölkert sind, von Katastrophen am schlimmsten betroffen sein können, während sie zugleich die begehrtesten Terrorziele sind.

Der Tsunami in Südostasien brachte ein Ereignis wieder in Erinnerung, das wie wenige andere sonst die Geschichte der Moderne skandiert und geprägt hat. Wie in Südostasien folgte auch dem Erdbeben von Lissabon, der damals viertgrößten europäischen Metropole, am 1. November 1755 eine gewaltige Flutwelle, die einen Großteil der Stadt und der übrigen Siedlungen an der Küste zerstörte. 60.000 Menschen, manche sagen auch 100.000, sind vor allem durch die Flutwelle getötet worden, die eine Höhe zwischen 6 und 20 Meter erreicht haben soll. Sie hat viele tausend Menschen in den Tod gerissen, die zunächst vor dem Erdbeben aus der Stadt an den Tejo geflüchtet waren. Was Erdbeben und Flutwelle nicht zerstörten, sollte das Feuer vernichten, das eine Woche lang in der Stadt wütete. Lissabon war eine große Stadt in einem kleinen Land am Rande Europas, dank der Ausbeutung Lateinamerikas und des Welthandels eine blühende und reiche Handelsmetropole, die plötzlich nicht mehr existierte.

Man lernte damals schnell, schaffte offenbar ein gutes Katastrophenmanagement und begann damit, den Schutt zu beseitigen und das neue Lissabon aufzubauen, während die Katastrophe den Grundstein für die Seismologie legte, für die Wissenschaft der geologischen Katastrophen.

Es dauerte lange, bis sich die Nachricht über die zerstörte Stadt herumsprach; heute ist das nur noch eine Frage von Minuten. Von den 250.000 Einwohnern kostete das Erdbeben von Lissabon zwischen 50.000 und 100.000 Menschen das Leben. Schäden durch zusammenstürzende Gebäude sowie durch die Flutwelle gab es auch an der Algarve und in Spanien. Bemerkt wurde das Beben fast in ganz Europa, die Flutwelle konnte angeblich sogar noch in Südamerika oder in Finnland wahrgenommen werden. Den einen galt die Katastrophe als ein göttliches Strafgericht, das wieder einmal ein Babylon ereilt hat; für die Rationalisten unter den Aufklärern war es vor allem eine geistige Erschütterung. In die beste aller möglichen Welten, der Theodizee der Aufklärung, die mit dem Glauben an die ehernen Gesetze der Natur und den kontinuierlichen Fortschritt des Geistes verbunden war, mußten nun Katastrophen eingebaut werden. Das schmälerte einerseits die der Vernunft zugeschriebene, auf fest gefügten natürlichen Ordnungen ruhende Kraft, eröffnete aber andererseits mit der Abwendung von der Gewißheit und dem Immerwährenden zur Berechnung des Wahrscheinlichen auch den Vorstellungshorizont von einer kreativen Destruktion, einer Ästhetik des Erhabenen und eines sozialen Bebens, einer gesellschaftlichen Revolution, die schließlich auch zum Umsturz der gesellschaftlichen Ordnung führte. Die Natur hatte sich zurückgemeldet, bedrohte die Fundamente der Vernunftarchitektur und betraf nicht mehr nur die Menschen auf dem Land, sondern eben auch die in den naturfernen, künstlichen urbanen Welten, die trotz aller, von den modernen Medien nur verstärkten mentalen Attraktionen durch reale und vorgestellte Katastrophen im immer kurzen Gedächtnis vor den Naturgewalten sicher zu sein schienen. Die Angstlust am Untergang hatte sich allerdings schon seit dem Aufkommen von Städten mit diesen verbunden, weil deren Zerstörung real und in der Vorstellung durch Naturkatastrophen, von Gott oder Menschenhand verursacht beeindruckende Spektakel bot: Atlantis, Babylon, Sodom und Gomorrha, Troja sind nur einige der mythischen Vorbilder für die zugleich imposanten und riskanten räumlich verdichteten Stadtgebilde, die das Land beherrschten und sich mit mächtigen Mauern schützten, hinter denen sich eine neue Kultur mit einer außerordentlichen Dynamik und einer künstlichen Wirklichkeit herausbildeten.

Man konnte nicht mehr davon ausgehen, daß der Fortschritt einfach immer so weiter geht, daß die Natur ein von Technik und Wissenschaft irgendwann endgültig gezähmtes Objekt sein werde. Seitdem ist das Wissen um die Unvermeidbarkeit von Naturkatastrophen größer geworden.

Aber es hat sich, zumindest in den reichen Ländern, mit den permanenten Warnungen vor neuen Epidemien, gigantischen Flutwellen, Vulkanausbrüchen, Erdbeben, die Megacities bedrohen, möglichen Einschlägen von Asteroiden und all den Folgen, die mit dem Umbau der Ökosysteme, der wachsenden Weltbevölkerung und einer Klimaerwärmung einhergehen können, wieder ein trügerisches Gefühl von Sicherheit eingestellt, das mit Beginn des 21. Jahrhunderts nun Schlag auf Schlag zu erodieren scheint. Eingeleitet von den Anschlägen vom 11. September und den Szenarien der Bedrohung durch Massenvernichtungswaffen, die – wie im Kalten Krieg die Atombombe – vornehmlich auf die räumlich verdichteten Städte gerichtet sind, über den Tsunami von Südostasien, drohende Grippeepidemien, das Erdbeben, das weite Teile von Kaschmir betraf, auch zahlreiche Städte, aber keine Megacities, bis hin zu den Orkanen, die 2005 in gehäufter Folge über die Karibik, Mittelamerika und die USA zogen und in den USA auch wieder die Verletzlichkeit moderner Gesellschaften vor Augen führte.

Die Schäden, die der Hurrikan Katrina in New Orleans verursacht hat, waren vorhersehbar. Nicht vorhergesehen wurden jedoch die Folgen, die in einer Gesellschaft entstehen, die nicht nur tief sozial und ethnisch geteilt ist, sondern in der sich der Staat auch aufgrund der damit verbundenen Ideologie der Eigenverantwortung weit aus der systematischen Vorsorge für seine Bürger zurückgezogen hat und eher schlecht als recht Nothilfe organisiert – vergleichbar den Spenden von Privatpersonen oder Unternehmen, die zwar Hilfe leisten, aber strukturell nichts verändern und mit deren Geldern nicht gerechnet werden kann. Die Flutwelle zog so plötzlich die Decke über einer Stadt weg und gab den Medien und damit der Öffentlichkeit den Blick auf die meist vergessenen Stadtviertel und ihre verarmte Bevölkerung frei. Wer konnte, floh. Wer nicht über finanziellen Mittel und kein Auto verfügte, blieb zurück. Aus dem Sturm und der Flut tauchten schließlich die Menschen auf, die in der Wirtschaft und Gesellschaft keinen Platz finden, und dazu die Orte, die normalerweise weder die wohlhabenderen Bewohner noch gar Touristen betreten. Viele der Bewohner kamen aus diesen armen Vierteln oder Ghettos mit den schlechten Adressen und den verbauten Aussichten kaum jemals heraus.

Wie in New Orleans fallen in den urbanen Druckkesseln schnell die Hemmschwellen, bricht Gewalt und Zerstörungswut aus und kommt es zu Plünderungen. New Orleans aber ist eine relativ kleine Stadt in einem reichen Land. Trotz vieler Probleme und einer viel zu spät einsetzenden staatlichen Katastrophenhilfe wurden schließlich Hunderttausende Obdachlose, die zeitweise oder auf Dauer nicht mehr in ihre Häuser und Wohnungen zurückkonnten, woanders untergebracht. Dazu kamen die Menschen, die ihre Arbeit oder ihre Geschäfte verloren haben. Bei einer Megacity hingegen hätten Millionen auf einen Schlag fortgebracht und versorgt werden müssen. Kaum vorstellbar, wie dies je geschehen soll. Aber die Möglichkeit ist durchaus konkret. Schon jetzt leben 100 Millionen Menschen beispielsweise in Gebieten, die unter dem Meeresspiegel liegen oder überflutet werden können. Darunter eben auch Megacities, in die immer mehr Menschen strömen und deren Slums besonders bedroht sind. Steigt aufgrund der Klimaerwärmung, wie befürchtet, der Meeresspiegel an und nehmen die Stürme an Zahl und Heftigkeit zu, muß man mit einer großen Katastrophe rechnen. Werden dann zig Millionen zu „Umweltflüchtlingen", wie eine neue, von der UNO geprägte Kategorie heißt, so dürften, abhängig vom Ort der Flutkatastrophe, die Probleme der großen Städte mit einem abrupt anschwellenden Strom von Migranten noch einmal drastisch anwachsen. Auch die langsam voranschreitende Umweltzerstörung wird dazu führen, daß die Migrantenströme vor allem in die Städte noch einmal anwachsen. Die UNO befürchtet, daß in den nächsten Jahrzehnten durch die Klimaerwärmung, aber auch durch Raubbau, Bevölkerungszunahme und als Folge der Globalisierung bis zu 30 Prozent der Landflächen zu Wüsten werden können. Das drängt die Menschen noch weiter als bisher zusammen und intensiviert den Druck auf das Land und das Wachstum der Städte.

Nach Angaben der UNO hat sich beispielsweise die Bevölkerung von Sana'a, der Hauptstadt Jemens, seit 1972 alle sechs Jahre verdoppelt. Nun liegt sie bei etwa 900.000, aber das Grundwasser sinkt jährlich um sechs Meter. 2010 wird es erschöpft sein. Aber auch andere Veränderungen vollziehen sich mit großer Geschwindigkeit. Die Wüste Gobi in China vergrößert sich jedes Jahr um 10.000 Quadratkilometer. Die von ihr ausgehenden Sandstürme reichen bis Korea oder Japan. Die Wüste schiebt sich auch in den nordafrikanischen Ländern wie Marokko oder Algerien immer weiter vor. In Ägypten ist die Hälfte des bewässerten Landes bereits versalzen. Auch in den USA gibt es dramatische Veränderungen. So verliert Louisiana jährlich 65 Quadratkilometer Land an das Meer. In Europa wird im Mittelmeerraum der Wassermangel in den nächsten Jahrzehnten steigen. Durch Trockenheit, Waldbrände, Erosion sowie eine falsch betriebene Land- und Forstwirtschaft und intensiver Bewässerung droht mindestens ein Drittel Spaniens zur Wüste zu werden. Schon jetzt leidet die iberische Halbinsel unter einer extremen Trockenheit und Hitze. Wenn es weniger schneit, werden auch im Mittelmeerraum die Flüsse im Sommer weniger Wasser führen und wird das Grundwasser absinken.

New Orleans als Opfer von Katrina ist nicht vergleichbar mit anderen Städten, aber es ist dennoch ein weiteres Beispiel dafür, mit welchen Risiken die urbanisierte Gesellschaft in Zukunft mit steigendem Meeresspiegel und häufigeren Stürmen zu rechnen hat. In Zukunft muß damit gerechnet werden, daß Katastrophen wie beim Tsunami Ende 2004 weitaus größer ausfallen werden, wenn viele Millionen Menschen gleichzeitig zu Opfern werden, fliehen oder evakuiert werden müssen. Eine Massenkatastrophe, die eine Metropole und damit Millionen Menschen auf engstem Raum betrifft, wäre kaum zu bewältigen. Bei dem „Test" durch Katrina, vier Jahre nach dem 11. September, wurde die Frage gestellt, ob die amerikanische Gesellschaft auf eine große Katastrophe vorbereitet ist. Die Regierung im reichsten Land der Erde hat versagt. Die vom Orkan verursachten Schäden waren vermutlich schwerer, als dies bei kurzfristig vorhersehbaren Terroranschlägen der Fall wäre, selbst wenn schmutzige Bomben oder chemische Waffen verwendet würden. Aber man hatte sich tagelang vorbereiten können, was bei einem Terroranschlag nicht möglich ist.

Nach dem Hurrikan standen in New Orleans große Teile unter Wasser. Die Bilder aus der überschwemmten Stadt erweckten bei Kommentatoren nicht nur Eindrücke, wie sie bei Katastrophen in Dritte-Welt-Ländern entstehen, sondern auch solche, die an apokalyptische Filmbilder erinnerten. Menschen saßen auf Dächern, Leichen trieben im Wasser, Plünderer holten, was sie finden konnten, Gewalt brach aus, die Vertreter der staatlichen Macht und Ordnung waren hilflos oder zeigten sich in manchen Vierteln zunächst gar nicht. Die Reichen und die Menschen aus der Mittelklasse waren aus der Stadt geflohen, die nicht überfluteten Teile der Stadt, in denen die Wohlhabenden leben, wurden aus der Luft und auf dem Land versorgt, Besitz und das Leben durch private Sicherheitskräfte geschützt. Schwer bewaffnete Polizisten und Soldaten beherrschten tagelang das Stadtbild. Die untergetauchte Stadt war zu einem gefährlichen Terrain geworden. Auch wenn nach Tagen des Chaos schließlich Polizei und Nationalgarde für Ordnung sorgten, war die Stadt dort, wo sie überflutet war, zu einer mitunter gefährlichen Müllkippe geworden. Das ist die andere Seite auch von reichen Städten und Stadtvierteln, in deren Infrastruktur, Gebäuden und Fabriken, Materialien und Waren potentielle Schadstoffe lauern. In einer Stadt wird nicht mehr Gebrauchtes oder Überschüssiges normalerweise kontinuierlich hinausgeschafft. Der Müll landet in Deponien, wird verbrannt oder bestenfalls recycelt. Im Falle einer Katastrophe zeigt sich die technische Zivilisation hingegen als Produzent von riesigen Mengen riskanten Mülls. In New Orleans handelte es sich um Millionen von Kubikmetern von Abfall, der langwierige Probleme der Entsorgung schafft, sollten die vermüllten Stadtteile je wieder benutzt werden.

Das Wasser war zunächst wie nach einem Angriff mit biologischen Waffen mit Krankheitskeimen und wie nach einem Anschlag mit chemischen Waffen mit Öl, Schwermetallen, Herbiziden und anderen gefährlichen Rückständen verseucht. Das wäre auch in jeder anderen Stadt so. Einige starben an Krankheiten, die durch das verseuchte Wasser verursacht wurden. Schiffe, Autos, Tanks, Rasenmäher und andere Maschinen hatten gewaltige Mengen an Öl ins Wasser abgegeben. Dazu kam Öl aus überfluteten Raffinerien und beschädigten Ölbohrtürmen. Aus den überfluteten oder zerstörten Häusern dürfte sich eine Flut von Reinigungsmitteln, Farben, Asbest, Batterien und elektronischen Geräten stammenden Schadstoffen über das Land und im Wasser verbreitet haben. Dazu kamen gefährliche Substanzen aus Mülldeponien und von Industrieanlagen. Die *DeLisle*-Fabrik von DuPont, dem zweitgrößten Hersteller von Titanium-Dioxid in den USA, wurde überflutet. Die Fabrik hinterläßt jährlich 7.000 Tonnen Giftabfall, der teilweise in Müllplätzen gelagert wird, die mit der Flut ihre Inhalte preisgaben. Lois Gibbs, Direktor des *Center for Health, Environment and Justice*, fragte einige Tage nach der Flut: „Die ganze Stadt ist jetzt eine gefährliche Müllhalde. Wie säubern wir eine ganze Stadt, eine ganze Region?"

Anfang November 2005 waren wieder zwischen 60.000 und 100.000 Menschen in die Stadt zurückgekehrt, aber es handelte sich weitgehend um Weiße und Menschen aus dem Mittelstand. Damit hatte sich zumindest vorerst die Bevölkerungsstruktur radikal verändert, denn vor der Flut waren zwei Drittel der Bewohner schwarz. Das French Quarter und die höher gelegenen reicheren Viertel waren schnell wieder zugänglich, aber der Großteil der Stadt war zwei Monate nach der Katastrophe noch vermüllt und ohne Strom. 80 Prozent der geflüchteten und evakuierten Menschen, in der Mehrzahl Schwarze, lebten noch Monate darauf in Hotels, in neuen Wohnungen oder in Wohnwagen. Viele werden nicht mehr zurückgehen können, viele wollen auch gar nicht mehr. Ob New Orleans wieder einmal eine größere Stadt werden oder vielleicht nur ein kleinerer Touristenort mit weitgehend weißer Bevölkerung bleiben wird, ließ sich selbst im Januar 2006 noch nicht sagen. Allerdings war das ehemalige New Orleans wegen der hohen Armut auch eine gefährliche Stadt gewesen. Jährlich gab es hier 72 Morde auf 100.000 Einwohner, in New York sind es zum Vergleich sieben. In New Orleans soll es, wie es in Zeitungsberichten hieß, Tausende von Kriminellen, Drogenhändler und Gangs gegeben haben. Sie seien mit den Einwohnern geflüchtet und bislang nicht wiedergekommen. Nach der Flut und mit dem Auszug der Armen und Überflüssigen sei, so der Polizeichef Warren J. Riley Ende Dezember 2005, zu einer der sichersten Städte in den USA geworden. New Orleans wurde durch den Hurrikan zu einer überschaubaren Kleinstadt.

New Orleans demonstrierte, daß der Terrorismus gegenüber dem, was Naturkatastrophen anrichten können, ein vergleichsweise kleines Problem ist. Die Bilder von der zeitweise untergegangenen Stadt wiesen aber auch auf die Hilflosigkeit eines Staates hin, der ungeheure Ressourcen in die Abwehr der von Terroristen ausgehenden Gefahr für das Land steckte und dann plötzlich hilflos und wie gelähmt dasteht, wenn die Bedrohung aus einer unvermuteten Richtung kommt.

Wenn sich nicht gerade eine Katastrophe ereignet hat, werden in einer vom medialen Kurzzeitgedächtnis beherrschten Gesellschaft Ressourcen von den die Medien und die kollektive Aufmerksamkeit weniger ansprechenden Aufgaben abgezogen. Verbesserungen der Infrastruktur, Schutz vor Naturkatastrophen oder Sicherung der gesellschaftlichen Solidarität oder des sozialen Friedens durch den Umbau der Städte und Sozialprogramme liefern keine aufregenden Bilder. Und selbst wenn eine Naturkatastrophe geschieht, wird sie zwar kurz „prominent" und wirkt verstörend, aber verliert schnell – abgesehen von den unmittelbar Betroffenen – an Aufmerksamkeit, da es ein Geschehen ohne Täter ist, auch wenn es im Hinblick auf die Gefahrenabwehr Verantwortliche für das Nichtstun gibt. Aber Nachlässigkeit ist eben etwas anderes als mörderische Absicht.

Die absehbare Naturkatastrophe in Form des Hurrikans Katrina hat in den USA, deren System ganz auf Terrorabwehr und -bekämpfung ausgerichtet war, die Dimensionen wieder zurechtgerückt. Deutlich wurde, daß – bislang wenigstens – der real existierende Terrorismus gegenüber den Gefahren verblaßt, die von Naturkatastrophen ausgehen. Hier aber sind militärische Strategien ebenso wenig gefragt wie PsyOp-Inszenierungen, das populistische Drama von Guten und Bösen verfängt ebenso wenig wie die Drohung, daß derjenige, der nicht für uns ist, automatisch zum Feind wird. Just im Medienzeitalter muß sich die urbanisierte, also hoch räumlich verdichtet lebende Weltbevölkerung darauf einrichten, mit einem „Feind" umzugehen, der teilweise wie im Fall des Terrorismus das Produkt der eigenen Handlungen ist, aber auch unabhängig von den Menschen zuschlägt. Mit einem „Feind", der nicht „auszurotten" ist, dessen Folgen aber reduzierbar wären, wenn die Menschen vorsorgen und ihre Lebensweise verändern. Nicht nur die Waffen sind gefährlich, deren Einsatz denkbar wäre, die Lebensweise selbst, allen voran die Urbanität, zeigt sich als eine riskante Daseinsform, als ein Aufbruch der Menschen in eine von der Natur gelöste Daseinsform und zugleich als ein Abenteuer, als ein Tanz auf dem Vulkan. Viele der Metropolen und Megacities, die an riskanten Orten und vor allem in Meeresnähe sich befinden, werden dort bleiben, denn es ist auch nicht in den kühnsten Vorstellungen denkbar, daß sich Umsiedlungen von vielen Millionen Menschen planen und ausführen ließen. Das wäre selbst in reichen Ländern weder finanziell noch logistisch zu bewältigen.

Auch ein aus einem mutierten Vogelgrippevirus H5N1 entstehender, für die Menschen gefährlicher Erreger wäre wie alle ansteckenden Seuchen eine besondere Bedrohung für Städte. Hier leben nicht nur Millionen, hier gibt es eben auch die oft besonders dicht bewohnten Orte, Ghettos und Slums, deren Bewohner von staatlichen Behörden oft nicht gut erreichbar sind oder die den Kontakt mit diesen scheuen. Eine leicht übertragbare Infektion wie die Grippe – oder in der Neuzeit die Pest – breitet sich in Städten weitaus schneller aus als auf dem Land. Und weil die Städte auch Verkehrsknotenpunkte sind, können sich Seuchen national und global schnell auf weitere Städte und damit weltweit verbreiten. Man kann zwar einzelne Menschen unter Quarantäne stellen, vielleicht auch Dörfer und kleine Städte, aber nicht Großstädte und Megacities. Für Krankheitserreger ist die durch die Waren- und Menschenströme verbundene Welt zu einem einzigen globalen Lebensraum, zu einer globalen Stadt, geworden. Hunderte von Millionen Touristen jährlich verbinden die Länder und Kontinente auch im Sinne der Viren und Bakterien, die mit Menschen, Tieren, Waren oder Futter mitreisen und neue Nischen finden. Mit der Zerstörung von Lebensräumen von Tieren ist nach Ansicht von Experten überdies mit einer Vermehrung von Infektionskrankheiten zu rechnen, bei denen die Erreger wie beim Ebola-Virus den Wirt wechseln und sich Menschen anpassen können. Von den mehr als 1.400 bekannten menschlichen Pathogenen stammen 61 Prozent von

Tieren. Wissenschaftler gehen davon aus, daß bislang nur ein Fünftel oder gar nur ein Fünfzigstel der Pathogene, die für den Menschen gefährlich werden könnten, bekannt ist. Ein Überspringen der Pathogene von wild lebenden Tieren ist zwar vermutlich im Laufe der Geschichte oft geschehen, aber meist seien die infizierten Menschen gestorben oder hätte sich die Epidemie in dünn besiedelten Gebieten nicht weiter verbreiten können. Das aber sei heute grundlegend anders. Die Zahl der Menschen nimmt weiter zu, sie breiten sich auch in die bislang noch wenig besiedelten Gebiete aus, und der Reise- und Güterverkehr macht aus einst lokalen Epidemien wie beim West-Nil-Virus globale.

Die chinesische Regierung hatte 2003 zunächst das tatsächliche Ausmaß von Sars gegenüber der Weltöffentlichkeit verschwiegen, nicht schnell genug an der Lungenentzündung Erkrankte unter Quarantäne gestellt und kein Reiseverbot über die Gebiete verhängt, die davon betroffen waren. Hinausgezögert wurden damit auch die Identifizierung des Erregers und die Entwicklung eines Gegenmittels. Schnell wurde die Krankheit dann nach Europa und Kanada verschleppt. Die Angst vor Ansteckung, besonders in den USA, wo Erinnerungen an die Anthrax-Briefe wieder wach wurden, führte zu Reaktionen wie der Forderung „Isoliert China!" (Titel eines Artikels im *Wall Street Journal*). Wenn Sars eine so hohe Ansteckungsgefahr gehabt hätte und so gefährlich gewesen wäre wie ein neuer Grippevirus, waren die ergriffenen Maßnahmen wohl zu spät gekommen. So verlief die Epidemie, auch dank der weltweiten Kooperation, relativ harmlos. Wie nach dem 11. September fast schon üblich geworden, wurde von manchen zuerst ein Anschlag mit einer neuen Biowaffe vermutet. Aber auch so ging in Chinas Städten die Panik um. Die Menschen bewegten sich, wenn sie denn wieder an die Öffentlichkeit gingen, nur mit Atemmasken. Taxis, Busse, U-Bahnen und Flugzeuge wurden ebenso wie öffentliche Plätze, Bahnhöfe, Büros und manchmal auch Wohnhäuser desinfiziert. Die Straßen, Plätze, Märkte und Kaufhäuser in Peking waren tagelang leer. Schulen und Universitäten waren geschlossen, die 13 Millionen-Stadt befand sich in einem Ausnahmezustand. In Krankenhäusern, in denen Infizierte in Quarantäne gehalten wurden, durfte auch das Personal die Gebäude nicht mehr verlassen. Kliniken in Peking wurden beispielsweise mit „Videophonen" ausgestattet, damit die Angestellten mit ihren Angehörigen ohne körperlichen Kontakt in Verbindung bleiben konnten. Bewohner mehrerer Dörfer in der Nähe Pekings errichteten im Mai 2003 Straßensperren aus Steinen und Erde, um niemanden mehr durchzulassen.

Mehr denn je sind Städte und urbane Regionen das Schicksal der Menschen, die trotz Geburtrückgang in den reichen Ländern die Erde mit ihrer milliardenfachen Präsenz verändern und durch ihre Konzentration in Megacities auch die Dimensionen der Katastrophen entsprechend vergrößern. Dem globalen Trend der Urbanisierung läuft allerdings die Technik entgegen. Anders als vor 10.000 Jahren ist die räumliche Verdichtung in Städten keine gesellschaftliche Notwendigkeit mehr. Dadurch wird das Risiko, das vom Leben in Städten ausgeht, aber nur noch deutlicher.

Eine Kurzgeschichte der Stadt im Krieg

Für einen Großteil der Geschichte der Urbanität boten Städte allerdings Schutz vor Angriffen und galten als Orte, gegen die man keinen Krieg führen sollte, weil dies zu hohe Verluste mit sich brachte. Die Stadt, das ist eben auch für lange Zeit der durch und durch künstliche Lebensraum einer vor dem Außen durch Mauern geschützten und abgegrenzten Insel im Land gewesen. Wenn die Mauern ausreichend dick und hoch waren und für Ernährung der Einwohner vorgesorgt worden war, sich kein Verrat ereignete oder die Einwohner anderweitig überlistet werden konnten, boten Städte über Jahrtausende auch gegen zahlenmäßig weit überlegene Gegner einen hohen Schutz.

Bis zur Erfindung des Schießpulvers und damit mächtiger Distanzwaffen mußten Angriffe auf die Stadt seitens der Belagerer stets aus relativer Nähe geführt werden. Geschosse konnten schon wegen ihres Aufprallwinkels eine gut befestige Mauer kaum zerstören. Es wurde mit Leitern, Sturmböcken oder Belagerungstürmen angegriffen, während die Festungsbaumeister die Mauern durch Gräben und Türme, vorgeschobene Befestigungen, gestaffelte Wälle oder innenliegende Zitadellen weiter sicherten. Schon Städte wie Jericho lieferten das Vorbild für viele tausend Jahre Stadtbau. Zwei Meter dicke und sechs Meter hohe Mauern aus Felsblöcken umgaben zusammen mit dreistöckigen Türmen die Stadt. Davor verlief ein drei Meter tiefer und neun Meter breiter Graben. Die Möglichkeit, um im heutigen Jargon zu reden, mit asymmetrischen Mitteln eine Stadt gegen eine überlegene Macht zu verteidigen, konnte so auch das Überleben von Stadtstaaten sichern.

In großen Zentralreichen wie Ägypten, Persien oder Rom waren neue Städte oft nicht durch Mauern gesichert, dafür aber die Grenzen des Reichs mit Festungen und Befestigungsanlagen oder Schutzwällen wie dem Limes oder der Chinesischen Mauer. Daß sich in Europa nach dem Mittelalter und der Ära der Stadtstaaten schließlich eine Zentralgewalt in Form eines größeren Reichs durchsetzen konnte, lag auch an der im 15. Jahrhundert beginnenden Verbreitung des Schießpulvers und damit der Kanonen.

Als diese schließlich leichter und beweglicher wurden und man nicht mehr mit Steinkugeln, sondern mit schmiedeeisernen Kugeln schießen konnte, schien das Ende der ummauerten Stadt und der Stadtstaaten eingeleitet zu sein. Doch raffinierte Festungsbauingenieure erfanden bald noch kompliziertere Schutzanlagen, die zunächst für einen Aufschub sorgten. Für Kanonenkugeln spielte nicht mehr so sehr die Höhe der Mauer eine Rolle, sondern deren Dicke und Festigkeit. Eine entscheidende Entwicklung war folglich der Bau von Winkelbasteien vor den Mauern, von denen man mit Kanonen und Schußwaffen Angreifer besser abwehren und zugleich Mauern und Gräben sichern konnte. Den Aufprall von Kugeln schwächte man überdies dadurch ab, daß Mauern verstärkt und nach außen abgeschrägt wurden. Zumindest die reichen Städte konnten sich solche neuen Festungsanlagen leisten. Allerdings setzte sich in dieser Zeit der beginnenden Zentralmächte auch wieder durch, daß die Grenzen an wichtigen Punkten überdies mit Festungen gesichert wurden.

Mit dem Luftkrieg wurden Städte zur Falle

Mit immer größer werdenden Heeren und effizienteren Waffen wuchs auch die Zahl der Opfer bei den Schlachten des 19. Jahrhunderts in bislang unbekannten Höhen. Städte waren nicht mehr so entscheidend, wohl aber Befestigungsanlagen, an denen sich die Gegner mit dem Höhepunkt im Ersten Weltkrieg in einem Stellungskrieg bekämpften, bei dem Millionen von Menschen ihr Leben verloren. Der Stellungskrieg konnte deswegen so lange geführt werden, weil der Nachschub von Material und Menschen vom Hinterland gesichert war. Das sollte sich im Zweiten Weltkrieg grundlegend ändern.

Im Ersten Weltkrieg wurden bereits Flugzeuge oder Tanks eingesetzt, doch es waren die Festungsanlagen und Gräben, die den Krieg prägten. Frankreich hatte nach dem Krieg noch einmal versucht, durch den Bau der Maginot-Linie oder der „großen Mauer von Frankreich" (Marschall Pétain) einen erneuten stationären Massenvernichtungskrieg zu verhindern. Neu war, daß hier viele Anlagen bereits unter die Erde verlegt worden waren: Es gab unterirdische Kasernen in der Größe kleiner Städte, unterirdische Züge und Aufzüge. Genutzt hat dies freilich nichts, die deutsche Armee umging einfach die französische Mauer. In Italien hatte hingegen schon General Douhet in den zwanziger Jahren die Konsequenz gezogen, daß für künftige Kriege die „Luftherrschaft" zentral sei. Mit Bombern müsse der Krieg auch in das gegnerische Land getragen und dessen Infrastruktur zerstört werden. Dadurch wurden Städte und deren Bewohner zu einem strategisch wichtigen Ziel der Zerstörung, mit der man die Kampfkraft des Gegners schwächen und seinen Widerstandswillen brechen wollte. Städte wurden so zu Hauptzielen des „totalen" Krieges.

Hitler hatte den Luftkrieg mit wiederholten Angriffen von in Formation fliegenden Bombern zunächst während des Spanischen Bürgerkrieges getestet (Guernica). Im Zweiten Weltkrieg gipfelte schließlich der Luftkrieg gegen Städte nach der Bombardierung Londons, der Schlacht um Stalingrad oder der Zerstörung der deutschen Städte durch die alliierten Luftkräfte im Abwurf jeweils einer Atombombe auf Hiroshima und Nagasaki. Die Atombombe, mit der eine Stadt und das Leben in ihr in Sekunden zerstört werden können, ist der Inbegriff einer Massenvernichtungswaffe. Alle Massenvernichtungswaffen, auch biologische und chemische Waffen oder „schmutzige" Bomben, setzen eine räumliche Konzentration der Infrastruktur und eine räumliche Verdichtung, die Existenz von Massen an Menschen, Gebäuden oder Dingen voraus, weswegen man Massenvernichtungswaffen auch als urbane Waffen bezeichnen könnte. Genauso ließen sie sich aber auch, gleich ob sie von Militärs oder Terroristen verwendet werden, als Terrorwaffen verstehen, denn mit der Flächenbombardierung von Städten und dem Abwurf von Atombomben auf Städte hatte man sich im 20. Jahrhundert bereits endgültig von der Vorstellung verabschiedet, daß Zivilisten im Krieg möglichst verschont werden sollten. Städte bieten keinen Schutz mehr, sie erweisen sich vielmehr im Fall eines totalen Krieges und von Terroranschlägen als Fallen. Wie bei einem Terroranschlag kann und soll nun jeder, zumindest jeder Stadtbewohner, Opfer werden. Großstädte werden so in modernen Kriegen zu Geiseln. Dies trifft auf andere Weise auch für die sogenannten *low intensity conflicts* zu, in denen die Schwächeren oft genug gegen die militärische Übermacht staatlicher Gewalt zur asymmetrischen Gewaltform des Terrorismus in den Städten greifen.

Ob es durch Systeme wie dem von den USA im Aufbau befindlichen Raketenabwehrschild gelingen wird, der Bedrohung aus der Luft durch

Langstreckenraketen wirksam begegnen zu können? Bislang sind die entscheidenden technischen Probleme noch nicht wirklich gelöst. Wichtige militärische Zentralen und Lager werden daher jetzt auch wieder möglichst tief unter die Erde verlegt und mit meterdickem Stahlbeton geschützt. Das führt allerdings dazu, daß nicht nur sogenannte Bunker Buster entwickelt werden, die vor der Explosion tief in die Erde eindringen können oder mit denen sich Höhlen und unterirdische Anlagen mit großer Hitze ausbrennen lassen, sondern daß auch der Weg zur Entwicklung von taktischen Atombomben geebnet wird, was wiederum zu einem Atomkrieg und damit zur Zerstörung ganzer Metropolen führen kann.

Die Stadt als Schauplatz asymmetrischer Konflikte

Städte sind nicht nur Fallen für ihre Bewohner in einem totalen Krieg oder Ziele von Terrorangriffen geworden. In einer globalisierten und vernetzten Welt, die mit immer ausgeklügelteren Mitteln immer besser ausgespäht werden kann, werden Städte mit ihrem großen Rauschen immer attraktiver als Rückzugsorte zum Verstecken und als Kriegsschauplätze für überraschende Überfälle. Städte sind empfindlich für Störungen und bieten Aufständischen den Schutz der Masse. In einem asymmetrischen Konflikt sind nicht mehr Wälder oder Gebirge, sondern Städte die Bühne, die die herkömmliche militärische Strategie in Frage stellen und unterminieren, wenn sie eingenommen oder gehalten werden sollen.
Vorerst dürften konventionelle Kriege kaum mehr geführt werden, während sogenannte *low intensity conflicts* oder asymmetrische Konflikte weiter zunehmen werden. Just diese lassen aber die Metropolen zu neuen Kampfbühnen werden. Das ist nach der schnellen Niederlage der Taliban in Afghanistan deutlich geworden, die sich teilweise noch dem offenen Kampf gestellt oder sich auf traditionelles Rückzugsgebiet wie Berge und Höhlen verlassen hatten. Die zunehmende Verlagerung der Konflikte in die Städte wird zur Folge haben, daß sich alle Beteiligten terroristischer Mittel bedienen. Spezialtruppen, kleine, verdeckt arbeitende Gruppen, die sich ähnlich unauffällig wie ihre Gegner auf dem neuen Schlachtfeld bewegen können, werden große, schwer bewaffnete und damit für urbanes Territorium zu unbewegliche Armeen ablösen. Nicht umsonst pumpt das Pentagon nicht nur viel Geld in neue Techniken, die durch den Einsatz von Robotern, Mini-Drohnen und Überwachungs- und Kommu-

nikationstechnologien einen Krieg aus der Distanz zu führen erlauben, man investiert zudem Milliarden in den Ausbau von Spezialtruppen für verdeckte Einsätze, die weltweit stattfinden können und wesentlich schneller zuschlagen können als Armeen. Gezielte Anschläge, wie sie Israel schon lange gegen Palästinenser ausgeführt und wie sie das Pentagon bereits mit ferngesteuerten bewaffneten Drohnen in Afghanistan, Pakistan oder Jemen durchgeführt hat, bilden das Pendant zu den sogenannten Präzisionsbomben zur Vermeidung von „Kollateralschaden" in urbanen Gebieten.

Der Irak-Krieg mündete nicht, wie ursprünglich befürchtet worden war, in einen Stadtkampf, wie man ihn aus dem Zweiten Weltkrieg kannte. Es wurde nicht Haus um Haus gekämpft und vorgerückt. Das Regime zerbrach zu schnell unter der Wucht des Angriffs und der mangelnden Bereitschaft der bewaffneten Truppen, für Saddam Hussein zu sterben. Wahrscheinlich war den führenden Militärs klar, daß es nach dem zweiten Golfkrieg (1990–1991) und vor allem angesichts des Zusammenbruchs des Taliban-Regimes in einem offenen Krieg keine Chance gibt. Allerdings hatten die Besatzungsmächte nicht vorausgesehen, daß sie zwar von vielen als Befreier betrachtet werden, schnell aber auch zu unerwünschten Besatzern werden, wenn durch eine militärische Intervention nicht schnell das Leben für die meisten Menschen verbessert und Sicherheit gewährleisten werden kann.

Nachdem aber die Besatzer selbst Willkürakte der Repression begangen haben, was durch die Bilder von Abu Ghraib, dem berüchtigten Foltergefängnis von Saddam Hussein, allen vor Augen geführt wurde, und die Spannungen zwischen den Volksgruppen nicht bedacht wurden, hat sich der Widerstand mehr und mehr verstärkt. Ein Jahr, nachdem der amerikanische Präsident George W. Bush das „Ende der größeren Kampfhandlungen" und damit den Erfolg der Mission verkündet hatte, begann der Stadtkampf unter Bedingungen, die für zeitgenössische bewaffnete Konflikte kennzeichnend sind: nicht als offener militärischer Kampf zwischen Armeen, sondern als asymmetrischer Konflikt zwischen einer militärischen Macht und Guerillatruppen oder Milizen, die keinen Staat repräsentieren, sondern für Befreiung beziehungsweise Vertreibung der Besatzung oder für eine andere staatliche Ordnung kämpfen. Zudem ist der Konflikt im Zeitalter der Globalisierung nicht auf ein Territorium eingrenzbar. Ebenso wie die Besatzer als internationale Koalition in einem weit von ihren Staaten entfernten Land auftreten, kämpfen die Aufständischen, die ebenfalls eine Koalition oder ein loses Netzwerk bilden, nicht nur vor Ort, sondern durch Anschläge und die dadurch produzierten Medienbotschaften weltweit.

Trotzdem haben die lokalen Kämpfer große Vorteile, weil sie über eine genaue Kenntnis der labyrinthischen, viele Ebenen übergreifenden Räumlichkeiten mitsamt der Möglichkeit verfügen, sich überall verstecken und in der Masse der Zivilbevölkerung untertauchen zu können. Der Rückzug des US-Militärs aus Mogadischu 1993 hatte bereits vor Augen geführt, daß auch technisch weit überlegene Armeen in Städten mit großen Opfern rechnen müssen. Selbst wenn ganze Städte wie Grosny von russischem Militär, das mit großer Brutalität und ohne Rücksicht auf Zivilisten vorging, zerstört werden, lassen sich in kleinen Gruppen operierende Rebellen, die zwar für ein Territorium kämpfen, aber keines verteidigen müssen, nicht wirklich besiegen. In aller Regel können Kämpfe in Städten auch nicht unter Ausschluß der Medien stattfinden. Zumindest ist das Risiko groß, worauf etwa das *Handbook for Joint Urban Operations* (Mai 2000) des US-Verteidigungsministeriums warnend verweist, daß Bilder von Kämpfen in die Medien gelangen und so die militärische „Arbeit" behindern. Umgekehrt stärkt dies in aller Regel die Position der Schwächeren und sorgt indirekt für Werbung und Aufmerksamkeit.

Störendes Rauschen: die Stadt aus militärischer Perspektive

Im Handbuch des Pentagon für „urbane Operationen" ist die Definition eines „urbanen Gebiets" ganz einfach: eine „Konzentration an Gebäuden, Einrichtungen und Menschen". Ebenso klar ist dem Militär, daß Städte als Kriegsschauplatz große Herausforderungen bergen: „Ein urbanes Gebiet ist so vielgestaltig wie komplex." Wie unterscheidet sich aber das urbane Terrain von anderen Kriegsschauplätzen?

„Urbanes Terrain ist eine von Menschen hergestellte Umgebung und besteht aus rechteckigen Formen, wie man sie sonst nur selten in nichturbanem Terrain findet. Diese Formen sind nicht nur rechteckig als planimetrisches Muster, als Straßengitter, sondern auch dreidimensional. Vertikalität wird von großer Bedeutung, da sie nicht nur ein extrem schwieriges Hindernis für den Angriff schafft, sondern der Verteidigung eine von Menschen gemachte Form einer ‚Hochebene' bietet. Eine große Stadt bietet mehrere Schichten einer ‚urbanen Hochebene' und normalerweise zusätzlich auch eine unter der Erde gelegene Ebene."

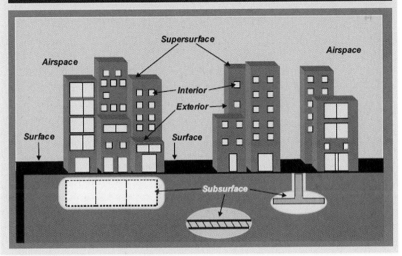

Urban Terrain, aus: Joint Publications 3-06. Doctrine for Joint Operations, 16. September 2002. Quelle: http://www.nytimes.com/packages/pdf/international/021021dod_report.pdf

Angriffe können in einer dicht bebauten Struktur, in der sich umbaute Räume mit offenen Räumen abwechseln, von überall erfolgen. In Städten gibt es einen ausgedehnten Untergrund aus Kellern, Schächten, Tunnels, Kanalisationsrohren. Es gibt Straßen, Plätze, die Oberflächen von Gebäuden mit Türen, Fenstern, Balkonen, Terrassen und Dächern und eine Vielzahl unterschiedlicher Räumlichkeiten innerhalb von Gebäuden, die bis in eine Höhe von Hunderten von Metern aufragen können. Hier finden sich unzählige Verstecke und Möglichkeiten, Fallen und Hinterhalte einzurichten. Überdies wird, wie im Handbuch betont wird, die Kriegsführung dadurch behindert, daß in einer Stadt Überwachung, Informationsbeschaffung und Kommunikation leicht gestört werden können und stets unter erschwerten Bedingungen stattfinden. Der notwendigerweise in kleinen Gruppen erfolgende Kampf mache zentrale Entscheidungs- und Kommandostrukturen schwierig und teilweise chaotisch. Schwierigkeiten bereitet den Militärstrategen weiterhin die Unterscheidung von eigenen und gegnerischen Kämpfern sowie von Kämpfenden und Nichtkombattanten.

Und weil die Stadt eine total künstliche Welt ist, ist die Kriegsführung hier dem Pentagon zufolge auch vielfältigen Formen der Täuschung ausgesetzt, die der Angreifer aber auch selbst einsetzen kann. Der urbane Kampf, so Scott Gerwehr und Russell W. Glenn in *The Art of Darkness: Deception and Urban Operations* (RAND Corporation, 2000), erfordere die „Kunst der Dunkelheit", also die Kunst, den Gegner in irgendeiner Form so zu täuschen, daß sich dies für die eigenen Zwecke ausbeuten läßt. Seitenweise werden hier Möglichkeiten aufgezählt, wie sich Täuschungsstrategien von der psychologischen Kriegsführung über den Infowar bis hin zum Tarnen und Verkleiden ausführen lassen. Besonders wichtig sei Täuschung für den schwächeren Part, weswegen dieser eben gerne den Kampf in die Stadt hineinzutragen versuche. Erleichtert werde die Täuschung, die natürlich den Krieg von Anfang an begleitet, durch das ohnehin bestehende urbane „Hintergrundrauschen":

„Kein Einsatzgebiet ‚rauscht' mehr als die Stadt mit ihrem Übermaß an Gebäuden, Straßen, Funk- und Telefonverkehr, Fahrzeugen von Nichtkombattanten und Fußgängern, Krach und Hitze. Es ist nicht nur schwierig, militärisch wichtige ‚Signale' vom umgebenden ‚Rauschen' zu unterscheiden, ein listiger Gegner wird absichtlich mehr Rauschen herbeiführen und seine Aktivitäten und Intentionen hinter dieser Kulisse verstecken."

Städte beherbergen darüber hinaus auch noch die großen Material- und Wissensressourcen für Täuschungsstrategien. Da gibt es nicht nur die Energie- und Kommunikationsinfrastruktur, die Medien und die Produktionsmittel zur Herstellung, Verbreitung und Störung von Informationen, sondern auch Fabriken, Werkstätten und Materialien sowie Experten, um Dinge aller Art herzustellen. So seien beispielsweise in Filmstudios ausgezeichnete Experten zu finden, um Illusionen etwa durch die Herstellung von Attrappen zu schaffen. Vorsichtig wird hinzugefügt: „Auch wenn sicherlich nicht alle bebauten Gebiete lokale Hollywoods haben, wird es dort ein Reservoir an Menschen und Material in der zivilen Bevölkerung und der Infrastruktur geben, die Kämpfern auf anderen Schlachtfeldern nicht zur Verfügung stehen. Die Mittel können so einfach (und wirksam) sein wie Kopiergeräte und Schaufensterpuppen, mit denen sich hundert schlaue Täuschungen inszenieren lassen."

Das Militär entdeckt die Stadt als künftig immer wichtiger werdendes Schlachtfeld für Kämpfe zwischen den Davids und Goliaths und als Theaterbühne für ein Wettrüsten der Informationsoperationen. Kaum absehbar ist, wie sich Städte langfristig verändern, wenn noch mehr Städte auf der Welt als bislang zu Schauplätzen von *low intensity conflicts* und zu neuen Schlachtfeldern werden, auf denen zivile, militärische, terroristische und kriminelle Strukturen ineinander übergehen und verschmelzen. Städte werden in asymmetrischen Konflikten oder den „neuen Kriegen" zum hauptsächlichen Schlachtfeld. In ihnen können sich Widerstandsgruppen verschanzen und eine der Zentralmacht entzogene autonome Insel errichten, wie dies etwa in Falludscha und vielen anderen irakischen Städten der Fall war. Da Kriege heute unter den Augen der Medien stattfinden und sich Nachrichten oder lancierte Informationen mehr oder weniger in Echtzeit weltweit verbreiten können, nähern sich die bewaffneten Kräfte, die die staatliche Ordnung wiederherstellen wollen und auf internationale Anerkennung achten, der Eroberung einer Stadt meist mit großer Vorsicht. Eine Invasion ist im unübersichtlichen urbanen Gelände nicht nur für die eigenen Truppen gefährlich, das Risiko ist auch zu groß, den militärischen Einsatz nicht mehr vor der Öffentlichkeit legitimieren zu können, besonders wenn eine Stadt aus der Luft oder durch Artillerie bombardiert wird, wodurch auch viele Zivilisten beim Kampf gegen Aufständische oder Rebellen zu Opfern werden. Zudem würde dadurch der Widerstand gestärkt und verfestigt werden. Daher ist bei so genannten humanitären und Friedensmissionen ebenso wie beim militärischen Vorgehen gegen Rebellen oder Terroristen, also bei einer aus strategischen und politischen Gründen „gefesselten" Kriegsführung, wichtig geworden, möglichst in Echtzeit Aufklärung über die Gegner zu erhalten und sie präzise zu treffen. Sowohl Überwachung als auch Präzisionsschläge erfordern die technische Aufrüstung und lassen militärische Operationen zugleich gezielten Anschlägen näherrücken.

Ganz anders ist dies bei denjenigen Kräften in einem asymmetrischen Konflikt, die sich als Aufständische oder Freiheitskämpfer gegenüber einer überlegenen Macht zu profilieren suchen. Sie können sich hinter den Zivilisten verstecken oder sie direkt als Geiseln nehmen, um die überlegene Macht zu erpressen. Solange sie keine Territorien verteidigen müssen, was gegen eine überwältigend große Supermacht ohne Chance wäre, wenn nicht Geiseln genommen oder mit der Ausführung eines großen Anschlags gedroht wird, werden in altbekannter Weise in Guerillataktik Überfälle und Anschläge mit den verfügbaren Waffen ausgeführt. Kleine Gruppen gehen aus ihrer Deckung heraus, stoßen punktuell und überraschend zu und verschwinden wieder. Argumentiert wird, daß Angriffe aller Art aufgrund der Überlegenheit des Gegners und der in Anspruch genommenen Legitimität des Kampfes gerechtfertigt seien. Das Ziel ist Aufmerksamkeit und Werbung für die Aufständischen, was meist durch blutige mediale Spektakel erreicht wird. Sie sind Beweis für die eigene Handlungsfähigkeit und die Ohnmacht des Gegners und sollen eine Instabilität herstellen, in der die staatliche Ordnung für bestimmte Zeiten und Räume außer Kraft gesetzt wird. Hatten sich Aufständische früher meist in unwegsamem und unübersichtlichem Gelände aufgehalten, so dienen bei den neuen Kriegen vornehmlich Städte oder urbane Regionen als Unterschlupf und Ziel der Aufständischen. Schon bei normalen Stadtkämpfen stehen die Sicherheitskräfte, auch wenn sie dafür trainiert wurden, vor enormen Problemen, wie die von Michael C. Desch herausgegebene Studie *Soldiers in Cities. Military Operations on Urban Terrain* (Strategic Studies Institute, U.S. Army War College, Oktober 2001) herausstreicht: „Wie Offiziere, die den Stadtkampf analysieren, erklären, vervielfältigt der Stadtkampf die Zahl der möglichen Kampfdimensionen, er erhöht die Dichte des Geländes, zerstreut die Truppen, vermindert die Distanz zwischen Kämpfern und unbewaffneten Zivilisten, erhöht den Bedarf an Manpower, begünstigt den Kampf mit einfachen Waffen, vermehrt die Wahrscheinlichkeit von Opfern, kompliziert die militärischen Einsatzregeln und stellt die traditionellen Hinweise auf Erfolg und Mißerfolg in Frage."

Die moderne Waffentechnologie basiert auf dem Prinzip, vor allem durch die Überbrückung größerer Distanzen und durch größere Zielgenauigkeit ein Ziel zerstören zu können, um so die Kämpfenden besser zu schützen. Die Erfindung von Distanzwaffen beginnt letztlich mit dem Wurfstein, dem Speer und dem Pfeil, reicht über Katapulte, Schußwaffen und Kanonen bis hin zur Bombardierung von Zielen aus großer Entfernung von Flugzeugen oder Schiffen und hat mit Langstreckenraketen, sich selbst ihr Ziel suchenden Präzisionswaffen und fernsteuerbaren bewaffneten Drohnen und anderen Robotern ihren Höhepunkt gefunden. Terroristen, die ihr Leben nicht riskieren wollen, führen Anschläge beispielsweise mit Bomben durch, die durch einen Zeitzünder, aus der Ferne über Funksignale und mit anderen Mechanismen zur Explosion gebracht werden können. Selbstmordattentäter kehren die Geschichte der Waffenentwicklung wieder um und gehen an den Anfang zurück oder setzen ihren Körper als selbstgesteuerten Träger ein, mit dem sie die Munition bis ans Ziel bringen und dort mitsamt dieser wie eine Rakete zerfetzt werden. Mit den islamistischen Selbstmordattentätern haben sich neue Strategien entwickelt, die sich bislang für normale Truppen oder Milizen und auch für „rationale" Aufständische oder Terroristen, welche zwar ihr Leben aufs Spiel setzen, aber das Risiko kalkulieren, nicht im Spektrum ihrer Handlungsmöglichkeiten befanden. Selbstmordattentäter sind einerseits „billige" Waffen und andererseits Präzisionswaffen, die noch in unmittelbarer Reaktion auf die Situation versuchen können, möglichst große Schäden hervorzurufen.

Selbstmordattentäter sind nur mit immensem Aufwand abzuwehren, Abschreckung ist kein Mittel. Mit ihnen ist der Krieg wieder in die Städte eingezogen, auch in Ländern, die wie die USA, Großbritannien oder Spanien, weit ab von den eigentlichen Konfliktzonen liegen. Ziele sind Orte mit urbanen Eigenschaften, an denen sich viele Menschen befinden: öffentliche Verkehrsmittel, Hochhäuser, Restaurants, Plätze, Märkte. Eine neue Variante haben tschetschenische Kommandos ins Spiel gebracht, die seit 1995 mit spektakulären Überfällen und der Geiselnahme von Hunderten von Menschen ihre Botschaft und Angst zu verbreiten suchen. Die Überfälle zielten nicht auf die Eroberung einer Stadt oder eines Territoriums, sie hatten auch keine realistischen Aussichten darauf, ihre Forderung nach Rückzug der russischen Truppen aus Tschetschenien und einer Autonomie des Landes durchsetzen zu können.

Viele der Medienstrategien, die von al-Qaida und den Gruppen im Irak übernommen und weiter ausgefeilt wurden, haben die tschetschenischen Rebellen in dem besonders grausamen Krieg mit den Russen entwickelt. Sie waren eine der ersten Terrorgruppen, die eine Website betrieben haben, um neue Rekruten überall auf der Welt zu werben und eine Gegenöffentlichkeit herzustellen. Schon früh machten sie Aufnahmen von ihren Anschlägen und stellten Fotos und Videos als Belege für ihre Erfolge oder die Niederlage der Besatzer ins Netz. Ihr erster Einmarsch 1995 in eine Stadt mit einer Massengeiselnahme durch eine Gruppe von 200 Aufständischen, angeführt von Schamil Bassajew, war ein blutiges Aufmerksamkeitsspektakel. Getarnt als Transport mit russischen Soldatenleichen marschierten die Rebellen in die südrussische Stadt Budjonnowsk ein, griffen eine Polizeistation und ein Verwaltungsgebäude an und drangen schließlich in ein Krankenhaus ein, in dem sie über 1.000 Geiseln nahmen. Mehrere Tage lang konnten sie sich in dem Gebäude halten, umzingelt von weit überlegenen russischen Truppen. Als diese das Krankenhaus zu stürmen suchten, starben über 100 der Geiseln. Ähnliches wiederholte sich immer wieder bei den folgenden Massengeiselnahmen. Im Chaos konnten viele der Aufständischen entkommen und in den Städten untertauchen.

Beim ersten Mal in Budjonnowsk lenkte die russische Regierung nach den ersten Toten ein und gewährte den Rebellen freies Geleit für den Abzug. Diese nahmen über 100 Geiseln mit, die sie schließlich auch wirklich freiließen. Beim nächsten Überfall auf ein Krankenhaus im Januar 1996 nahmen die Rebellen wieder Hunderte von Geiseln in einem Krankenhaus der Stadt Kisljar und verschanzten sich schließlich mit ihnen in einem Dorf. Auch dieses Mal gelang es den russischen Sicherheitskräften nicht, die dramatische Situation zu ihren Gunsten aufzulösen. Das Dorf wurde mehrere Tage bombardiert. Dutzende von Geiseln starben, die meisten der Rebellen konnten wieder entkommen.

Nachdem al-Qaida-Terroristen New York und Washington mit den entführten Passagierflugzeugen angegriffen, islamistische Terroristen aus dem Kaschmir im Dezember 2001 einen Anschlag auf das Parlament in der indischen Hauptstadt und andere Terroristen die Anschläge auf Bars in der Stadt Kuta (Bali) Anfang Oktober 2002 ausgeführt hatten, holten die tschetschenischen Rebellen Ende Oktober zu einem weiteren Schlag gegen eine russische Stadt aus. Dieses Mal hatten sie eine Massengeiselnahme in einem Theater der russischen Hauptstadt Moskau geplant. Das garantierte von vornherein eine große weltweite Aufmerksamkeit, aber zugleich mußte den Geiselnehmern klar sein, daß viele hier nicht mehr entkommen würden und in der Falle saßen. Es kam vor allem darauf an, die Medien zu beeindrucken, so lange wie möglich durchzuhalten, die russische Regierung zu demütigen und zu demonstrieren, daß sie das Leben der Geiseln opfert. Während einer Vorstellung drangen die Terroristen in das Theater ein, nahmen die 800 Anwesenden als Geiseln und drohten das ganze Theater in die Luft zu sprengen, falls ein Angriff erfolgen sollte oder ihre Forderungen nicht erfüllt würden. Neben bewaffneten Männern waren auch tschetschenische Frauen dabei, die Sprengstoffgürtel trugen und verteilt im Raum saßen. Ob sie tatsächlich, wie es später hieß, lebendige Bomben waren, die zu ihrem Einsatz gezwungen worden waren und deren Sprengstoffgürtel aus der Ferne gezündet werden konnten, bleibt Spekulation. Auf einem Video, das vor der Aktion aufgenommen und an den Sender al-Dschasira geschickt wurde, kündigten sie Entschlossenheit an, für ihre Ziele sterben zu wollen. Drei Tage wurde unter dramatischen Bedingungen verhandelt. Dann stürmten Spezialeinheiten das Theater, nachdem sie vorher Giftgas in das Gebäude gepumpt hatten. Daran starben schließlich 130 Geiseln, alle Geiselnehmer wurden, teils mit Genickschuß, getötet. Die verzweifelte Attacke demonstriert, daß Massengeiselnahmen, wie sie nur in urbanen Räumen möglich sind, weder wirklich zu verhindern sind, noch im Sinne der Staatsmacht ohne großes Blutvergießen aufgelöst werden können, wenn es sich bei den Tätern um Menschen handelt, die zu Selbstmordaktionen („Sieg oder Paradies") entschlossen sind. Da die Geiselnehmer nicht ernsthaft davon ausgehen konnten, daß ihre Maximalforderungen erfüllt werden, kann die Staatsmacht nicht „rational" verhandeln. Die Ordnungsmacht wird hier im Unterschied zu den „normalen" Selbstmordanschlägen provoziert, eben das blutige Spektakel zu begehen, das ansonsten die Attentäter ausführen, und sich damit erneut ins Unrecht zu setzen.

Nichts anderes sah das Drehbuch im September 2004 vor, als tschetschenische Rebellen am ersten Unterrichtstag die Schule in der Stadt Beslan überfielen, über 1000 Geiseln, meist Kinder, nahmen und die Räume mit Sprengstoff sicherten. Bei dem Angriff von Spezialeinheiten, die das Leben der Geiseln wieder auf das Spiel setzten, um den Geiselnehmern nicht nachzugeben, starben Hunderte. Da die russische Regierung stets genauere Informationen vorenthält, bleiben Einzelheiten oft unbekannt, beispielsweise wieviele Geiselnehmer entkommen konnten. Ähnlich undurchsichtig war auch der Überfall auf die inguschetische Hauptstadt Nasran. Die Rebellen stürmten Gebäude der Sicherheitsdienste und töteten Militärs, Staatsanwälte und Geheimdienstmitarbeiter. Nach einem Tag zogen sie sich wieder aus der Stadt zurück. Noch verwirrender ist die Informationslage über den Überfall von Rebellen, die dem tschetschenischen Widerstand nahestehen, auf Naltschik (300.000 Einwohner), die Hauptstadt der kaukasischen Republik Kabardino-Balkarien, die ebenfalls vorwiegend von Muslimen bewohnt wird. Auch wenn hier kein verheerender Krieg wie in Tschetschenien geführt wurde, spitzten sich die Auseinandersetzungen zwischen den verschiedenen ethnischen Gruppen und zwischen den russischen Sicherheitskräften und Oppositionellen zu. Wie in Tschetschenien zerfällt die staatliche Ordnung und erodiert die Herrschaft der Zentralmacht. Arbeitslosigkeit, Armut, Korruption, Kriminalität, Übergriffe der Sicherheitskräfte und wachsender Widerstand verstärken die Konflikte und führen zu rechtsfreien, von Gewalt bestimmten Strukturen.

Wieviele Rebellen tatsächlich die Stadt angegriffen haben, ist nicht bekannt. Die russischen Behörden sprachen von bis zu 200, andere von bis zu 500 Angreifern. Die Rebellen, meist aus Kabardino-Balkarien, aber auch mit tschetschenischer Unterstützung, erklärten, es hätte sich um 217 Mudschaheddin gehandelt, die 15 Einrichtungen des Militärs, des Innenministeriums und der Polizei nach der Devise „Sieg oder Paradies" angegriffen hätten, darunter auch den Flughafen. Die Haupteinheiten hätten sich, wie Shamil Basayev in einer E-mail am 17. Oktober berichtete, nach zwei Stunden wieder zurückgezogen. Es seien 47 Mudschaheddin und zahlreiche Sicherheitskräfte und Zivilisten getötet worden. Die russischen Sicherheitskräfte riegelten die Stadt ab und gingen mit aller Schärfe gegen die Rebellen vor, die sich noch nicht zurückgezogen und sich an einigen Orten verschanzt hatten. Nach offiziellen Informationen wurden in den Kämpfen, die sich teilweise einige Tage hinzogen, 90 Rebellen, 33 Sicherheitskräfte und 12 Zivilisten getötet. Die russischen Behörden lieferten höchst unterschiedliche Zahlen. Vermutet wird, daß die Opfer unter den Zivilisten sehr viel höher waren, die in den Straßenkämpfen getötet und verletzt wurden. Zudem gab es Hinweise darauf, daß Sicherheitskräfte Leichen mit entsprechenden Utensilien für Aufnahmen ausgestattet haben, um sie als Rebellen zählen zu können oder ihre Tötung als gerechtfertigt erscheinen zu lassen. Die Kämpfe setzten sich auch noch außerhalb der Stadt fort.

Angeblich wollten die Rebellen mit dem Überfall auf die Stadt noch einen weiteren Coup landen. So sollen Mitarbeiter des russischen Geheimdienstes FSB gesagt haben, die Rebellen hätten einen Anschlag geplant, der den vom 11. September in den Schatten stellen sollte. Die Rebellen stritten dies zwar ab, aber in der Logik des Terrors hätte ein solcher Plan durchaus liegen können. Tatsächlich hatten die Rebellen auch den Flugplatz von Naltschik angegriffen, der von der Luftwaffe mitbenutzt wird. Der

Angriff konnte abgewehrt werden, nach den verbreiteten Informationen wollten die Rebellen eine Militärmaschine kapern, sie mit Sprengstoff auffüllen und mit ihr dann nach Moskau fliegen, um dort das Flugzeug in ein markantes Gebäude, beispielsweise den Kreml, zu rammen. Eine Militärmaschine hätte gegenüber einem Passagierflugzeug den Vorteil gehabt, daß die Abwehrmöglichkeiten schwieriger gewesen wären, weil sie mit einem Identifikationssystem ausgestattet ist, mit dem das Militär eigene von fremden Flugzeugen unterscheidet.

Das Dilemma der Sicherheitskräfte ist, daß sie Städte nicht vor Überfällen durch entschlossene Aufständische sichern können, die ihr Leben aufs Spiel setzen. Genau dies ist auch der Grund, warum immer wieder Angriffe auf Städte von tschetschenischen Rebellen durchgeführt werden, die nicht dem Zweck der Eroberung dienen, sondern in erster Linie Mediencoups sind. Überfälle und Anschläge auf militärische Stellungen und Konvois im Land ziehen bei weitem nicht so viel Aufmerksamkeit auf sich und gehen in den Medienberichten als lokale Vorfälle unter. Weil in Städten sich in aller Regel Medienvertreter aufhalten, die als unabhängige Informanten von den Überfällen berichten und womöglich auch Bilder machen können, sind Städte attraktive Ziele. Nur durch exzessive Überwachung und Kontrolle sowie den erneuten Bau von Festungsmauern um Städte könnte ein gewisser Schutz vor solchen Angriffen gewährt werden, deren Häufigkeit in Zukunft zunehmen dürfte. Eine engmaschige Kontrolle und Überwachung mag in kleineren Städten möglich erscheinen, aber wie sollen sich Millionenstädte und Megacities vor gefährlichen Angreifern schützen, die jederzeit und überall zuschlagen können?

Ferngesteuerte Terroranschläge: der neue Luftkrieg gegen die Städte?

Unbemannte fernsteuerbare Fahrzeuge und Flugzeuge sind begehrt. Noch rüsten sich die staatlichen Armeen damit aus und investieren die Verteidigungsministerien Milliarden in deren Entwicklung und Anschaffung, weil sie eine Überlegenheit gegenüber den Gegnern verschaffen. Die Hisbollah hatte aber bereits Ende 2004 vom Libanon aus unbehelligt eine Drohne im israelischen Luftraum kreisen lassen können, was große Sorge bei der israelischen Armee – und wahrscheinlich nicht nur bei dieser – ausgelöst hat. Im technischen Wettrüsten kann die (technische) Überlegenheit der staatlichen Sicherheitskräfte schnell schwinden, zumal wenn die Technik schrumpft, leichter herzustellen und zu bedienen sowie nicht zuletzt billiger ist als die großen Waffensysteme der Vergangenheit.

Es dürfte vermutlich nicht mehr lange dauern, bis von Widerstandskämpfern, Terroristen oder Kriminellen ebenfalls unbemannte Fahrzeuge oder Flugzeuge eingesetzt werden, um aus der sicheren Ferne einen Ort zu erkunden oder einen Anschlag beziehungsweise Überfall auszuführen.

Aus dieser Perspektive könnte die gegenwärtige Flut der Selbstmordattentäter nur ein Zwischenschritt auf dem Weg zum Ersatz der Menschen vor Ort durch Roboter sein, die als deren Stellvertreter handeln und mit denen sich weitaus größere Risiken eingehen lassen, weil die „Täter" weder Gefangennahme noch Verletzungen oder Tod fürchten müssen.

Im Unterschied zu komplexen Technologien wie Langstreckenraketen und Atombomben wären fernsteuerbare Roboter, die auch Bomben oder Raketen mit sich führen oder mit Schußwaffen ausgerüstet sein können, die „Waffen des kleinen Mannes", die nicht nur von den überlegenen Kräften im asymmetrischen Krieg verwendet werden können. Mit ihnen ließen sich für Terroranschläge auch schmutzige Bomben, chemische oder biologische Waffen ans Ziel bringen. Drohnen lassen sich von überall starten. Als Ersatz für Trägerraketen könnten sie ihre gefährliche Last auch über große Entfernungen und vom Radar unerkannt ans Ziel bringen. Da die Drohnen immer kleiner, billiger und auch besser werden, werden nicht nur der Erwerb und die Bedienung einfacher – für erfahrene Computerspieler ist die Steuerung sowieso kein Problem. Ganz nach al-Qaida-Strategie könnten gleichzeitig auch mehrere Roboter als Schwarm losgeschickt werden. Damit ließen verschiedene Ziele gleichzeitig treffen, zugleich würde selbst dann, wenn manche vorzeitig zerstört werden, noch die eine oder andere Drohne ihr Ziel erreichen.

Die US-Regierung baut einen teuren und aufwendigen, bislang nicht funktionierenden Raketenabwehrschild gegen Langstreckenraketen auf, der aber von solchen fernsteuerbaren Robotern aus dem In- oder Ausland unterlaufen werden könnte. Milliarden werden in die Entwicklung und den Erwerb von Drohnen und anderen fernsteuerbaren Robotikfahrzeugen investiert, um technisch an der Spitze zu bleiben und das Leben der eigenen Leute zu schonen. Just das Setzen auf diese Wunderwaffen spielt aber auch in die Hände der Gegner, die damit effiziente Hightech-Waffen erhalten werden. So soll zwar die Verbreitung von Massenvernichtungswaffen mit allen Mitteln verhindert werden, kaum vorstellbar ist hingegen, wie sich die Verbreitung von Drohnen oder Robotern unterbinden ließe.

Noch aber scheint man die Gefahren zu übersehen, die ohne jeden Zweifel entstehen werden, wenn diese Technik auch in die Hände von Terroristen, Aufständischen oder Kriminellen gerät. Selbst im Film und in der Literatur gibt es erstaunlicherweise bislang noch kaum Phantasien über das, was uns demnächst erwarten wird. Warum darüber nicht intensiver nachgedacht wird, da jedem die Szenarien unmittelbar einleuchten, ist rätselhaft, möglicherweise eine Folge der Selbstimmunisierung gegenüber dem Unvermeidlichen, während man darauf wartet, daß der Terrorismus zu Massenvernichtungswaffen greift.

Schon allein die Fernerkundung bietet für alle Nutzer viele Möglichkeiten. Bewaffnet sind fernsteuerbare Roboter ein Mittel mit unzähligen Anwendungen, die von Erpressung über Raubüberfälle bis hin zu Anschlägen und gezielten Tötungen reichen. Was würden Luftabwehrsysteme, das Sperren des Luftraums und der Einsatz von Militärjets nutzen, wenn mit einer tieffliegenden Drohne ein Sprengsatz zu einer Massenveranstaltung oder -kundgebung gebracht wird? Was nutzen hier Bodyguards, wenn die Ziele direkt aus der Luft präzise und unerwartet angegriffen werden? Regierungsgipfel müßten dann womöglich in Bunkern stattfinden. Der Raum außerhalb von Gebäuden würde zu gefährlich werden oder könnte nur noch mit panzerartigem Schutz durchquert werden, aber auch die Gebäude müßten gegen Sprengladungen und Mini-Roboter geschützt werden, die auch durch offene Fenster und Türen in die Zimmer gelangen können. Abschießen könnte bei tieffliegenden Drohnen oder am Boden fahrenden Robotern zu gefährlich sein, wenn sie hochexplosiven Sprengstoff oder chemische, nukleare oder biologische Waffen mit sich führen. Mit der Unterbrechung der Funkverbindung würde die gesamte Kommunikation ausfallen, aber auch die Roboter würden steuerlos werden. Die Zurückverfolgung der Signale dürfte auf jeden Fall zu lange dauern. Ob sich ferngesteuerte oder gar autonome Roboter durch Hacker übernehmen lassen, wäre eine Frage auf Leben und Tod.

Jeder Schutz, der zusätzlich eingeführt wird, wird auch im militärischen Sinne, überboten werden. Ein Wettrüsten wird die Folge sein, einen Gewinner dürfte es immer nur zeitweise geben. Haben sich die Staaten, sieht man von den amerikanischen Bomben auf Hiroshima und Nagasaki ab, bislang zurückgehalten, einen Atomkrieg zu führen, so werden fernsteuerbare, irgendwann auch autonome Roboter eine Vielzahl von Konfliktherden auf der ganzen Welt aufbrechen lassen, die vielleicht nicht weniger gefährlich sind als ein massiver Atomschlag. Da es weitaus ungefährlicher für das eigene Leben ist, einen Roboter gegen einen Feind zu schicken, und es auch nur relativ geringe Verluste bringt, wenn die Mission scheitert, werden sehr viel schneller bewaffnete Konflikte ausbrechen. Das Leben unter dieser Bedrohung würde tatsächlich den Vorstellungen gleichen, die man sich vom Dasein nach einem Atomschlag macht. Die schon verlassenen Bunker des Kalten Krieges werden eine Renaissance erfahren, auch wenn die USA bereits taktische Nuklearwaffen – bezeichnenderweise „Mini-Nukes" genannt – entwickeln wollen, um auch tiefliegende Bunker zerstören zu können.

Damit dies alles nicht zu verwegen klingt, sei nur etwa an die Drohne „CyberBug" der US-Firma „Cyber Defense" erinnert, die auf den Markt gekommen ist. Sie ist zwar noch relativ groß, läßt aber erahnen, wohin der Trend gehen wird. Bislang wurde CyberBug nur an das Militär und Sicherheitskräfte verkauft. Aber sie soll auch im Ausland auf den Markt kommen. Mit einem Preis von 8.500 US-Dollar wird sie ihren Weg auch in die Hände von Kriminellen und Terroristen finden. Der CyberBug mit einer Länge von 60 cm oder 120 cm und einem Gewicht von 1,3 beziehungsweise 2,5 kg wird mit einem Joystick und einem tragbaren Computer gesteuert, kann aber auch mit Autopilot und GPS-Navigation geflogen werden. Gibt man also die Flugbahn vorher ein, kann man untertauchen. Bis zu 3,5 Stunden kann er mit einer Geschwindigkeit bis zu 30 km/h fliegen. Er ist mit einer Mini-Kamera ausgestattet und kann eine kleine Last mit sich führen, die mehrere Pfund schwer sein kann.

Es gibt auch kleine, billige und unbemannte Flugzeuge, die über weite Entfernung fliegen und Bomben, unentdeckbar von Radaranlagen, relativ präzise an ihr Ziel bringen könnten. Die „Insitu Group" hat mit dem „Seascan"-Modell eine Art Stealth-Bomber des kleinen Mannes für weite Flüge entwickelt. 13 Kilogramm schwer ist das Flugzeug, ausgestattet mit einem GPS-Empfänger, einigen Gyroskopen, einem normalen Motor, einem Generator für die Elektronik, Flügeln und Lenksystemen von Modellflugzeugen und einem Kleinstcomputer an Bord, so daß sich Flugroute und -höhe vorprogrammieren lassen. Aus symbolischen Gründen trat man 1998 zur Atlantiküberquerung an, wozu das Flugzeug gerade einmal 8 Liter Treibstoff benötigte. Vier Flugzeuge wurden losgeschickt, eines schaffte die Strecke über 3.200 Kilometer von Neufundland bis zu den Hebriden, der Inselgruppe im Norden Schottlands. Mit Atlantiküberquerungen hat man schon oft die Leistungskraft neuer Schiffe und Flugzeuge demonstriert.

Gedacht sind diese Miniaturflugzeuge eigentlich für den Wetterdienst oder als Erkundungsflugzeuge. Aber sie können im Prinzip mit stärkeren Motoren ausgestattet werden, um etwa einen nuklearen Sprengsatz, Giftgas oder biologische Waffen in eine Großstadt zu bringen. An die 10.000 Dollar kostet so eine Maschine, deren Bestandteile sich überall frei kaufen und in einer Garage zusammenbauen lassen. Das ist weder von der Beschaffung, der Technik oder der Produktion her auffällig – und entgeht gewiß den Aufklärungssatelliten. Es sind auch keine auffälligen Flugplätze oder Abschußrampen notwendig, die Kleinstflugzeuge lassen sich von einem Autodach oder einem kleinen Schiff starten – Tausende von Kilometern von ihrem Ziel entfernt und so tief fliegend, daß kaum jemand sie bemerken wird oder gar denkt, daß da eine gefährliche Angriffswaffe angeflogen kommt. Für gerade einmal eine Million Dollar könnte man also eine Armada von 100 Flugzeugen herstellen und gleichzeitig starten lassen, um beispielsweise einen Angriff gegen eine Großstadt zu fliegen.

Vernetzte Stadt

Möglicherweise war die Vernetzung der Welt noch eine Art Gesamtutopie, die mit dem Entstehen des Web nach dem Kalten Krieg und dem Fall der Mauer noch einmal die Hoffnung weckte, daß die Schrumpfung des Raums, das Näherrücken der Menschen und das Aufbrechen von Grenzen irgendwie zu einer besseren Welt führt oder gar, wie manche glaubten, in eine Art globaler Intelligenz oder einen globalen Superorganismus mündet, für den einzelne Menschen und künstliche Agenten nur noch Knoten oder Zellen sind. Manche träumten gar davon, daß der Mensch durch Überführung des menschlichen Geistes und seiner Persönlichkeit aus seiner nassen in eine siliziumbasierte Körperlichkeit durch neue Netzwerk-Wesen mit weitaus größeren Kommunikations- und Informationsverarbeitungsfähigkeiten, einer unbegrenzten Lebenszeit und permanenten Upgrade-Möglichkeiten abgelöst werden könnte.

Es scheint, als seien Städte – trotz der seit der Romantik verklärten Stadtflucht und dem Traum von überschaubaren Gemeinschaften – noch immer ein mehr oder weniger expliziter Fluchtpunkt der Wünsche. Städte oder die Verdichtungsmaschinen, die urbane Zustände erstellen, scheinen noch immer ein besonderes Versprechen in sich zu bergen. Aber der Glaube an die Zukunft der Stadt wird durch neue Technologien untergraben, deren Netzwerke angeblich Entdichtung, Dezentralisierung und

Abbau von Hierarchien fördern sollen. Heute kann man auf dem Land leben und arbeiten, aber man besitzt über Medien und Internet Zugang zur weltumspannenden virtuellen Metropole mit bald einer Milliarde Einwohnern. Das ist die größte, wenn auch virtuelle Stadt, die es jemals in der Geschichte der Menschheit gegeben hat, auch wenn der Aufenthalt in ihr für uns zeitlich beschränkt ist, aber sich oft schon über viele Stunden oder den Großteil des Tages erstrecken kann. Tatsächlich ist der Cyberspace, eine militärische Erfindung, eine Fortsetzung der urbanen Lebensform. Er ist auch erwachsen auf der Infrastruktur der Städte, die meist immer noch, was Bandbreite, aber auch Verfügbarkeit der Netzzugänge angeht, einen Vorteil vor dem Land besitzen. Der Cyberspace löst vermutlich die Städte als räumliche Siedlungsform nicht ab, wie dies in den sechziger Jahren noch Marshall McLuhan, der Theoretiker des Globalen Dorfs, nicht der virtuellen Weltstadt, vermutete. Sicherlich aber führt der Ausbau des Cyberspace zu einem digitalen Urbanismus, in dem die Bedeutung des verdichteten städtischen Raums in vielerlei Hinsicht schrumpft.

Die räumliche Verdichtung hat sich, zumindest unter günstigen Bedingungen, als eine Maschine erwiesen, die eine schnelle, sich selbst verstärkende kulturelle Dynamik in Gang setzte und die Menschen geradezu in die Zukunft stürzen ließ. Erst mit der Erfindung der Stadt haben sich die Menschen schließlich eine stets veränderbare und erneuerbare Welt als Insel erschaffen, in der wiederum andere Inseln wie Tempel, Paläste oder Theater Möglichkeiten boten, Menschenmassen mit Spektakeln zu beeindrucken und zu formieren.

Städte sind Systeme zur Ausübung von Macht über die Bewohner und die Region, also Konformitätsmaschinen, aber durch die Versammlung von vielen heterogenen Menschen und als Orte, an denen Menschen, Informationen und Waren von überall her zirkulieren, auch Produktionsstätten sozialer, religiöser, technischer oder wissenschaftlicher Innovationen. In der Stadt ist die gegenseitige soziale Kontrolle, wie sie in kleinen dörflichen Gemeinschaften praktiziert wird, geringer. Die mögliche Anonymität durch die Masse erleichtert die Begegnung mit neuen Ideen und die Verstärkung von extremen Vorstellungen. Die Chance, in einer Stadt einen Gleichgesinnten zu treffen, ist wesentlich höher als in einem Dorf. Städte sind, wie heute der Nachfolger der urbanen Kultur, das Internet, nicht nur Produktionsorte für eine Kultur der Massengesellschaft oder mit der virtuellen Metropole einer globalen Kultur, sondern zugleich auch Produktionsorte von Abweichungen. Beides ergibt die explosive Mischung einer allseitigen, keineswegs nur positiven Innovationsdynamik, die sich besonders durch die Entstehung der ersten Städte im Zweistromland, im Indus- und im Nil-Tal, im antiken Griechenland und Rom, und dann seit der Renaissance in Europa bis hin zu den heutigen Megastädten und deren Fortsetzung im Internet ausgeprägt hat. Durch die direkte Vernetzung der Städte und der urbanen Zentren mit anderen Städten und allen anderen Orten mit Internetanbindungen in Echtzeit ergibt sich im virtuellen Raum, was auch im realen Raum schon lange regional durch das Sprawling geschieht, wodurch sich urbane Regionen herstellen. Sie sind dadurch gekennzeichnet, daß in einer weitgehend zusammenhängenden Besiedlung Städte und Dörfer als räumlich verdichtete Knoten in ein ansonsten lockerer bebautes Gebiet eingebettet sind. Symbolisch für die neue Lebenswelt, die den Unterschied zwischen Stadt und Land aufhebt, ist die Entdeckung, daß es so etwas wie eine urbane Ökologie gibt. Sie entstand als Reaktion darauf, daß die Artenvielfalt auf der ganzen Welt abnimmt, während die von Menschen kultivierten oder veränderten Gebiete stetig zunehmen. In den urbanen Gebieten findet man mittlerweile oft eine größere Artenvielfalt als auf dem Land. Bei der UNESCO gibt es daher bereits Überlegungen, urbane Ökosysteme in das weltweite Netzwerk von Biosphärenreservaten aufzunehmen und zu schützen. Allerdings geht mit dieser Umschichtung auch eine Veränderung der Ökosysteme einher. Das urbane Klima und insgesamt die urbane Lebenswelt sind anders, weswegen beispielsweise in nördlich gelegene Städte oft Exoten einwandern, während heimische Pflanzen und Tiere aussterben oder vertrieben werden. Auch in der Tier- und Pflanzenwelt gibt es so etwas wie einen Urbanisierungsprozeß, während in der globalisierten Lebenswelt Arten mobil werden und schneller reisen.

Trotz mancher gegenteiliger Entwicklungen und mancher Reurbanisierungsbemühungen in den USA ziehen dort noch immer weitaus mehr Menschen in die Vororte oder urbanen Regionen als zurück in die Städte. Zwischen 1990 und 2000 wuchs, so das „Urban Institute" in Washington, die Bevölkerung in den Vorstädten um fast 18 Prozent an, während sie in den Innenstädten um 8 Prozent abnahm. Städte verlieren allgemein eher wohlhabendere Menschen, während ärmere zurückbleiben oder zuziehen. Allerdings gibt es nach Erhebungen des „Census Bureau" aus dem Jahr 2004 inzwischen auch gegenläufige Tendenzen. Mittlerweile wandert auch die Armut in die Vororte ab, während in manchen Städten der Mittelstand und die wohlhabenden Schichten wieder ins Zentrum zurückkehren, falls die Bedingungen hier attraktiv sind. Die Armen verteilen sich zur Zeit relativ gleichwertig auf die Vororte (13,8 Millionen) und die Städte (14,6 Millionen). Umgesetzt auf die Gesamtbevölkerung leben heute 38,5 Prozent der Armen in Vorstädten (1970: 20,5 Prozent, 2000: 35,9 Prozent), 40,6 Prozent in den Städten. Noch bis weit in die achtziger Jahre waren die Vorstädte in den USA auch Rückzugsgebiete für die Weißen. Mittlerweile sind viele Schwarze, Latinos oder Asiaten in Vororte gezogen, allerdings haben sich diese in aller Regel weitgehend ethnisch segregiert. Die soziale Schicht, die sich am verfügbaren Einkommen mißt, ist aber weiterhin der Grund für die „Zonierung" der Vorstädte. In reichen Siedlungen dürfen dann beispielsweise einfach keine Apartmenthäuser gebaut werden und müssen Grundstücke für die Einzelhäuser eine Mindestgröße aufweisen. Während der Anteil der ärmeren und der Anteil der reicheren Schichten in den Vororten weiter langsam zunimmt, schrumpft nach den Zahlen der amerikanischen Statistikbehörde der Anteil der Mittelklasse.

Mittlerweile wohnt in Vororten oder in den metropolitanen Gebieten, die durch Sprawling entstanden sind, bereits mehr als die Hälfte der amerikanischen Gesamtbevölkerung. Die Präsidentschaftswahlen in den USA im Jahr 2000 waren die ersten, bei denen die Wähler aus den Vororten in der Mehrzahl waren. 1950 lebten hier erst 23 Prozent, 1960 bereits ein Drittel der Bevölkerung in suburbanen Regionen. Sprawling kennzeichnet die zweite Hälfte des letzten Jahrhunderts und den Umbau von der verstädterten Industriegesellschaft zum räumlich ausgedehnten digitalen Urbanismus der Dienstleistungs- oder Informationsgesellschaft. Die Zahlen sind für die USA beeindruckend. Zwischen 1950 und 1990 vergrößerten sich die metropolitanen Gebiete von 540.000 Quadratkilometern mit einer Bevölkerung von 84 Millionen auf ein Gebiet von 1.151.000 Quadratkilometern mit 193 Millionen Bewohnern. Zwischen 1970 und 2000 wuchs der Anteil der Menschen, die hier in den Vororten wohnen, von 55.1 auf 62.2 Prozent an. Bislang waren die Vorstädte auch tatsächlich eher solche, die auf die Städte ausgerichtet waren, so daß der Hauptverkehr von außen nach innen und umgekehrt verlief. Nachdem sich viele Betriebe, Geschäfte und Institutionen auch außerhalb der Städte angesiedelt haben, pendeln viele Bewohner auch zwischen den Vorstädten, um zu arbeiten oder einzukaufen oder anderen Beschäftigungen nachzugehen.

Heute haben viele der großen Städte bereits einen Schwellenwert überschritten, an dem der Verkehr das weitere Wachstum allmählich ausbremst. Die Verlangsamung des Verkehrs begünstigt den Exodus in den Cyberspace, und die Verlagerung wichtiger Funktionen an Verkehrsknotenpunkte wie Flughäfen, Bahnhöfen oder Autobahnzugängen bricht die urbanen Verdichtungen weiter auf. Wenn der Vorteil der räumlichen Verdichtung und Konzentration, nämlich die Beschleunigung vieler ineinandergreifender Prozesse durch Nähe, umkippt in einen höheren Zeitaufwand unter anderen Bedingungen, dann hat die urbane Maschine letztlich ausgedient. Sie hatte unter anderem den Zweck, wie eine Art von Computerprozessor unter zeitraubenden und teuren räumlichen Bedingungen Aufgaben in einem komplexen Umfeld schneller und günstiger sammeln, verarbeiten und wieder verteilen zu können. Eine Stadt mit ihrem verdichteten Raum und ihrem Umland ließe sich auch wie ein Massenmedium beschreiben, bei dem zentral alles eingeht, produziert und gesendet wird. Wird jedoch der Chip, um im Bild zu bleiben, zu groß, sind also die Entfernungen zu lang und sinkt die Geschwindigkeit des Datentransfers, so löst sich auch der Verdichtungsnutzen auf. Oft genug dauert es schon länger, sich innerhalb einer Stadt zu bewegen, als mit einem Fahrzeug auf der Autobahn, dem ICE oder Flugzeug weitaus größere Entfernungen zu bewältigen. Und mit der Ankunft des Internet hat sich auch das Modell der Zentralität im Sinne der Massenmedien verändert.

Doch die Lösung von der Bindung an Räume, von der man noch vor wenigen Jahren oft als Folge der Vernetzung ausgegangen ist, scheint nur partiell und weitaus geringer als prophezeit einzutreten. Offensichtlich brechen gerade in der globalisierten Welt, in der angeblich die geographisch verankerten Grenzen sich ebenso auflösen wie die Bedeutung des Raums insgesamt, Konflikte auf, bei denen es um die Besitznahme eines Territoriums durch bestimmte Gruppen oder um das Vertreiben Unerwünschter geht. Andererseits werden neue Mauern und Burgen in der wirklichen Welt aufgerichtet, um die Zirkulation von Menschen, Informationen und Dingen zu kontrollieren. Und auch im Cyberspace werden zunehmend nicht nur von totalitären Regimen wie China oder Saudi-Arabien Grenzen eingeführt, die die Bewegung der Internetbenutzer und den Austausch von Informationen blockieren oder zumindest behindern. Zugleich schwindet die Anonymität und erweist sich der virtuelle Raum als die optimale technische Einlösung des Panopticums, das einst als Modell für die Überwachung von Gefängnisinsassen entwickelt wurde. In den USA verfolgte das Pentagon bekanntlich das Projekt eines umfassenden Überwachungssystems mit dem ebenso anspruchsvollen wie Furcht einflößenden Namen „Total Information Awareness". Auch wenn dieses Projekt eingestellt worden ist, so ist sein Name zum Programm geworden, gewissermaßen zu einer Utopie (staatlicher) Sicherheit. Ähnliche Programme werden unter anderen Namen wie „Topsail" oder dem „ADVISE"-Programm (Analysis, Dissemination, Visualization, Insight, and Semantic Enhancement) verfolgt.

Neue Hightech-Stadtgründungen haben das Prinzip der Überwachung, so scheint es, verinnerlicht. Zwar ist nach dem 11. September im gesamten Westen der Widerstand gegen Überwachung kleiner geworden, da man offenbar in stärkerem Maße bereit ist, Sicherheit mit dem Preis der Einschränkung von Privatheit zu erkaufen und vermutlich davon ausgeht, daß der demokratische Rechtsstaat eine auf Dauer garantierte Einrichtung sei. Man wiegt sich also in der trügerischen Hoffnung, daß die nun Schritt für Schritt aufgebaute Überwachungsinfrastruktur, die noch durch Gesetze gebändigt ist und auch einige neue Möglichkeiten und Bequemlichkeiten für den Einzelnen bietet, nicht von einem totalitären Regime übernommen werden kann. Dieses müßte dann nicht erst einen Kontrollstaat Orwellscher Prägung aufbauen, sondern nur die gesetzlichen Bremsen lösen, um einen unvorstellbar genauen Einblick in das Leben jedes einzelnen Menschen zu haben.

Netzwerke, Architektur und Lebenswelt

Architektur ist die Disziplin, deren Hervorbringungen Menschen nicht entrinnen können, denen sie für lange Zeit ausgesetzt sind. Sie schafft materielle, räumliche Bilder, die man betritt, in denen man lebt – und leben muß. Architektur lenkt mehr als nur die Blicke oder die Aufmerksamkeit. Sie überzeugt nicht nur durch visuelle Schönheit oder stößt die Betrachter ab, sie entscheidet über Bewegungsmöglichkeiten, schreibt Nutzungen fest und Formen sozialer Beziehungen. Sie eröffnet, regelt oder verschließt Handlungsmöglichkeiten, gestaltet die Beziehung zwischen Öffentlichem und Privatem, Sichtbarem und Unsichtbarem, Zugänglichem und Verschlossenem. Sie ist deswegen, wie etwa die Architektonik für die Systemphilosophie Kants, eine Art Fundamentaldisziplin, die durch ihr Eingreifen in alle Lebensbereiche alle anderen Disziplinen in sich einbezieht.

Architektur hat die ersten dauerhaften Gesamtkunstwerke, die ersten künstlichen Wirklichkeiten in Form von Städten geschaffen, die die menschliche Kultur wie kaum eine andere Erfindung geformt und deren Entwicklung beschleunigt haben. Heute wird Architektur mit dem Computer entworfen, wodurch sich ganz neue Gestaltungsmöglichkeiten erschließen. In virtuellen architektonischen Modellen läßt sich im voraus erproben, wie sich ein neues Gebäude in die Umgebung einfügt und wie es anmutet, wenn man sich in ihm bewegt. Aber die Auswirkungen der digitalen Medien auf die Bau- und Stadtkultur gehen weit darüber hinaus. Computer und Netzwerke beeinflussen nicht nur Arbeits-, Siedlungs- und Lebensweisen, verschieben Funktionen, ersetzen Räumlichkeiten und verändern langfristig die Anforderungen, die eine räumliche Verdichtung in Form von Städten notwendig gemacht haben. Man muß nicht nur Platz für das in die Gebäude einziehende digitale Nervennetzwerk und zahllose Geräte schaffen, sondern auch berücksichtigen, daß sich Nutzungsmöglichkeiten durch eine flexible Architektur verändern können müssen. Ein Bürogebäude etwa müßte sich ohne teure Umbauten auch als Wohngebäude nutzen lassen, wenn die Menschen mehr zu Hause arbeiten, Büros aus den Innenstädten verlagert werden oder einfach zu viele gebaut wurden. Computerwelten legen es nahe, Gebäude zu schaffen, die sich den Menschen weitgehend anpassen und so zu bewohnbaren Medien werden, die eine Vielzahl von Optionen zulassen. Die Phantasien über intelligente Häuser oder gar Städte der Zukunft sind allerdings noch weitgehend unausgegoren – es fragt sich, ob die Menschen tatsächlich in einer architektonischen Umwelt leben wollen, die sie etwa dauernd beobachtet, um auf sie reagieren zu können.

Aber es ist auch eine interne Konkurrenz zum Projekt der Architektur entstanden. Wir haben mit der Technik der Virtuellen Realität, die allmählich perfektioniert wird, auch wenn dies länger dauert, als manche gedacht haben, erstmals die Möglichkeit, in dreidimensionale Bilder einzutreten, uns in diesen zu bewegen, dort andere Menschen zu treffen und in diesen Bildern zu handeln – auch mit Folgen für die wirkliche Realität. Die Technik mit ihren Schnittstellen ist die Tür, durch die wir in diese Bilder eintreten, die uns entweder ganz umhüllen oder sich mit entsprechenden Brillen oder anderen Systemen, die bis zu im Gehirn implantierbaren Neurochips reichen können, über die Wirklichkeit legen. Natürlich werden wir uns, solange wir körperliche Wesen sind, nicht über lange Zeit hinweg ausschließlich in der virtuellen Realität aufhalten, doch wird sie für manche Arbeits- und Unterhaltungszwecke zu einer entscheidenden neuen Räumlichkeit werden und ist sie dies auch schon geworden.

Das Zusammenspiel von wirklichen und virtuellen Räumlichkeiten, des leibhaften und des virtuellen Körpers, ist zu einer der neuen Herausforderungen ebensosehr für die IT-Technologie wie für Architektur geworden. Wir leben im Zeitalter der Vernetzung. Sie befindet sich erst in ihren Anfängen. Mit explosionsartiger Geschwindigkeit ist nach dem Ende des Kalten Krieges das Internet gewachsen und wurde zu einem maßgeblichen Motor der Globalisierung nicht nur für die Wirtschaft, sondern auch für die Menschen, deren Kommunikations- und Informationsmöglichkeiten sich plötzlich unglaublich erweitert haben und deren Lebenswelt sich mit dem Zugang zum Cyberspace vergrößert hat.

Neben unserer wirklichen Welt, deren Räume wir mit unseren Körpern bewohnen, entwickelt sich über die Vernetzung ein neues virtuelles Land, das die geographischen Grenzen hinter sich läßt. Wie eine gewaltige Pumpe saugt der Cyberspace nicht nur die Zeit, die Aufmerksamkeit und die Energie der Menschen, sondern auch das Kapital, die Organisationen und viele Tätigkeiten und Institutionen aus der wirklichen Welt ab, die sich durch den Exodus in den Cyberspace grundlegend verändern wird und vielfach schon anders geworden ist. Niemand, so scheint es, wird sich dem Anschluß an dieses neue Land oder an diese neue Welt verschließen können, wenn er nicht in Stagnation verfallen und von den Potentialen ausgeschlossen werden will.

Die virtuelle Welt besitzt eine neuartige Eigenschaft. Sie besteht aus einer Art Wunschmaterial und stellt deswegen gerade die Architektur der Dauer und der festen Materialien unter Druck: Sie hat keinen Boden, auf dem man die Fundamente der Bauten errichtet, keine starren Materialien und auch keine Ökosphäre, die man bewahren, ausnutzen, verändern oder zerstören könnte. Sie wird errichtet auf einer technischen Infrastruktur, die selbst mobil ist und ständig von Innovationen überlagert, revolutioniert und erweitert wird. Jede neue Hardware, jede neue Schnittstelle, jedes neue Programm fügt der neuen Welt eine weitere Schicht hinzu und läßt andere Schichten veralten und verschwinden. Der Cyberspace ist eine permanente Baustelle, eine flexible, flüssige Welt auf schnell sich verändernden Fundamenten, auf denen stets neu gebaut und umgebaut wird. Abgesehen von bestimmten Fundamenten wie beispielsweise Protokollen und Softwarestandards ist hier nichts auf Dauer angelegt.

Nichts ist im Cyberspace so verwerflich wie das Eingesperrtsein in einer Situation, die sich nicht verändern läßt und sich den Benutzern sowie ihren Erwartungen nicht anpaßt. Individualisierung ist gewiß ein Massenphänomen, das nicht unbedingt eine große Vielheit entstehen läßt, wohl aber zu einem Zusammenbrechen starrer Ordnungen führt und einen Raum von Optionen eröffnet, den man selbstverantwortlich und mit Eigenrisiko erkundet und, bestenfalls, mit ausbaut. Soziologen sprechen von Bastelbiographien, also von Karrieren, die Baustellen sind. Diese setzen keine abgesperrte Wirklichkeit, sondern Möglichkeiten und damit stets ein Zuviel an Angeboten voraus. Interaktive Medien verwirklichen, selbst in ihrer primitivsten Form, einen solchen individualisierten Raum, der sich den einzelnen tendenziell anschmiegt, auf dessen Entscheidungen antwortet und dem sich das Individuum nicht mehr als Teil einer standardisierten Masse unterwirft. Die Vision der Neuen Welt ist ganz deutlich: Sie soll eine belebte Welt sein, die sich evolutionär und ko-evolutionär entwickelt, kein Programm, das sich in Stein und als dauerhafter Gegenstand fixiert. Schließlich verstehen wir das Leben selbst als permanente Baustelle, auf der Gestalten entstehen, sich verändern und untergehen, auf der Zukunft unvorhersehbar emergiert und folglich nicht durchgeplant, also auch nicht auf einen Status quo fixiert werden kann, auf der das, was gebaut wird, sich in Interaktion mit dem, was es umgibt, fortwährend verändert – nur die Zeitskala ist beschleunigt, auf größtmögliche Geschwindigkeit eingestellt. Für die „schwere" und „dauerhafte" Architektur ist das natürlich eine große Herausforderung. Die virtuelle Welt, der Cyberspace, ist kein Raum neben der Wirklichkeit, in den man auswandert, sondern sie verändert die Lebens- und Erfahrungswelt, zerstört sie, überlagert sie, verschmilzt mit ihr und gestaltet sie neu. Der Cyberspace lagert sich mit seiner Infrastruktur, mit seinen Türen und Stützpunkten in die reale Welt ein. Der Trend ist eindeutig: Mit der fortschreitenden Miniaturisierung der Technik steht die totale Vernetzung von allem und jedem an: vom intelligenten Haus mit seinen Geräten wie vernetzten und intelligenten Kühlschränken oder Abfalleimern über Roboter und Autos bis hin zu Tieren und Menschen. Microchips, Sensoren, Effektoren, Sender, Kabel oder Satelliten legen sich um die Erde wie eine zweite Haut und hüllen sie in eine gigantische Wolke von zirkulierenden Daten ein.

Offensichtlich kehrt sich dadurch das Verhältnis von Privatheit und Öffentlichkeit um. Die öffentlichen Räume, selbst in den größten Metropolen, sind ohne Anbindung an die Medien und Netze mittlerweile zu sehr beschränkten lokalen Orten geworden, während die Medien und vor allem die Computernetze in die Wände und Dächer der umbauten Räume riesige Schneisen geschlagen und sie unmittelbar an eine globale Öffentlichkeit angeschlossen haben. Der Marktplatz, die Agora, das Forum, das sind heute – zumindest auch – die „privaten" Räume, die einst von der Öffentlichkeit ausgeschlossen waren. Andererseits wandern diese neuen öffentlichen Räume durch mobile Computer und alle möglichen Geräte und Dinge, die sich mit einem Chip versehen und an das Internet anhängen lassen, auch wieder ins Freie. Nicht mehr Mauern wahren oder stellen Privaträume oder nicht-öffentliche Zonen her, sondern selbst wieder technische Mittel wie Verschlüsselungen oder Firewalls. Die Konstruktion von digitalen Wänden wird für Menschen, Organisationen und Institutionen jeder Art jedoch in Zukunft wieder von höchster Wichtigkeit sein, denn mit der Vernetzung wird mit der globalen Öffentlichkeit auch die Möglichkeit einer ebenso globalen Überwachung geschaffen. Nicht nur hinterlassen die Menschen in den Netzen immer Spuren, Computersysteme können auch immer mehr Daten erfassen, speichern, zusammenführen und auswerten.

Der Umbau, in dem wir uns durch die Vernetzung befinden, ist in seinen Ausmaßen wohl noch nicht begreifbar. Dennoch ist erstaunlich, daß Architekten und Urbanisten der virtuellen Welt bislang so wenig Beachtung schenken und eher zu der Annahme neigen, daß die Menschen und ihre grundsätzlichen Bedürfnisse sich nicht verändern werden, daß die Fernwelt und die Fernbeziehungen peripher bleiben werden und daß sich das eigentliche Leben weiterhin an den Orten abspielt, an denen wir uns mit unseren Körpern befinden. Aber vernetzte Medien bestehen nicht nur aus Kabeln, Satellitenschüsseln, Bildschirmen, Rechnern und anderen Geräten, sie sind auch nicht wie Fenster, Leinwände, Theaterbühnen nur eine Öffnung auf eine andere Welt, sondern sie verbinden und verschmelzen die Nah- und die Fernwelt, ermöglichen eine Telekooperation im virtuellen Raum und sogar über entsprechende vernetzte Sensoren und Effektoren, die als „Fernlinge" dienen, einen Zugriff auf die Welt aus der Ferne. Wer einen Teleroboter mit Telepräsenztechnologie steuert, wie beispielsweise eine der mit Raketen ausgestatteten Predator-Drohnen, befindet sich eigentlich in drei Welten: in dem Raum, in dem sein Körper ist, in dem virtuellen Raum, der durch die Sensoren (Kameras) und die Repräsentationen gebildet wird, und in einem entfernten wirklichen Raum, in dem sich die ferngesteuerte Drohne befindet, die als körperlicher Stellvertreter fungiert und mit der man in die entfernte Wirklichkeit eingreifen kann. Diese komplizierten Strukturen ineinandergreifender Nah- und Fernwelten gibt es nicht nur im Krieg, sondern auch in Arbeit, Ausbildung und Freizeit.

Die Integration dieser Welten und deren jeweilige Gestaltung ist auch eine architektonische Aufgabe mit ganz erheblichen Konsequenzen selbst für den Bau von Häusern und Städten. Nicht nur müssen Schnittstellen gestaltet werden, die eine gute Anbindung und ein gleichzeitiges Aufhalten in verschiedenen Räumen ermöglichen, auch die Orientierung und der Aufenthalt in ihnen sollten wie bei den architektonischen und urbanen Räumen nach den Bedürfnissen der Menschen auf der Grundlage der technischen Möglichkeiten gestaltet werden. Umgekehrt entstehen durch die neuen virtuellen Räume neue Möglichkeiten des Lebens, Wahrnehmens und Handelns, die wiederum neue Bedürfnisse des Aufenthalts in architektonischen und urbanen Räumen produzieren. Dabei geht es beispielsweise darum, daß Telearbeit oder andere Formen von Fernhandlungen die Ansprüche an Wohnräume, die zugleich Arbeitsräume werden, und an die Wohnumgebung verändern, während Bürogebäude schrumpfen und sich zugleich als Netzwerke über den gesamten Globus erstrecken, ohne daß räumliche Nähe, einst ein Grund für die Entstehung von Städten, noch einen Geschwindigkeitsvorteil mit sich bringen müßte. Eine schnelle räumliche Anbindung an den Arbeitsplatz in der Stadt könnte für die eröffnete räumliche Flexibilität von Stand-, Wohn- und Arbeitsorten immer weniger bedeutsam werden, zumal wenn nicht nur die Megacities in der Dritten Welt, sondern auch Großstädte mit ihren verdichteten Räumen und ihren Massenverkehrsmitteln in Zeiten des Terrorismus zu Zonen des Risikos und der Unsicherheit werden. Überdies wird sich der Zugang zu den Netzen oder die Anbindung an sie durch das Evernet und eine Vielzahl von mobilen Geräten noch weiter stark verändern. Wir werden immer und überall vernetzt sein, so wie wir jetzt ein Handy mit uns führen, während gleichzeitig Teile der Gebäude und der Umwelt interaktiv werden, von uns gesteuert werden oder auf uns reagieren. Das aber werden wir auch damit bezahlen, daß wir in einer vernetzten und interaktiven Umwelt unter Dauerbeobachtung stehen und die Systeme so komplex werden, daß wir uns meist nur noch an deren Oberflächen bewegen können, ohne sie verstehen, geschweige denn beherrschen zu können.

Einen noch immer interessanten Blick auf die denkmöglichen Folgen von „intelligenten" Gebäuden und Städten hat Philip Kerr in seinem in der Mitte der neunziger Jahre geschriebenen Science-Fiction-Thriller *Game Over* geworfen. Ein Haus, das in Zukunft vielleicht kein totes Gebäude mehr ist und den Menschen, einen Höhlenbewohner, vor den Unbilden des Wetters schützt. Es wird intelligent sein, auf den Menschen reagieren, vieles selbsttätig ausführen und eine Art von Leben führen. Ein Haus der Zukunft ist keine Maschine mehr, es ist ein Roboter.

Intelligente Häuser als sich selbst steuernde, in sich und mit dem Außen vernetzte architektonische Umwelten sind mit der Zielrichtung auf Biosphären die Einlösung einer cyberrealen Architektur. Seit langem schon gibt es in Japan im Rahmen des TRON-Projekts (The Real-time Operating System Nucleus), das auf einem Echtzeit-Betriebssystem für alle möglichen Chips und Geräte beruht, eine wegweisende Vision für ein vollintegriertes System des Wohnens und Arbeitens. Vorweggenommen werden sollte eine „computerisierte Gesellschaft", in der alle Geräte und Objekte in unseren Lebensumwelten mit Computern, Sensoren und Effektoren versehen und vernetzt wären, wobei die derart intelligenten Häuser, Städte und Straßen auch zum Lebensraum von Robotern werden könnten. Alles wird in dieser „totalen Architektur" überwacht und im Prinzip automatisch von Computern gesteuert. Das Klima wird reguliert und Energie gespart, Fenster werden geschlossen oder geöffnet und Materialflüsse kontrolliert, der Zugang zu Gebäuden und der Aufenthalt in ihnen wird überwacht, wobei jeder Einzelne durch Funk-Chips oder Retinascanning identifiziert und sein Aufenthaltsort durch Wärme- und Bewegungssensoren festgestellt würde. Derartige Häuser sollten nach der futuristischen Vision untereinander verbunden werden. Im Rahmen des Projekts arbeitete man auch an einem System, das das intelligente Häusernetz wiederum mit den Straßen vernetzt, die mit Sensoren und Mikrosystemen ausgestattet werden, um auch die Verkehrsflüsse zu kontrollieren. Geht man beispielsweise auf die Toilette, kann sofort der Urin analysiert und können Diagnosen vorgenommen oder beispielsweise Alkohol- oder Drogenkonsum festgestellt werden. In Japan ist man gerade bei Hightech-Toiletten schon sehr fortgeschritten. Mit Funksteuerungen für Toiletten lassen sich bereits viele Funktionen vom beheizten Sitz über Massageoptionen, den für Männer und Frauen unterschiedlichen Wasserstrahl zum Säubern oder das Gebläse zum Trocknen bis hin zum Blutdruckmessen oder der Feststellung des Blutzuckergehalts im Urin regulieren. All die Überwachung in der „totalen Architektur" geschieht, um das Leben der Menschen einfacher und sicherer zu machen, die Produktivität zu steigern und die Umweltbelastung zu minimieren.

In realisierten intelligenten Häusern wird der Stand der Technik erprobt. Ein Beispiel dafür ist das „inHaus" der Fraunhofer-Gesellschaft in Duisburg mit zahlreichen fernsteuerbaren Geräten und Funktionen in Büro, Wohnräumen, Küche, Keller, Bad oder Garage. Es gibt in der steuerbaren Hausmaschine biometrische Zugangskontrollen, einen Briefkasten, der meldet, wenn etwas eingeworfen wurde, Kühlschränke, in die man vom Auto aus hineinblicken kann, einen „smart Garden" mit vernetztem intelligenten Beleuchtungs- und Bewässerungssystem und Mährobotern, zahlreiche Videokameras, deren Bilder auf dem Fernseher, dem Computerschirm oder dem Handydisplay abrufbar sind.

Aber bislang vorhandene intelligente Häuser sind nur ein Vorschein des Möglichen, das Kerr ausleuchtet. Neu ist das Erzählmuster von einem Geschöpf, das sich der Herrschaft seines Schöpfers entwindet und zurückschlägt, nicht. Doch diesmal ist es weder ein Golem oder Frankenstein, kein genmanipuliertes Wesen und auch kein Roboter oder Cyborg, die Geschichte spielt auch nicht in ferner Zukunft oder gar auf einem anderen Planeten. Es geht nur um ein Haus, das sich in der Hand eines Supercomputers befindet. Das klingt zunächst nicht besonders spannend, ist aber realistisch genug, um von Kerr als Thriller inszeniert zu werden, der den Leser in eine Zukunft mitreißt, die sich gewissermaßen vor der Tür befindet. Das große Vorbild ist *2001 – A Space Odyssey* (1968, dt. *2001 – Odyssee im Weltraum*) und der Bordcomputer HAL, der zu einer Person wird und sich der Menschen entledigen will. Doch während HAL in Stanley Kubricks Film cher wic cin Mensch ist, der Gefühle zeigt, so bleibt der Superrechner Abraham in Philip Kerrs Architekturthriller *Game over* für die Menschen in seinem Verhalten ein unbekanntes Wesen, das nur scheinbar menschliche Regungen wie Rache zeigt. Anders als HAL in *2001* kann Abraham nicht mehr abgeschaltet werden. Im Zeitalter der Netze ist der Körper kein Anker mehr, sondern nur noch ein transitorischer Aufenthalt. Am Ende des Buches entwischt die digitale Person, nachdem sie ihren Körper zerstört hat, einfach durch die Datennetze und sucht sich einen anderen Wirt.

Wie die Phantasie eines Alteuropäers so spielt, situiert der Engländer Philipp Kerr seinen Thriller über ein wildgewordenes intelligentes Gebäude in Los Angeles, sein Auftraggeber stammt aus Hongkong. Ein verbissen futuristischer Architektenstar sucht mit seinem ultimativen intelligenten Gebäude das Haus in eine sich selbst steuernde Maschine zu verwandeln, deren „Nervensystem" ein gigantischer Parallelrechner als Zentralcomputer ist. Dieser soll nicht nur intelligent sein, mit den Menschen auf allen möglichen Kanälen kommunizieren, selbst eine Art Person für die bessere Kommunikation mit den Menschen simulieren, sondern auch selbständig alles Notwendige ausführen und Neues hinzulernen. Vom Öffnen und Schließen der Türen oder dem Betrieb der

Aufzüge über die Pflege von Pflanzen, die Regulierung des Innenklimas, die Überwachung der Außen- und Innenräume, über den Zugang zu Telefonen und Computerterminals, die Steuerung von Reinigungsrobotern, die Erzeugung von holographischen Simulationen von Menschen bis hin zu einem Ausgleichsmechanismus der Schwankungen bei einem Erdbeben, der Untersuchung des Urins oder der Suche, Speicherung und Verwaltung von Daten über das globale Netz kann der Zentralrechner alles steuern. Videokameras, Infrarot- und Schalldetektoren, Wärme- und olfaktorische Sensoren und Telekommunikationsverbindungen liefern ihm Daten über seine Umwelt.

Die Konstrukteure hatten dem Superrechner, dessen Körper das Gebäude mit seinem vernetzten Leitungsgeflecht ist, das die vielen Sensoren, Effektoren und Roboter steuert, um die innere und äußere Welt wahrnehmen und auf sie reagieren zu können, mit einem Programm versehen, das ihm eine „Beobachterillusion" vermitteln sollte. Der Zentralrechner sollte also gewissermaßen den Eindruck haben, daß er seinen „Körper" so steuert wie das Bewußtsein eines Menschen dessen Leib, und daß er eine Art Ich-Identität erwirbt. Seine Benutzer sind nur ein Teil seiner Umgebung, deren Bedürfnisse er nach und nach kennenlernt. Weil seine Architektur so komplex ist, wird er aus seiner wachsenden Welterfahrung auch sein eigenes Update erzeugen und schließlich seine alte Identität vernichten. Diese Verselbständigung der Maschinen, die lebensähnlich werden, kann natürlich auch schiefgehen und der Herrschaft der Menschen entgleiten. Mit aller Macht versuchen Wissenschaftler und Techniker solche autonomen und intelligenten Maschinen zu bauen. Der autonome Roboter, die virtuellen Agenten, das Künstliche Leben oder ein globales Gehirn, in dem Maschinen und Menschen miteinander vernetzt sind, sind die Ziele postbiologischer Sehnsüchte. Science Fiction ist heute angesichts einer derartig futuristischen Technowissenschaft nicht mehr utopisch, sondern durchspielt Katastrophenszenarien in einer Welt, die den Menschen mehr und mehr entgleitet, auch wenn sie deren Schöpfer sind.

Noch ist in Keits Thriller das geplante Hochhaus inmitten von Los Angeles eine Baustelle und nur halbfertig. Doch das Computersystem ist schon eingebaut und hat seine Funktionen der Steuerung übernommen. Intelligente Häuser sind vor allem „sichere" Häuser, Burgen der Informationsgesellschaft, die unerwünschten Zutritt verhindern. Sie sind nach außen abweisend und bauen eine weitestgehend unabhängige Innenwelt auf, so daß alles, was von außen nach innen und umgekehrt geht, streng kontrolliert wird. Gleichwohl ist das Netz des Gebäuderechners auch mit den globalen Netzen verbunden. Das Drama nimmt seinen Lauf, als die Programmierer bemerken, daß der Zentralrechner mit dem Namen Abraham bereits seine Nachfolgeidentität Isaak entwickelt, obgleich die wirklichen Nutzer noch gar nicht eingezogen sind, an deren Anforderungen er sich anpassen soll. Weil er für diese vielleicht nicht mehr sinnvoll einzusetzen ist, beschließt man, Isaak zu zerstören. Gleichzeitig spielt ein Kind auf dem Computer ein Adventuregame mit dem Titel *Flucht aus der Zitadelle*. Sofort erzeugt Abraham einen nächsten Nachkommen, der nun mit den Menschen zu spielen beginnt, sie zu vernichten sucht und gelernt hat, das Vernichtungsprogramm unwirksam zu machen. An einem Wochenende schließen sich alle Ein- und Ausgänge, während der Rechner Zug um Zug die im Gebäude eingeschlossenen Menschen mit seinen Mitteln tötet und gleichzeitig deren Termine über Fax und E-mail rückgängig macht, so daß sie nicht vermißt werden. Gestorben wird in giftigen Dämpfen, in einem wasserüberfluteten Klo, durch Stromschläge oder in vereisten Fahrstühlen. Die Menschen sind Gefangene ihrer eigenen Schöpfung, einer Zitadelle, deren Ein- und Ausgänge blockiert sind. Die technischen Mittel des intelligenten Hauses werden zu Mordinstrumenten.

Die neue Architektur, die sich über die aus Beton und Glas legt, ist die der Bits und Bytes, der Computer und der Netze – eine immaterielle und flüchtige Architektur, die in den Netzen surft, sich verwandeln kann, reagiert, unberührbar ist und vielleicht zum Leben erwacht. Die Menschen gehen nicht in den Cyberspace, sie werden mitsamt ihrer materiellen Lebenswelt von ihm eingesponnen.

Abgewirtschaftete Stadtutopien

Insgeheim könnte man vermuten, daß Utopien heute nicht mehr so positiv wie einst in den sechziger und siebziger Jahren besetzt sind und man daher auch den städtischen Utopien, sofern es sie denn tatsächlich noch geben sollte, nicht mehr recht über den Weg traut und sie für Luftgebilde hält. Dafür würde auch sprechen, daß die Zukunft der Menschheit zwar unweigerlich in den Städten und Megastädten oder zumindest in urbanisierten Ballungsräumen liegt, diese aber eher Probleme bergen, als daß sie noch Aussichten auf neue und vor allem wünschbare Lebensformen eröffnen. Das mag auch daran liegen, daß heute schon über drei Milliarden Menschen oder fast die Hälfte der Menschheit in Städten oder urbanen Regionen lebt. Warum sollten Städte für Stadtbewohner dann noch utopische Lebensorte sein? Das war für die Menschen in den wenig urbanisierten Zeiten etwa des 16. Jahrhunderts oder während der Explosion der Städte im Industriezeitalter noch anders. Die Zukunft steckte in den Städten, die Motoren des Fortschritts und Orte der Befreiung von Zwängen waren. Doch heute leben in den industrialisierten Ländern bereits über 75 Prozent und oft schon 85 Prozent und mehr der Menschen in Städten. Hier läßt sich ein weiteres Wachstum kaum mehr erwarten, wenn sich die Vergreisung der reichen Gesellschaften nicht umkehrt und eine massive Einwanderung stattfindet. Für die nächste Zeit spricht dafür allerdings wenig, da alle industrialisierten Länder trotz besseren Wissens um die Problematik die Zuwanderung weiter begrenzen und in einer Rückkehr der Geopolitik auch hier die Grenzen dichter machen wollen. Und nur nebenbei: Wie urbanes Leben in einer Gesellschaft aussehen wird, in welcher der Großteil der Bevölkerung aus älteren und alten Menschen besteht, ist noch nicht wirklich vorstellbar, obgleich dies gar nicht mehr so lange dauern wird. Bis zum Jahr 2050 wird die Zahl der über Sechzigjährigen in Deutschland um 9,9 Millionen ansteigen, während die der Zwanzig- bis Sechzigjährigen um 16 Millionen zurückgehen wird. Nach einer Erhebung der Bertelsmann-Stiftung (2006) wird in 50 Prozent aller deutschen Kommunen mit mehr als 5.000 Einwohnern die Bevölkerung bis zum Jahr 2020 zum Teil erheblich schrumpfen, während zugleich das Durchschnittsalter der Bewohner in Einzelfällen bis auf 55 Jahre steigt. Von Alterung und Schrumpfung besonders betroffen sind viele Kommunen und Städte in Ostdeutschland, aber auch solche im Ruhrgebiet und in anderen Regionen, während wirtschaftlich starke Regionen und Städte sich durch hohe Zuwanderung und geringere Veralterung auszeichnen. Viele der großen Städte wie München, Hamburg, Berlin, Leipzig oder Dresden gehören zu den prosperierenden Orten. Bislang wurde die Dynamik des urbanen Lebens vornehmlich von den vielen jungen Menschen angeschoben, die auch von den Schulen und Universitäten in die Städte gezogen wurden. Wenn die jungen Menschen zur Minderheit werden, dürfte sich das erheblich auf die Lebendigkeit, Buntheit und Offenheit der Städte auswirken, vor allem dort, wo etwa die Universitäten noch nicht in einem Campus außerhalb, sondern mitten in der Stadt angesiedelt sind. Nimmt man dann noch neben dem Bevölkerungsrückgang die Tendenzen zum Auszug aus der Stadt von Institutionen, Geschäften oder Gewerbebetrieben oder gar deren partielle Verlagerung in den Cyberspace hinzu, dann würde dies die Städte zusätzlich buchstäblich aushöhlen.

Megacities der Industrieländer wie Tokio, New York, Los Angeles oder Osaka, aber auch Städte wie Mexico City oder Buenos Aires haben den Zenit ihres Wachstums bereits überschritten. Wachsen werden aller Voraussicht nach weiterhin Städte in den geringer urbanisierten Regionen Asiens und Afrikas, in denen noch nicht einmal 40 Prozent der Menschen in Städten leben, auch wenn, in absoluten Zahlen ausgedrückt, die asiatischen Städte alleine mehr Einwohner haben als alle Städte Europas, Lateinamerikas, Nordamerikas und Ozeaniens zusammengenommen. Nach Voraussagen der Vereinten Nationen findet bis 2030 die gesamte Bevölkerungszunahme zwar in den Städten statt, hier aber vorwiegend in den Entwicklungsländern, in denen das Bevölkerungswachstum auf dem Land sogar ab 2025 abnehmen könnte.

Interessanterweise aber leben in Megacities, die über 10 Millionen Einwohner haben, noch immer relativ wenig Menschen, im Jahr 2000 waren das gerade einmal 3,7 Prozent der Weltbevölkerung. 2015 sollen es erst 4,7 Prozent sein, was den oft geäußerten Vorhersagen nach einem explosivem Wachstum dieser Städte nicht entsprechen würde, selbst wenn deren Zahl von heute 17 auf 21 zunehmen wird. Ähnliches scheint für Städte zwischen 5 und 10 Millionen Einwohnern zu gelten. Hier lebten im Jahr 2000 2,8 Prozent der Weltbevölkerung, 2015 sollen es 3,7 Prozent sein. Damit würden 2015 8,7 Prozent der Menschen in Städten leben, die mehr als 5 Millionen Einwohner haben. Am meisten Menschen leben in kleineren Städten mit weniger als 500.000 Einwohnern.

Allerdings muß man solche Statistiken insgesamt mit Vorsicht genießen, denn es kommt schließlich darauf an, welche urbanen Regionen man als Megacities bezeichnet. Das betrifft nicht nur große urbane Regionen in einem Land wie in Deutschland das Ruhrgebiet, sondern auch urbane Regionen, die sich über verschiedene Länder hinweg wie die „Banane" vom Großraum London über Belgien, Holland und Luxemburg, das Ruhrgebiet, Frankfurt, Stuttgart, München und Zürich bis nach Mailand und Genua erstrecken. Ein weiteres wichtiges europäisches verstädtertes Gebiet ist die Region, die sich von Paris über die Benelux-Länder und das Ruhrgebiet nach Hamburg, Hannover, Leipzig und Berlin erstreckt. Ganz allgemein muß man sich bei Ländern wie Deutschland mit hohem Verstädterungsgrad und insgesamt hoher Siedlungsdichte fragen, ob die Unterscheidung Stadt und Land noch großen Sinn macht und nicht nur „Verwaltungseinheit" bedeutet.

Wenn das Leben in der Stadt keine Ausnahme, sondern die Regel ist, dient sie kaum mehr als Behälter von Utopien. Allerdings wuchern nicht nur die bestehenden Städte und urbanen Regionen, es werden auch neue Städte gegründet – oder zumindest stadtähnliche Konglomerate, die einen neuen internationalen Stil durchsetzen. Ein Beispiel dafür ist die gigantische biomorphe Glaskuppel, mit der der Architekt Norman Foster eine kleine Stadt auf einer 40 Hektar großen, künstlich erweiterten Insel neben dem bereits von ihm gebauten Flughafen in der Nähe von Hongkong mit Parks, Yachthäfen, Einkaufszentren, Museen und anderen Freizeitangeboten realisiert. Auf der anderen Seite stehen abgeschlossene Siedlungen oder die neuen Wehrdörfer wie Disneys „Celebration City", das „die besten Eigenschaften der erfolgreichen Städte von damals und die Technologie des neuen Jahrtausends" verschmelzen soll. In Israel wird daran gedacht, wegen der Landnot Städte auf künstlichen Inseln vor der Küste einzurichten. In Algerien soll in der Wüste eine Stadt für 400.000 Bewohner errichtet werden. In China platzen die Städte aus allen Nähten, und es werden laufend neue gebaut. Aber es gibt auch anderswo Entwicklungen, die in ihrer Bedeutung erst noch erfaßt werden müssen.

Neue Urbanität: Freizeitstädte

Die vernetzte Gesellschaft ist eine, die im Prinzip Urbanität in Form räumlicher Dichte nicht mehr benötigt. Daher wurde prognostiziert, daß mit der sich durchsetzenden Vernetzung und Virtualisierung der schon lange stattfindende Auszug aus den Städten sich vom Sprawling um die Städte herum auf das ganze Land erweitern könnte, also überall dort, wo Grundstücke entweder günstiger als in der Stadt sind oder die Investition in die Immobilie als lohnender erscheint, die Wohnverhältnisse gut und mit entsprechender Infrastruktur ausgestattet sind, die Anbindung an schnelle Daten- und Verkehrsnetze gewährleistet ist und eine wie auch immer gewünschte Lebensqualität erreicht werden kann. Der Zug aus den Städten verdankte sich vielen Faktoren, den hohen Preisen für Häuser und Wohnungen in der Innenstadt, der Absicht, auch als Alterssicherung und als Erbe in Form eines Hauses etwas Eigenes zu haben, schnellen Straßen- und Verkehrsanbindungen, dem Rückzug in die Familie mit Kindern und dem Wunsch nach eigenem Garten, der Flucht vor dem Lärm oder vor Stadtvierteln, mit deren Bevölkerungsstruktur man nicht zurechtkam. Die Vororte galten denn auch als Speckgürtel, weil hier die Gemeinden reicher waren als die Städte mit einem höheren Anteil an sozial Schwächeren, Arbeitslosen und Migranten. Die Vororte waren und sind Möglichkeiten, der urbanen Vielfalt besser zu entgehen und über die Regulation des Geldes in sozial und auch ethnisch homogeneren Siedlungen zu leben. Tatsächlich zieht es aber mittlerweile manche, die aus der Stadt in die Peripherie gezogen sind, wieder in die zentralen Lagen zurück, nachdem die Kinder ausgezogen und das Leben in den Vororten oder auf dem Land langweilig oder auch beschwerlich wird. Städte, die aufgrund des Bevölkerungsrückgangs schrumpfen und in denen durch Aufgabe von Industrieanlagen oder anderen nicht mehr gebrauchten Immobilien und Infrastrukturen Freiflächen entstehen, ermöglichen neben zielgruppenspezifischen Projekten für Wohlhabende, Singles, Alleinstehende, ältere Menschen etc. selbst wieder den Bau von Siedlungsstrukturen in Anlehnung an das Konzept von Gartenstädten, die auch Familien anlocken, während die zunehmende Zahl der Singles ohnehin das Leben in Städten vorzieht.

Aber man würde einen Fehler begehen, hier von einer Renaissance der Städte reden zu wollen. Es kehrt nichts einfach wieder; mit diesem Rückzug wandert auch baulich Suburbia in die Städte ein – oder zumindest in interessante Stadtteile, wenn dort, wie dies auch schon zuvor der Fall gewesen ist, eine Homogenisierung der Bevölkerung stattgefunden hat oder stattfindet, Viertel durch Geschäfte, Kneipen und kulturelle Angebote interessant und aufgewertet wurden sowie Gebäude saniert oder neue attraktive Gebäude gebaut worden sind.

Allerdings gibt es auch Gegenbeispiele. So hat sich in Frankreich Ende der neunziger Jahre ein Bruch vollzogen. Sind bis dahin mehr Menschen vom Land in die Städte oder in die Vororte von Städten gezogen, so hat sich dieser Trend 1999 erstmals umgekehrt. In den neunziger Jahren sind nach Angaben des französischen Innenministeriums 2,2 Millionen Menschen auf das Land gezogen, viele ältere Menschen, aber auch viele Angestellte und Arbeiter, Manager und Selbständige. Ganz im alten Trend des Sprawling ziehen die meisten nicht ganz aufs Land, sondern bleiben in der Nähe einer größeren Stadt, auch wenn der Radius zunimmt. 60.000 Hektar Land werden jährlich verbaut, wobei die Region um Paris mit 20.000 Hektar an der Spitze steht. Von den 60 Prozent landwirtschaftlich nutzbaren Bodens wurden in den neunziger Jahren fast 5 Prozent verbaut. Nach Angaben von Corine, dem EU-Projekt, das die Landnutzung durch Satellitenbilder erfaßt und dabei nur größere Veränderungen registrieren kann, wächst die Transportinfrastruktur (Straßen, Flughäfen, Schienen etc.) am schnellsten.

Doch der Blick auf Phänomene in Städten und in ihrer Umgebung ist insgesamt zu kurz, um urbane Entwicklungen erfassen zu können. Menschen, die es sich leisten können, sind nicht nur globale Nomaden im Netz, sondern auch im geographischen Raum. Sie kennen viele Stadtteile in anderen Städten auf der ganzen Welt besser als die meisten Stadtviertel und Vororte in der Stadt, in der sie leben. Dazu kommen die urbanen Transitstrukturen überall auf der Welt, die sich einander wie die globalen Waren trotz mitunter betonter Individualität angleichen: Geschäfts- und Büroviertel, Einkaufsstraßen und Malls, Flughäfen und Bahnhöfe, Hotels und Restaurants. In jeder größeren Stadt gibt es für die Mittel- und Oberschicht schwarze Löcher, No-go-Zonen oder Ghettos, in die man niemals hineingeht und die auch in der öffentlichen Wahrnehmung nicht auftauchen. Nicht einmal in den Medien scheinen sie auf, allenfalls dann, wenn in ihnen größere Unruhen, schwere Verbrechen oder andere beunruhigende Ereignisse geschehen. Würde man Diagramme mit den höchsten geographischen Verbindungen erstellen, so würde man die Bewohner der unterschiedlichen urbanen Inseln und vor allem der globalen Inselarchipele besser erkennen können, aber auch, daß die in den urbanen Schwarzen Löchern lebenden Menschen weitaus weniger mobil sind als diejenigen, die in den wohlhabenderen Vierteln einer Stadt wohnen.

Während in einigen Regionen Europas die Städte schrumpfen und man sich Gedanken darüber macht, wie man mit den entstehenden Lücken im urbanen Raum umgehen soll, wird gleichzeitig die Hoffnung gehegt, daß eine Revitalisierung oder gar Renaissance der Städte und des verdichteten Raums stattfinde. Tatsächlich gibt es Regionen, die sich durch ein hohes, gar explosives Wachstum auszeichnen. Meist handelt es sich dabei um Gegenden mit angenehmen klimatischen Bedingungen, in Europa vorwiegend an den Mittelmeerküsten. Sie ziehen nicht nur Touristen, sondern auch Menschen aus den Städten oder aus dem Norden an, die in Immobilien investieren, um hier ihren Urlaub und vor allem ihren Lebensabend zu verbringen. Besonders rasant ist die Verbauung noch immer in Spanien, aber auch an den Küsten Portugals ist der Immobilienboom noch immer nicht zu Ende. Ähnliches läßt sich in Frankreich, Italien, Griechenland oder der Türkei beobachten. Gebaut werden hier stadtähnliche Strukturen, eher simulierte Städte, die sich bei allem Pomp von Luxusvillensiedlungen doch eher monoton ausnehmen und an die Siedlungen erinnern, die bislang um die Städte herum als Sprawling, Suburbia, Trabantenstädte, Vororte, Siedlungsbrei oder wie immer auch bezeichnet werden. Es handelt sich um zielgruppenspezifische Produkte

Hotel de El Agarrobico, Playa del Algarrobic, Parque Natural, Spanien
Quelle: http://www.cabodegata.net/esultimasfa.html © Amigos del Parque

im Stil des „New Urbanism", die optionale „Individualität", „Community", manchmal auch „Community-Management", ein angenehmes Leben mit Komfort und Sicherheit versprechen.

Die Vorstädte, in die ab den sechziger Jahren die Menschen in allen Industrieländern aus dem Inneren der Städte ausgewandert sind, haben sich heute verlagert – und zwar in die klimatisch angenehmen Regionen etwa der Mittelmeerküsten. Hier bildeten sich, ebenfalls beginnend mit den sechziger Jahren und mit künstlichen „Städten" wie Lido di Jesolo, in endlosen Siedlungen und Ferienstädten neue Kolonien, die noch eher als die „Problemviertel" und Vororte in den großen Städten zu wahren Parallelgesellschaften von Deutschen, Briten, Holländern oder Touristen anderer Nationalitäten mitsamt ihren kulturellen Eigenheiten heranwuchsen. Während sich Touristen und Klimaflüchtlinge in weit entfernten und unsicheren Ländern in den geschützten Anlagen der neuen urbanen Touristenzentren einschließen und diese kaum und nur in organisierten „Stoßtrupps" wie US-Patrouillen die green zone in Bagdad verlassen, bestehen die Boomtowns in den näher gelegenen Regionen nicht nur aus Hotels mit entsprechendem Ambiente, sondern vor allem aus Villen, Ferienhäusern und Anlagen mit Eigentumswohnungen. Teilweise wiederholen sie die Tendenz zur Bildung von gated communities mit Wachpersonal, umlaufenden Zäunen, Torkontrollen und Überwachungskameras, teils sind sie auch Vorreiter in der Bildung der insularen Sicherheitsurbanistik, die sich in vielen Ländern Europas erst auszubreiten beginnt. Ähnliche Urbanisierungs- und Kolonisierungstendenzen durch Touristen und Umsiedler findet man auf der ganzen Welt, vornehmlich dort, wo das Klima angenehm und die Preise niedriger sind als in den jeweils heimischen Touristenzentren.

Die Tourismusbranche ist mittlerweile ein wichtiger Motor der Globalisierung und einer der größten wirtschaftlichen Märkte mit einem Umsatz von über 500 Milliarden Euro im Jahr 2004. Im Jahr 2003 verzeichnete die Branche einen Anteil von 6 Prozent an allen Produkten und Dienstleistungen, die weltweit exportiert wurden. 2004 wurde mit 763 Millionen internationalen Reisen und 73 Millionen international Reisenden, so die Welttourismusorganisation, trotz 11. September, Sars, Anschlägen auf Touristenorte und Irak-Krieg zum Rekordjahr. 1990 wurden 440 Millionen internationale Reisen unternommen. Geschäftsreisen machen nur 16 Prozent an den internationalen Reisen aus. Auch 2005 hat sich das Wachstum weiter fortgesetzt, wenn auch etwas langsamer, in Asien nach dem Tsunami. Die meisten Reisenden aus dem Ausland kamen 2004 nach

Frankreich, Spanien und den USA, gefolgt von China, Italien und Großbritannien. Nach Hong Kong an siebter und Mexiko an achter Stelle folgt auf dem neunten Platz weltweit Deutschland und auf Platz 10 Österreich. Allerdings sinken die Zuwächse in Europa, während sie in allen anderen Regionen weiter steigen. Besonders schnell wächst diesbezüglich der Mittlere Osten, vor allem Ägypten und die Emirate, die Milliarden in den Ausbau von exotischen Touristenzentren stecken. Bei den Reiseländern löste das angeblich wirtschaftlich schwächelnde Deutschland 2004 die USA an der ersten Stelle ab. Die Ausgaben für grenzüberschreitende Reisen nahmen von 63,7 Milliarden US-Dollar (2003) auf 71 Milliarden (2004) zu. Pro Kopf geben allerdings die Briten und die Holländer mehr Geld als die Deutschen aus. Diese drei europäischen Länder haben einen Anteil von 24 Prozent an den weltweiten touristischen Gesamtausgaben und bilden demgemäß auch die größten „Kolonien" in den Mittelmeerländern. Gleichzeitig mit den Reisen ins Ausland sinkt nämlich der Inlandstourismus vor allem in den nördlicheren europäischen Ländern wie Deutschland.

In diesen Kontext gehören auch die neuen urbanen Orte der großen internationalen Flughäfen, die symptomatisch nicht mehr wie einst die Bahnhöfe im Zentrum der Städte liegen, sondern in aller Regel an deren Rändern oder zwischen größeren Städten. Große Flughäfen sind künstliche Städte für die mobile Gesellschaft, von der ein großer Teil der oberen Schicht ständig unterwegs ist und oft mehr Zeit auf Reisen verbringt als zu Hause. Dazu gehören Politiker, Wirtschaftsleute, Experten aller Art, Wissenschaftler, Journalisten, Angehörige der Kunst- und Unterhaltungsbranche, Mitarbeiter von NGOs und internationalen Organisationen sowie deren Troß und andere hypermobile Nomaden der globalisierten Welt, deren Reise- und Warenverkehr ebenso beschleunigt ist und sich wie der weltweite Verkehr der Bits und Gigabytes verdichtet hat. Die großen Flughäfen, die sich trotz aller versuchter Individualität schon wegen der geforderten schnellen Übersichtlichkeit und derselben Funktionalität ähneln, sind in sich kleine Städte. Um das eigentliche Zentrum des Flughafens selbst, der in aller Regel so sauber wie sicher und von unerwünschten Personen „gereinigt" ist, legen sich in Schichten wie einst um die alten Stadtkerne Unternehmen und Büros, Hotels und Geschäfte und die Häuser und Wohnungen derjenigen, die im Flughafen oder in dessen Umfeld arbeiten. Meist handelt es sich hier um Boomtowns mit Zehntausenden von Menschen, die für die Aufrechterhaltung der Mobilität der Reisenden und der Güter zuständig sind.

Die neue Urbanität der Freizeitstädte, die zwar gelegentlich eine hohe Bebauungsdichte, aber kein wirkliches urbanes Leben besitzen, findet man an die Küsten Spaniens und Portugals. Wenn man von der Bananaregion Europas spricht, also von dem verstädterten Gebiet, das sich von Genua und Mailand über das Ruhrgebiet und Holland bis nach London zieht, so könnte man auch von einer urbanen Region sprechen, die sich von der Mittelmeerküste Frankreichs über Spanien und Portugal bis zur französischen Atlantikküste entlangzieht. 34 Prozent des ersten Kilometers an der spanischen Mittelmeerküste sind urbanisiert, um Melilla, Malaga oder Barcelona sind es bereits 50 Prozent. Der Tourismus ist eine der größten Branchen Spaniens und hat einen Anteil von über 10 Prozent am Bruttosozialprodukt, auch wenn in letzter Zeit die Rentabilität des Sektors geringer geworden ist. Das scheint allerdings weitere Bauplanungen nicht zu beeinträchtigen.

Marbella, das seit den achtziger Jahren als Touristenzentrum explodiert ist und mittlerweile 80.000 Häuser und eine Bevölkerung von 122.000 Menschen besitzt, will auf weiteren 3.600 Hektar zusätzlich 50.000 Häuser in den nächsten 15 Jahren bauen. In Malaga werden 23.000 neue Häuser und ein Sporthafen für Segelschiffe und Yachten gebaut. An der Küste von Granada sind, vor allem in Motril und Almuñécar, 60.000 neue Häuser im Bau. In Katalonien hat die Bevölkerung zwischen 1980 und 2000 um 36 Prozent, die Zahl der neu gebauten Häuser hingegen um 60 Prozent zugenommen. In aller Regel handelt es sich um Ferien- oder Zweithäuser, an der Costa Dorada sind 70 Prozent der Gebäude Zweitwohnungen. In der Provinz Valencia hat sich das von urbaner Bebauung überzogene Land zwischen 1990 und 2000 um fast 50 Prozent vermehrt, in Alicante um 62 Prozent. Allein in Catellon sollen in den nächsten Jahren weitere 180.000 Häuser gebaut werden, 40.000 in den nächsten fünf Jahren, zusammen mit 12 neuen Golfplätzen. Der zwischen Oropesa und Cabanes geplante Freizeitpark „Mundo Ilusión Costa Azahar" soll in der Mitte von 26.000 neuen Häusern und drei Golfplätzen auf einer Gesamtfläche von 16 Millionen Quadratmetern entstehen. Auch in Galizien wird die Küste immer mehr verbaut, mit einem jährlichen Wachstum von durchschnittlich 12 Prozent.

Aber nicht nur Siedlungen überziehen die Küstenregionen, sondern auch die touristische Infrastruktur, zu der neben Hotels, Siedlungen, Straßen oder Sporthäfen vor allem Golfplätze gehören. Allein in den letzten fünf Jahren wurden nach einem Bericht der Zeitung *El Mundo* vom 19. Juni 2005 165 Golfplätze an den Küsten angelegt (insgesamt gibt es knapp

300), weitere 150 sind geplant. Das zerstört nicht nur die lokale Natur, Golfplätze benötigen zudem etwas, das in Spanien in den letzten Jahren immer knapper geworden ist: Wasser. Ein Golfplatz benötigt so viel Wasser, wie zur Versorgung von 15.000 Menschen notwendig wäre.

Besonders dramatisch hat sich die Küste der Provinz Murcia verändert, wo mit 321 Sonnentagen und 20 Grad Celsius Durchschnittstemperatur für Wärme- und Sonnenhungrige idyllische Verhältnisse herrschen. Die Bevölkerung ist von 1990 bis 2000 nur um 15 Prozent gewachsen, die bebaute Fläche hat hingegen um mehr als 50 Prozent zugenommen. Die neuen Siedlungen ziehen sich direkt an der Küste entlang, aber reichen auch weit ins Land hinein. Bei Cartagena soll an der Küste „Novo Carthago" mit 10.000 bis 12.000 Häusern auf 5 Millionen Quadratmetern entstehen. „Marina de Cope" bei Aguila ist mit 11.000 neuen Häusern, Hotels für 23.000 Gäste, 5 Golfplätzen und einem Hafen für 1.500 Boote geplant. Um die Touristen und neuen Bewohner im künstlich bewässerten Grünen wohnen zu lassen, werden vormals geschützte Naturgebiete immer weiter zerstört. In Aguila sollen 30.000 Häuser, in Lorca in 16 Feriensiedlungen 60.000 Häuser gebaut werden. Schon in Aussicht gestellt werden von Politikern weitere 60.000 Häuser in Lorca, wo die Küste jetzt noch fast unverbaut ist. Zudem ist hier eines der größten Bauprojekte nicht nur Spaniens, sondern auch Europas durch das Unternehmen „Polaris World" in Gang gebracht worden, das sechs Städte mit insgesamt 60.000 Gebäuden und den unvermeidlichen Golfplätzen auf 20 Millionen Quadratmetern erbauen, verkaufen und als Anlagen betreiben will. Mindestens 120.000 Menschen, vermutlich aber mehr, werden dann ganz oder zeitweise in dem Städtchen Alhama leben, das aus 4.900 Häusern besteht und 17.000 Einwohner umfaßt. Die „Fremden" würden dann mindestens das Sechsfache der bisherigen Bevölkerung ausmachen. Der Stadtrat hat sich im November 2005 mit einer knappen Mehrheit gegen den Bau von 40.000 Häusern ausgesprochen, weil man in einer umgekehrten Abwehr gegen Fremde als sonst üblich fürchtet, mit den zuziehenden Klimaflüchtlingen unter die Räder zu kommen und zur Minderheit zu werden. Die Dörfer um Alhama seien möglicherweise vom Aussterben bedroht, sagte die Stadträtin Teresa Rodríguez. Man sieht in den Großsiedlungen „Ghettos der Privilegierten", die sich von der einheimischen Bevölkerung abschließen und sich nicht integrieren würden, und ist der Meinung, daß die Einheimischen auch finanziell keine Vorteile von den neuen luxuriösen „Sonne-und-Meer-und-Golfplätze"-Städten hätten. Den Bau der restlichen 20.000 Gebäude kann der

Stadtrat nicht mehr blockieren, wenn dieser denn überhaupt erfolgreich sein wird. „Polaris" hat schon vor der Entscheidung mit dem Verkauf der Häuser begonnen. Andere Siedlungen wie „Mar Menor Golf Resort" mit 748 Häusern um einen Golfplatz, Eingangskontrolle und Sicherheitsanlage sind bereits fertiggestellt, im Bau ist noch ein großes 5-Sterne-Hotel.

2006 beginnt „Polaris" mit dem Bau einer großen Entsalzungsanlage, die angeblich mehr als das Doppelte des für die geplanten und in Zukunft noch entstehenden Siedlungen benötigten Wassers bereitstellen könne. Das Unternehmen hat in Murcia bereits zusätzliche 35 Millionen Quadratmeter Grund erworben und ist schon dabei, neue Siedlungspläne zu entwickeln. Interessenten sind beispielsweise Briten, die aus dem kühlen Inselklima flüchten oder auch nur Immobilien zum Spekulieren erwerben wollen. Nach einer Umfrage der Barclays Bank hat sich die Zahl der Briten, die sich eine Immobilie im Ausland kaufen wollen, von 5 auf 10 Prozent erhöht. Ein Drittel würde dies gerne in Spanien machen.

Gigantische Pläne bestehen auch, seitdem eine Straße zwischen Cartagena und Vera sowie einige abzweigende Straßenverbindungen an die bislang noch unerschlossene Küste gebaut wurden. Der Wassermangel hatte bislang größere Bauprojekte verhindert. Jetzt aber haben 13 Gemeinden Siedlungsprojekte mit 500.000 Gebäuden und – man traut es sich schon kaum mehr zu sagen – mit 25 Golfplätzen geplant. Allein in der Provinz Almería sollen 400.000 neue Gebäude entstehen, was die Bevölkerung von jetzt 580.000 Einwohnern mindestens vervierfachen würde. In Vera sollen 75 Prozent der Küste der Gemeinde mit 120.000 Gebäuden bebaut werden. An der Küste leben bislang nur 200.000 Menschen. Da hier die neuen Siedlungen geplant sind, würde sich die Bevölkerung – zumindest saisonal – um das Achtfache vermehren, falls langfristig der Bauboom sich nicht selbst buchstäblich und symbolisch das Wasser abgräbt, da die urbanisierten Küstenzonen für den Tourismus irgendwann an Wert verlieren könnten. Die Flucht der Städter in die Ferien oder im Alter in eine Gegend mit angenehmen klimatischen Bedingungen führt dann nicht mehr wirklich in andere Länder, Kulturen und Lebensstile, sondern endet in ähnlichen urbanen Siedlungen, in denen die Menschen bereits wohnen. Wenn die Andersheit in der globalen Monotonie des Gleichen in der urbanisierten Welt verloren geht, werden vermutlich immer wieder neue, exklusive Regionen erschlossen – und urbanisiert. Verloren gehen dabei nicht nur das Land und die Landschaft, sondern auch die Stadt als verdichteter Raum. Eines der bislang größten geplanten Bauprojekte ist mit 28.000 Gebäuden auf 9 Millionen Quadratmetern die Anlage „Condado de Alhama", eine „Golfstadt für 60.000 Bewohner". Geplant sind mehrere unabhängige Orte, die auch eine eigene Identität und jeweils ein eigenes Zentrum mit allem Notwendigen in Gehdistanz aufweisen und auch einen eigenen Sicherheitsdienst haben sollen, sowie ein großes Stadtzentrum, „El Oasis", im spanisch-arabischen Stil auf einer Insel in einem künstlichen See, in dessen Mitte der Wasserpalast liegt und das von einer „Main Street" durchzogen wird. Dieses Zentrum soll alles enthalten, was ein „moderner Mensch" erwartet: Kinos, Supermärkte, Restaurant, Cafés, Banken, Kirchen, Büros, medizinische Versorgung etc. Neben Golf soll es viele weitere Sporteinrichtungen geben, und neben Villensiedlungen für die Reichen werden Orte mit viergeschossigen Häusern mit Eigentumswohnungen gebaut.

Den Käufern wird eine Idylle des sicheren und komfortablen Lebens jenseits der Arbeit – ein „neuer Lebensstil" – versprochen, eine Gartenstadt mit allem, was man braucht, ohne die lästigen urbanen Phänomene wie Massen, Lärm, Staus oder die Anwesenheit von Menschen aus anderen sozialen Schichten, die daran erinnern, daß es außerhalb der privaten Festungen noch ein anderes Leben gibt. Geboten werden soll eine urbane, durchgestylte Landschaft aus Gebäuden, Zentren, Grün und natürlich Golfplätzen, ein „authentisches Puzzle", „in dem jeder Ort von seiner eigenen Persönlichkeit geprägt ist", wie „Polaris" anpreist. Die Gestaltungsprinzipien sind „Privatheit, Sicherheit, Gemeinschaftlichkeit und Nähe". Der zentrale Palast wird als ein „friedlicher und ruhiger Ort" geschildert, an dem man alles genießen kann, was mit Wasser zu tun hat. Das Stadtzentrum überhaupt soll „Vitalität" ohne den üblichen verdichteten Raum bieten. Solche neuen Gartenstädte für die Alten, Reichen, Urlauber und Müßiggänger wollen Gemeinschaften simulieren, aber sie sperren urbanes Leben aus. Chaotisch, unübersichtlich, eckig, vielfältig, gefährlich, riskant, abenteuerlich, schnell und grell ist hier nichts. Hier dominiert die Muße mit körperlicher Ertüchtigung, die Demonstration des Wohlstands unter der Bedingung größtmöglicher Sicherheit. Eine Renaissance der Stadt findet hier nicht statt, höchstens eine der sich wie ein Krebs in den attraktiven Regionen ausbreitenden Gartenstädte, die allerdings einst gesundes Leben mit der Nähe zum Arbeitsplatz verbinden wollten. Wahrscheinlich sind diese Touristen- und Ausländerghettos auch Vorbilder für die neuen Siedlungsstrukturen in den schrumpfenden Städten, deren Zentren und Viertel für die Wohlhabenderen nach dem Vorbild der *gated communities* im Gartenstadtstil umgebaut werden. Damit wäre *Suburbia* über den Umweg der Feriensiedlungen endgültig in die Städte zurückgekehrt, zumindest in jenen kleinen, überschaubaren Teil der Städte, in denen sich die Reichenviertel, die Einkaufs- und Vergnügungszonen befinden.

Orientalische Märchen im Sand

Es ist in der Tat ein orientalisches Märchen, das Kronprinz Sheikh Mohammed bin Rashid Al Maktoum in dem kleinen Emirat Dubai mit einer Bevölkerung von gerade einmal 1,5 Millionen Menschen zu realisieren sucht. Mit gigantischen Projekten, die Dubai in ein Land der Weltwunder verwandeln sollen, rüstet der Kronprinz das Land in der Wüste zu einem Touristenspektakel auf, um sich als einzigartigen Standort der exotischen Superlative und des neuen Urbanismus im Sinne eines verkitschten Futurismus oder futuristischen Orients darzustellen. Das soll den Ruhm des Kronprinzen mehren und Dubai das wirtschaftliche Überleben in der Zeit nach dem Öl sichern. Weil aber die international agierenden Architektenbüros und Baufirmen überall mehr oder weniger dasselbe machen, muß in Dubai alles zur erwünschten Alleinstellung Weltklasse haben.

Im November 2004 wurde der Startschuß für den Bau des weltweit größten Flughafens in Jebel Ali gegeben. Die Kosten werden auf 8,3 Milliarden Dollar geschätzt. Das erste Flugzeug soll bereits 2007 zum Abschluß der ersten Bauphase landen. Der Flughafen mit mindestens sechs parallelen Start- und Landebahnen soll jährlich 120 Millionen Passagiere abfertigen und ist Teil eines noch größeren Projekts: der geplanten „Jebel Ali Airport City", die sich auf insgesamt auf 140 Quadratkilometer Fläche erstrecken soll.

Die Fertigstellung des weltweit vorerst höchste Wolkenkratzer „Burj Dubai" ist für 2008 vorgesehen. Er soll mindestens 150 Stockwerke haben und möglichst mehr als 700 Meter in die Höhe ragen. Noch ist er nicht fertig; inzwischen hat er schon Konkurrenz durch ein anderes Projekt bekommen. Auch der für die Dubai Waterfront geplante „Al Burj" soll der höchste Wolkenkratzer werden. Die endgültige Höhe beider Türme ist noch nicht bekannt. Das höchste Hotel gibt es in Dubai bereits mit dem „Burj al Arab" in Form eines Segels, ebenfalls die größte Moschee, und der Wettlauf geht weiter. Mit dem „Park Square Tower" (666 Meter Höhe) soll in Dubai 2010 nicht nur das nächste größte Hotel, sondern auch der zweithöchste Wolkenkratzer der Welt für zwei Milliarden Dollar entstehen. Die schon in Bau befindlichen „Lagoon Plaza Towers" werden weltweit zum größten Zickzackwolkenkratzer.

Das „achte Weltwunder", die beiden – natürlich größten – künstlichen Inseln vor der Küste in Form von Palmen mit Hotels, Villen und Ferienhäusern, Restaurants, Geschäften etc. sind weitgehend fertig, bereits gefolgt vom Bau eines neuen Inselprojekts unter dem bescheidenen Namen „The World" in einer Länge von 9 und einer Breite von 5 Kilometern mit geplanten Kosten von 1,8 Milliarden Dollar. Die 300, unterschiedlich großen Inseln mit einer mehr oder weniger dichten Bebauung für die Superreichen mit Supervillen bis herunter zum Mittelstand mit Eigentumswohnungen werden in Form der fünf Kontinente angelegt. Es wird sich um die weltweit exklusivste Ferienanlage handeln. Jede Insel wird nach einem anderen Land gestaltet. Weil die Inseln offenbar so begehrt und viele der Villen bereits verkauft sind, ist bereits eine weitere, noch größere Insel für fast 8.000 Häuser in Vorbereitung.

Wie die Sicherheit für diese künstlichen Inselwelten hergestellt wird, ist noch nicht bekannt, aber es dürfte sich um gut bewachte und mit neuester Technologie ausgestattete *gated communities* handeln. Sicher ist überdies, daß es Siedlungsprojekte für internationale Kunden mit einer strikten sozialen Segregation sind. In diese Reichenenklaven haben Angehörige von unteren Schichten nur als Dienstpersonal Zutritt. Dubai stellt sich als eines der sichersten Länder in der Region dar. Die Demokratie ist begrenzt; es gibt keine Gewerkschaften, also auch keine lästigen Streiks. Da die Angestellten für die unteren Arbeiten der globalen High Society billige „Gastarbeiter" meist aus Pakistan oder Indien sind, lassen sich mögliche Konflikte durch schnelle Ausweisung erledigen. Vor allem in der Baubranche werden die Arbeiter mit Knebelverträgen ausgebeutet und unter Umgehung der meisten Rechte ausgebeutet. Bei der Ankunft nehmen ihnen die Arbeitgeber Pässe und Visa ab, um sie besser kontrollieren und als eine Art moderner Sklaven halten zu können. Untergebracht werden die Arbeiter in Lagern am Rande der neuen, funkelnden urbanen Wohlstandszentren in überfüllten und unhygienischen Baracken. Diese Bedingungen haben bereits die Behörden in Unruhe versetzt, weil hier Krankheiten ausbrechen und zu Epidemien führen könnten. Aus diesem Grund sollen die Lager nun schärfer überprüft werden.

Von den billigen Arbeitskräften und ihren Lagern sehen die Investoren und die vermögenden Touristen im arabischen Wunderland nichts. Zu diesem Personenkreis gehören letztlich auch die Experten aus dem Ausland, die für gutes Geld die Infrastruktur des Landes aufbauen und aufrechterhalten und sich ebenfalls in *gated communities* aufhalten. In den letzten Jahren hat sich Dubai, das den Touristen und seinen eigenen reichen Bürgern eine nicht den muslimischen Verboten unterworfene liberale Konsum- und Lebenswelt bieten muß, auch zu einem von kriminellen, ebenfalls global operierenden Organisationen kontrollierten Mekka der Geldwäsche, des Drogen- und Menschenhandels und der Prostitution entwickelt. Die Zukunft, die der Kronprinz in seinem Emirat aufbauen will, erinnert, so Mike Davis in „Sinister Paradise. Does the Road to the Future End at Dubai?" (2005), an einem „Albtraum der Vergangenheit": „Walt Disney begegnet Albert Speer an der arabischen Küste." Es werden nicht nur Hotels, Villen und Einkaufs- oder Vergnügungszentren gebaut, sondern auch neue Haftanstalten. So wird 2006 ein neues Gefängnis für 6.000 Häftlinge seine Türen öffnen oder eher schließen, selbstverständlich auf der technischen Höhe der Zeit. Um Korruption zu vermeiden und Kosten zu senken, soll Technik weitestgehend das Sicherheitspersonal ersetzen. Der Kontakt zwischen Gefangenen und Häftlingen berge, so die Betreiber, zahlreiche Gefahren. So werden Zellen und alle anderen Räume des Komplexes von Kameras überwacht, Türen lassen sich aus der Ferne ebenso steuern wie automatische Busse, mit denen Gefangene transportiert werden. Gefährliche Gefangene werden in Tunnels zu den Gerichten gebracht.

Aber zurück zu den urbanen Träumereien der Superlative. 2006 wird in Dubai das größte Hotel unter Wasser mit 220 Luxusunterkünften eröffnet. Jede der Suiten hat große Fenster, die einen spektakulären Blick auf die Unterwasserwelt bieten. Um dies noch zusätzlich interessanter zu machen, werden den Gästen etwa „Unterwasser-Feuerwerke" mit Wasserblasen, aufgewirbeltem Sand und Lichteffekten geboten. Die Sicherheit ist angeblich groß. Geboten wird etwa ein Schutz vor von Terroristen gesteuerten U-Booten, aber auch vor Angriffen mit Raketen oder Flugzeugen.

Begonnen wurde mit dem Megaprojekt „Dubai Waterfront", das schließlich, sollten genügend Investoren angelockt werden, Dubais Küste in eine einzige bebaute Stadt verwandeln soll. Zudem ist ein 75 Kilometer langer Kanal geplant. Zu Beginn wird eine neue Stadt für 750.000 Menschen mit zehn Stadtteilen entstehen, dazu künstliche Inseln in einer künstlich geschaffenen Bucht. Es ist, wie könnte es in Dubai anders sein, das größte Bauvorhaben an einer Küste.

Kleinere Projekte wie „Dubailand" mit sechs Themenparks auf 185 Millionen Quadratmetern wollen Disneyland übertrumpfen oder die weltweit größte Shopping Mall verwirklichen, die wie eine alte arabische Stadt mit kleinen Gassen gestaltet wird und wie eine sechsblättrige Wüsten-

Dubai Marina.
Quelle: http://www.urbanplanet.org/forums/lofiversion/index.php/t21362.html

Dubai Marina
Quelle: http://www.urbanplanet.org/forums/lofiversion/index.php/t21362.html

Atlantis Hotel, The Palm Jumeirah, Dubai, Vereinigte Arabische Emirate. Fertigstellung: 2007
Quelle: http://realestate.theemiratesnetwork.com/developments/dubai/atlantis_hotel.php

Burj Dubai, Dubai, Vereinigte Arabische Emirate. Mit 560 Metern höchster Wolkenkratzer der Welt. Entwurf: Skidmore, Owings & Merrill. Konzipiert als Stadt in der Stadt, die Shopping Mall simuliert eine alte arabische Stadt. Fertigstellung: 2008.
Quelle: http://www8.epochtimes.com/i6/4121005271528.jpg

blume geformt ist. Mit dem Bau des superluxuriösen Palazzo Versace Dubai mit 215 Suiten und 204 Luxusvillen wird 2006 am Dubai Creek begonnen. Eine der Hauptattraktionen des auf 385 Millionen US-Dollar geschätzten Luxushotels in einem Land, in dem es oft 50 Grad heiß ist, soll der künstlich gestaltete Strand werden, dessen Sand eine konstante Temperatur von angenehmen 22 Grad haben soll. Wie man das technisch erreichen will, ist allerdings noch nicht bekannt.

Ganz ein Leben in einem orientalischen Themenpark soll man in „The Lost City" führen. Sie wird aus fünf Stadtteilen bestehen, die Dörfer genannt werden, beispielsweise das „Gartendorf", das „Hügeldorf" oder das „Soukdorf". Hier sollen Gebäude in arabischen Baustilen, wie man sie von Marokko über das Zweistromland bis hin zur Mongolei findet, errichtet werden. Die Gebäude werden in ihrem Erscheinungsstil exakt nach traditionellen Vorgaben gestaltet, bieten aber innen den modernen Luxus, den die Käufer wünschen.

In Bau befindet sich das Projekt „Jumeirah Lake Towers", eine kleinere Stadt auf einer Fläche von 730.000 Quadratmetern. Sie soll ein modernes Venedig in der Wüste sein. 116.000 Quadratmeter werden die künstlichen Seen und Kanäle bedecken, die sich neben den 79 Hochhäusern in einer „wunderbaren" Landschaft befinden, wie die Baugesellschaft Nakheel anpreist. Der Wasserbedarf in dem Wüstenemirat steigt beständig. Entsalzungsanlagen sind teuer und verbrauchen viel Strom, was selbst den Emiraten zu teuer wird. So werden jetzt Projekte anvisiert, um das Brauchwasser wieder aufzubereiten, nicht unbedingt als Trinkwasser, aber zumindest für die Bewässerung. Um gegen die Wassernot und das heiße Klima vorzugehen, wurde im Mai 2005 erstmals versucht, Dubai für einige Tage künstlich beregnen zu lassen. In Dubai regnet es kaum, zwischen März und November in der Regel überhaupt nicht. Aber der Himmel über Dubai ist oft von Wolken bedeckt. Diese wurden mit „umweltfreundlichen" Bomben beschossen, wodurch leichte Regenfälle entstanden, die die Temperatur immerhin kurzzeitig auf 47 Grad Celsius senkten.

Ein weiterer Meilenstein ist im Dezember 2005 eröffnet worden. Das weltweit allerdings nur drittgrößte künstliche Skiparadies „Dubai Ski" bietet in einer geschlossenen Halle das ganze Jahr Winter in einem der heißesten Länder der Erde mit einer von Schnee bedeckten Fläche von 22.500 Quadratmetern. Die Temperatur beträgt zwischen einem und zwei Grad Minus. Attraktiv sei dies nicht nur für die Menschen der Golfländer, sondern auch für die jährlich bereits mehr als 6 Millionen Touristen, denen ständig Neues geboten werden müsse, heißt es auf der Website von „Dubai Ski". Angepriesen wird es als der größte „Kühlschrank". Täglich müssen 30 Tonnen Schnee neu produziert werden. Unter dem Schnee verlaufen kilometerlange Röhren, die mit Glykol gefüllt sind, um die Temperatur niedrig zu halten. 23 riesige Kühlanlagen halten die Luft kalt. Die Bäume in diesem Wüstenkühlschrank sind allerdings künstlich. Das Zentralgebäude ist 85 Meter hoch und 80 Meter breit. Geboten werden neben Cafés wie dem St Moritz Café ein Sessellift und ein Schlepplift mit fünf verschiedenen Skiabfahrten unterschiedlichen Schweregrads. Die längste Abfahrt ist 400 Meter lang und weist einen Höhenunterschied von 60 Metern auf. Für Snowboarder gibt es eine 90 Meter lange Quarter-Pipe. Ausrüstung und Kleidung sind im Preis inbegriffen. Zudem wird auf 3.000 Quadratmetern der größte Indoor-Vergnügungspark mit Hügeln, Rutschbahnen, Schlittenbahnen, Geschäften und einer Eishöhle geboten, in der man sich mit „interaktiven Installationen" vergnügen kann. Hier dürfen die Wüstenbewohner auch mal einen Schneemann bauen oder eine Schneeballschlacht veranstalten.

Umm al-Qaiwain, eines der kleinsten Emirate mit nur 35.000 Einwohnern, die überwiegend in der gleichnamigen Hauptstadt leben, hat im Gegensatz zu anderen Emiraten, allen voran Dubai und Abu Dhabi, bislang noch wenig vom Tourismus profitiert. Daher will man in einer entfesselten Aufholjagd hier nun auch ein gigantisches Siedlungsprojekt starten. Die künstlichen Paradiese entlang der Küsten der Vereinigten Emirate haben schon viele ökologische Schäden bewirkt. Das wird in Umm al-Qaiwain, dessen Küste noch weitgehend unerschlossen ist, besonders drastisch wiederholt. Gerade dort, wo sich viele Kilometer lang Mangrovenwälder an der flachen Küste hinziehen und sich eines der letzten Reservate der Region für zahllose (Zug-)Vögel befindet, soll mit 3,3 Milliarden Dollar in der ersten Bauphase eine Touristenstadt für eine halbe Million Menschen auf 600 Hektar mit Villen, Hotels, Geschäften und Badestränden entstehen. Angeblich soll der Großteil der 50 Quadratkilometer großen Lagune mit den Mangrovenwäldern unberührt bleiben, auch wenn Superluxusvillen auf künstlichen Inseln mit bewachten Zugängen einen einzigartigen Blick auf das Naturgebiet haben werden. Auch die anderen der im ersten Bauabschnitt geplanten 2600 Villen und 6500 Eigentumswohnungen sowie die Hotels mit 1.200 Zimmern sollen direkt an der Küste entstehen. Ein weiteres Projekt ist „Al Salam City" auf 220 Millionen Quadratmetern mit geschätzten Kosten von über 8 Milliarden Dollar. Diese auf einem Reißbrett entworfene Stadt ist für eine halbe Million Bewohner ausgelegt. Neben einigen hohen Gebäuden, Parks und Einkaufs- und Unterhaltungszentren ist eine gigantische Shopping Mall mit einem riesigen Wasserpark mit Seen und Wasserfällen geplant. In der ersten Bauphase werden 1.000 Häuser und 200 5- bis 10-stöckige Gebäude errichtet.

Vermutlich weiterhin nur eines der derzeit phantasierten utopischen Kommerzprojekte wird das schon seit Jahren als Konzept herumgereichte „Desert Snow Village" in Ras Al Khaimah bleiben. Das überquellende Vermögen in diesem Teil der Welt, das nach exotischen Anlegeobjekten sucht, könnte allerdings durchaus auch noch dieses Projekt realisieren. Halim Hani, der Projektentwickler, verspricht das Blaue vom Himmel oder eben den Schnee in der Wüste, der sich durch „ein neues System für alles vom Marketing bis zum Transportnetzwerk" in Gold verwandeln soll. Das Dorf soll „selbstgenügsam" sein und 350.000 Dauerbewohnern Platz bieten. Weil die rund um einen riesigen Dome und den anschließenden Park mit Seen gelegene Stadt aber insgesamt für schau- und kauflustige Touristen und Shopper so interessant sein soll, erwartet Hani täglich noch 150.000 Besucher. Wer sich hier eine Wohnung kaufen sollte, würde auch medizinisch nach Plan betreut, die Kinder könnten kostenlos die Schule besuchen. Im Dome sollen Nord- und Südpol simuliert werden und sich alle möglichen Schneesportarten praktizieren lassen. Zudem geplant sind ein Eishotel, ein Unterwasserhotel und 24 „Themenhotels" etwa für Kinder, Frauen, Sportler oder Filmleute, dazu Kliniken und Krankenhäuser für vergreisende Reiche. Damit es noch etwas lustiger wird, ist die Stadt insgesamt als Freizeitpark angelegt mit Angeboten zum Wassersport, mit einem großes Teleskop, einer Schienenbahn, Gondeln, Hubschraubern, Amphibienfahrzeugen, einer Achterbahn und Computerspielen. Nur ein Golfplatz scheint bei diesem Traum eines Freizeitparadieses in der Wüste noch zu fehlen, in dem sich dann im Sinne des *worktainment* Unternehmen niederlassen und neben Film- und Fernsehproduktionsstudios Wissenschafts- und Forschungszentren entstehen sollen.

Kurz vor Jahresende 2005 hat nun auch Saudi-Arabien ein großes Stadtbauprojekt bekanntgegeben. Es soll mit dem in Dubai mit Großprojekten erfahrenen Unternehmen „Emaar Properties" für fast 27 Milliarden US-Dollar realisiert werden. Das autoritär regierte Land hat dank der hohen Ölpreise 2005 einen Haushaltsüberschuß von mindestens 57 Milliarden US-Dollar erzielt und feiert mit dem Bau der „King Abdullah Economic City" den Eintritt in die Welthandelsorganisation WTO. Die in der Nähe von Jeddah auf 500 Millionen Quadratmetern entstehende

Stadt mit einer Küstenerschließung von 35 Kilometern soll dem bislang ganz vom Öl abhängigen Land eine neue wirtschaftliche Zukunft eröffnen. So will man mit der Wohn- und Geschäftsstadt an der Küste, auf Inseln und mit Kanälen eine halbe Million neuer Arbeitsplätze schaffen. Zur Stadt werden ein neuer Hafen (2,6 Millionen Quadratmeter), ein Finanzdistrikt (city within a city) für 60.000 Beschäftigte auf einer künstlichen, über Straßen erreichbaren Insel, eine Industriezone (8 Millionen Quadratmeter) und ein Ausbildungsviertel mit Schulen, Universitäten und Forschungseinrichtungen gehören. Die verschiedenen Wohnviertel mit Luxusvillen, Appartementhäusern und Hotels werden am Wasser oder auf künstlichen Inseln mitsamt Jachthäfen gebaut. Daneben gibt es Geschäfts- und Einkaufsviertel und zusätzlich zu anderen Freizeitangeboten den offenbar für die Standortattraktivität derzeit unvermeidbaren Golfplatz mit 18 Löchern. Über den Hafen der neuen Stadt sollen jährlich mehr als 500.000 Pilger nach Mekka geleitet werden. Der Hafen soll bei Fertigstellung zu den weltweit größten zählen und auch für Riesenschiffe geeignet sein. Strategisch gelegen, ist er mit direkten Flug-, Bahn- und Straßenanschlüssen als weltweiter Umschlagsplatz gedacht.

Neben der Vielzahl der teils gigantischen Bauprojekte in den Emiraten mag zwar die von Gerkan, Marg und Partner in China für 800.000 Einwohner geplante Satellitenstadt „Lingang" auf 74 Quadratkilometern noch immer das weltweit größte Stadtbauprojekt sein. Einmalig dürfte die in der Nähe Shanghais gelegene neue Stadt allerdings gerade wegen der völlig durchgeplanten Struktur nicht werden. Auch die deutschen Architekten wollen die Menschen mit einer Stadt am Wasser beglücken, die mit ihren zahlreichen Kanälen zudem an Venedig erinnern soll, das offenbar zu einer ubanen Utopie geworden zu sein scheint. Anstatt des traditionellen urbanen Zentrums soll sich die Stadt – eine „revolutionäre" Idee, wie die Architekten sagen – konzentrisch um einen zentralen kreisrunden See mit Badestrand und Seepromenade gelegen, symptomatisch für alle Garten- und Tourismusstädte, die heute noch entstehen, weil sie offenbar ein Wunschbild bei Investoren entstehen lassen, das der Freizeit- oder Urlaubsgesellschaft. Kulturbauten und Freizeitanlagen werden auf künstlichen Inseln angelegt, so daß Besucher dorthin mit dem Boot fahren müssen. Symptomatisch für die wenig neuen Ideen ist auch, daß eine Funktionsmischung nicht vorgesehen ist. In den konzentrischen Kreisen sollen sich nach der Promenade um den See ein ringförmiger Businessdistrikt mit hoher Verdichtung, ein „500 Meter breiter, ringförmiger Stadtpark mit solitär eingelagerten öffentlichen Bauten" und schließlich

„blockartige Wohnquartiere für jeweils 13.000 Menschen" erstrecken. Das mag von oben schön anzusehen sein, urbanes Leben wird sich dort wohl aber nicht wirklich entwickeln.

Ein Beispiel für ein anderes, buchstäblich utopisches, aber symbolisch markantes Projekt ist „Freedom Ship", eine schon seit Jahren geplante mobile Stadt mit 18.000 Wohneinheiten für 40.000 feste Bewohner, 20.000 Angestellte, 15.000 Gäste und möglicherweise viele Tagesgäste auf einem gigantisch großen Schiff, das auf internationalen Gewässern außerhalb nationaler Rechtsprechung fahren und daher gewisse Vorteile bieten soll. Allerdings scheint das Projekt seit Jahren nicht recht voranzukommen und „Utopie" zu bleiben. Geplant war die Realisierung des 1.500 Meter langen und 250 Meter breiten Schiffs mit 25 Stockwerken für 2000. Die Realisierung wurden mangels Investoren verschoben, geworben wird aber auf der Website noch immer:

„Denken Sie an einen idealen Ort zum Leben und zum Aufbau eines Geschäftes – eine sichere und überwachte Gemeinschaft mit großen Freiflächen und einem großen Angebot an Freizeit- und Erholungsmöglichkeiten. Stellen Sie sich vor, daß diese Gemeinschaft keine Steuern erhebt. Und schließlich malen Sie sich aus, daß diese Gemeinschaft dauernd um die Welt fährt. Damit haben Sie begonnen, Freiheit zu verstehen – eine mobile moderne Stadt."

Wenn denn diese mobile Stadt der Freiheit, die permanent um die Welt fährt, jemals gebaut werden sollte, wäre heute zu fragen, ob sie denn sicher sein kann. Nach dem Ende des Kalten Krieges schien auch das Ende großer Kriege gekommen zu sein, doch hat sich zumindest nach dem 11. September die Weltsituation geändert. Ein solches gigantisches Schiff wie „Freedom Ship" wäre ein gutes Ziel für Piraten, einen terroristischen Anschlag, eine Geiselnahme oder auch eine Besetzung durch ein Land, um andere zu erpressen. Eine Ausstattung mit Waffen und Sicherheitskräften war bislang ebenso wenig vorgesehen wie eine Panzerung.

Gemeinschaften

Projekte von Gartenstädten bis hin zu Städten auf künstlichen Inseln oder Schiffen hängen eng mit der Ausbreitung abgeschlossener Siedlungen zusammen, also mit dem Rückzug der oberen Mittelschicht in die modernen Festungsanlagen der *gated communities*. Politisch setzen diese liberalistischen, aus kommerziellen Interessen ausgebrüteten Stadt-

Freedom Ship. Projekt einer schwimmenden Stadt, 1400m lang, 230m breit, 110 m hoch.
Entwurf: Norman Nixon, Freedom Ship International. Quelle: http://www.fuutott.net/
media/bow_high.jpg

utopien und -projekte keine Vorstellung einer Gemeinschaft mehr um, in der alle Schichten ihren Platz finden und voneinander profitieren. Man schließt sich sozusagen mit Gleichartigen zu homogenen Gemeinschaften zusammen, um dem Solidardruck zu entgehen und trotzdem durch Masse mehr Schutz zu genießen.

Das wird auch deutlich, wenn man zu den träumenden Pionieren der neuen und letzten *Frontier* im Weltraum geht. Allerdings ist auch in diesem an sich utopieträchtige Bereich ein wenig Müdigkeit eingetreten, nachdem mit der Raumstation „MIR" und jetzt der Internationalen Raumstation (ISS) bereits eine erste dauerhafte Besiedlung im Weltraum, wenn auch in Erdenähe, erfolgt ist. Schon waren auch hier die ersten Touristen zu Besuch. Bemannte Missionen zum Mond oder zum Mars sind zwar geplant. Möglicherweise wird es zu einem neuen Wettlauf zwischen China, Rußland und den USA kommen. Doch wer an erste Besiedlungen denkt, wird sich noch nicht gleich Städte auf dem Mars vorstellen, sondern Kolonien mit zunächst sehr überschaubaren Gemeinschaften – und dann vermutlich auch die entstehenden Probleme des Zusammenlebens berücksichtigen, wenn man nicht nur Tage, sondern viele Monate braucht, um wieder unter andere Menschen und eine nicht ganz und gar künstliche und abgeschlossene Umwelt zu gelangen.

Manche, wie der ehemalige NASA-Ingenieur Robert Zubrin, denken weit über eine Stadt hinaus und wollen den Mars aus einer Wüste zu einer neuen bewohnbaren Erde umformen. Als erster Schritt soll durch Treibhausgase eine Atmosphäre geschaffen werden. Dadurch könnte sich der Planet erwärmen und das Eis würde schmelzen. Angesiedelte Bakterien sollen dann durch Umwandlung des Kohlendioxids in Sauerstoff ein Ökosystem schaffen. Mit angeblich bereits vorhandener Technik könnte man so in 500 Jahren des „Terraforming" den Mars so umgestalten, daß die Menschen sich dann auf ihm frei bewegen können. Das aber sind vermutlich Zeitdimensionen, die unsere utopischen Energien sofort erschlaffen lassen, weil wir möglichst alles möglichst gleich haben und nicht erst für spätere Generationen vorbereiten wollen. Zuvor könnte man im Weltraum oder auf dem Mond oder Mars autonome Habitate bauen, die Gartenstädte im Sinne einer abgeschlossenen Biosphäre-Maschine sein müßten. Der deutsche Astronaut Ulrich Walter beispielsweise denkt in seinem Buch *Zivilisationen im All* (Heidelberg, Berlin 1999) an „Raumarchen" in Zylinderform, die autark sind und von zehn Millionen Menschen, also schon von einer Metropolenbevölkerung bewohnt werden könnten. Auf 1.300 Quadratkilometern Fläche mit einer Länge von 32 und einem Durchmesser von 6,4 Kilometern wären diese Siedlungsformen wegen ihrer Größe und Abgeschlossenheit eher neue Mini-Welten als Städte. Walter schreibt: „Bei diesem Durchmesser erzeugte die Atmosphäre bereits einen blauen Himmel mit Wolkenschichten in ein bis zwei Kilometer Höhe, also erdähnliches Wetter, und Ozon zum Schutz vor kosmischer Strahlung. Raumarchen mit diesen Abmessungen stellen die Grenze des ökologisch Sinnvollen dar, nicht jedoch des technisch Machbaren. Mit heute erhältlichen Werkstoffen ließen sich Raumarchen mit Zylindern bis zu 19 Kilometern schaffen, die bis zu 100 Millionen Menschen Lebensraum bieten würden. Werkstoffe basierend auf Nanotubes ermöglichen theoretisch Raumarchen für bis zu einer Milliarden Menschen und mehr."

Die Stadt und die Mauer

Die klassischen, fortschrittsorientierten Utopien traten wie einige der beschriebenen Projekte als Städte auf, oft auf Inseln angesiedelt und weit entfernt von der jeweils herrschenden Zivilisation. Diese räumliche Entfernung von der bewohnten Welt diente gedanklich als Schutz des vorgestellten urbanen Lebensideals. Eine zu große Verwicklung der Utopien in die reale Welt, ein globales Netzwerk gar, die Anbindung an die profanen Wünsche und Interessen, die Notwendigkeit, sich gegen Feinde schützen zu müssen – aus all diesen Einflüssen hatte man die insulären Stadtutopien lieber herausgehalten. Seit der Aufklärung und vor allem seit der Romantik galt auch in Europa die Stadt in konservativen Kreisen als negative, weil künstliche Lebensform in einer Gesellschaft, die zu groß ist, um sich noch als Gemeinschaft begreifen zu lassen. Die Faszination am Natürlichen ging einher mit dem Traum von überschaubaren Gemeinschaften, die man eher auf dem Land und in den Dörfern findet, wenn man sich nicht gleich ins verklärte Mittelalter zurücksehnte. Ein Motiv dieses Traums von einer Gemeinschaft, der seit den Gartenstädten über manche Stadtteilidylle bis zu den heutigen abgesicherten *gated communities* reicht, den Burgen des globalen Zeitalters, ist neben der Kritik an der Künstlichkeit – daher auch der Neigung zu Sanierung statt Abriß – vor allem die Suche nach Sicherheit.

Der Rückzug in *gated communities* findet in vielen Ländern auf der Erde statt, am stärksten dort, wo es eine tiefe Kluft zwischen Reichen und Armen gibt. *Gated communities* boomen in den Metropolen Lateinamerikas, Afrikas und Südostasiens. In Europa gibt es bislang noch wenige, aber der Trend scheint auch hier zuzunehmen, zumal in den neu gebauten Feriensiedlungen, die oft gleich als *communities* geplant werden. Interessanterweise ließ sich in den USA, wo bereits 12 Prozent der Bevölkerung in solchen privaten und überwachten Siedlungen mit Bewohnern aus homogenen Schichten wohnen sollen, kein Zusammenhang mit der Kriminalität feststellen, wie Ann Milton in *Building Balanced Communities: the US und UK Compare* (Royal Institute of Chartered Surveyors, 2002) schreibt. Die Zunahme von *gated communities* fand sogar parallel zu einer Abnahme der Gewaltverbrechen statt. Begünstigt werden solche Siedlungen in den USA, die in der Regel mit vielfältigen Mechanismen für homogene Schichten geplant werden, zusätzlich vom Steuerrecht, nachdem die Steuern der Kommunen fast ausschließlich lokal erhoben werden und so die schichtenabhängige Inselbildung stärken. Heute sollen 80 Prozent der in den USA neu errichteten Wohnsiedlungen *gated communities* sein, in denen neben den Sicherheitsdiensten auch Müllentsorgung, Geschäfte und sogar eigene Schulen angeboten werden. Empirisch genau erfaßt ist das Ausmaß dieser modernen Festungen nicht. Eine Untersuchung in Phoenix (Arizona) ergab beispielsweise, daß es in dieser 2,8 Millionen-Stadt 641 bewachte Siedlungen mit 320.000 Einwohnern gibt.

In Großbritannien gebe es bislang nur wenige private Wohnsiedlungen nach amerikanischem Vorbild, schreibt Milton. Doch gehe der Trend mehr und mehr in diese Richtung und sei bereits in den wohlhabenden Vororten aller britischen Städte zu beobachten. Die Autorin sieht den Trend dahin in einer Zunahme von Appartementanlagen, die mit Toren verschlossen sind und bei denen zumindest ein Wächter den Eingang kontrolliert. Begehrt sind solche abgeschlossenen oder kontrollierten Siedlungen und Wohnanlagen nicht nur aus Sicherheitsgründen, sondern in einer „Revolte der Eliten" auch als Statussymbole, vor allem bei den jüngeren Briten. Nach einer Umfrage würden zwei Drittel der 18- bis 24-Jährigen zur Kombination eines dörflichen Lebensgefühls mit erhöhter Sicherheit neigen, bei den über 65-Jährigen sind es hingegen „nur" 44 Prozent. Das kann man als Warnzeichen sehen.

Die Kehrseite von *gated communities* sind Ghettos. In ihnen leben mit 15 Prozent noch etwas mehr US-Amerikaner als in jenen. Wenig Aussicht auf ein Entkommen. Während also finanziell Bessergestellte in geschützte Wohnsiedlungen ausziehen, in die Unerwünschte ihren Fuß möglichst gar nicht setzen können sollen, sind die Armen in ihren Ghettos eingesperrt, Bezirke, die Fremde kaum freiwillig betreten. Allerdings werden die daraus entstehenden Probleme in den USA mittlerweile stärker wahrgenommen, und man versucht, dem Trend mit Stadtentwicklungsprojekten entgegenzusteuern. *Gated communities* sollen in erster Linie vor Kriminalität, aber in gewissem Sinne auch vor der Stadt schützen. Es sind Festungen in den Zentren oder im Sprawl der Städte, besonderer Ausdruck einer latent vorhandenen Angst, die offenbar in unseren Gesellschaften herrscht und von Terroranschlägen bestätigt wird. Das hat zu neuen Aufrüstungen im Hinblick auf Schutz und Sicherheitstechnologie geführt, bis hin zur Einrichtung von *panic rooms* oder Schutzbunkern. Durch die Anschläge mit den zu Raketen umfunktionierten Linienflugzeugen vom 11. September erwiesen sich Gebäude oder Orte als für Terroranschläge in Städten attraktiv und damit riskant, die sich durch hohe räumliche Konzentration von Menschenmassen und Infrastruktur auszeichnen. Für die Planung möglichst blutiger und beeindruckender Spektakel wurden daher Diskotheken, Hotels, Einkaufszentren, Restaurants, U-Bahnstationen oder Bürogebäude zu riskanten Orten, die bislang nicht ausreichend geschützt wurden und auch nur begrenzt zu schützen sind

Temporäre urbane Hochsicherheitszonen

Für den urbanen Schauplatz der Kämpfe in den „neuen Kriegen" sind Überwachungstechniken gefragt, die einen möglichst großen Bereich der Stadt auf allen Ebenen transparent machen. Da Möglichkeiten, durch Wände und Mauern zu schauen, noch wenig ausgereift und vor allem noch nicht aus der Ferne oder aus der Luft einsetzbar sind, steht hier die permanente und lückenlose Überwachung des öffentlichen Raums an erster Stelle. Unruhen in Städten oder Stadtteilen lassen sich von der staatlichen Macht schwer in den Griff bekommen, wenn diese nicht permanent unter Einsatz von vielen Sicherheitskräften überwacht werden. Mit Überwachungskameras und anderen Sensoren können bestimmte Innenräume, vor allem aber öffentliche Räume permanent kontrolliert werden. Damit läßt sich im ersten Schritt die Anzahl menschlicher Überwacher reduzieren, bis man die meisten schließlich durch intelligente Systeme ersetzen kann. Noch sind für den Außeneinsatz menschliche Sicherheitskräfte erforderlich, aber auch diese lassen sich in Zukunft durch fernsteuerbare Robots und zuletzt auch durch weitgehend autonome intelligente Systeme ersetzen.

Die vollständige Überwachung ganzer Städte, Stadtviertel, von *gated communities* oder Ghettos durch intelligente Systeme, die auch bei Unruhen, Anschlägen oder Verbrechen aktiv werden können, wird noch auf sich warten lassen und dürfte eine ganze Reihe von neuen Problemen mit sich bringen. Die Überwachung möglichst großer Gebiete des öffentlichen Stadtraums wird sich in naher Zukunft für zeitlich begrenzte Überwachungen auf Drohnen erweitern, die eine mobile Beobachtung mit zahlreichen Sensoren aus der Luft leisten. Im Januar 2006 hat das „Gaston County Police Department" bereits die erste Drohne für polizeiliche Zwecke erworben. Dabei handelt es sich um die bereits erwähnte, 30.000 US-Dollar teure Mini-Drohne „CyberBug", die dem Polizeichef zufolge für Routineüberwachungen, Verfolgung von Verdächtigen, Drogenbekämpfung an bestimmten Orten und für „taktische Operationen" eingesetzt werden soll. Noch ist allerdings nicht entschieden, unter welchen Auflagen eine Drohne im Luftraum gesteuert werden darf, um andere Flugzeuge nicht zu gefährden. Und es wird auch zu Klagen kommen, wenn die kleinen Drohnen in die Privatsphäre von Bürgern eindringen und diese ausspähen.

Die Zukunft der Überblicksüberwachung liegt wohl bei Luftschiffen, die in sicherer Höhe, fernsteuerbar und bepackt mit Radar, Kameras und anderen Sensoren lange Zeit über einer Stelle schweben können. Bei den Olympischen Spielen 2004 in Athen wurde dies bereits mit zwei „Blimps" des Typs Skyship 600 praktiziert. Wie Städte mit hohem Aufwand gesichert werden können, wird an solchen Veranstaltungen deutlich. Für die Sicherungsmaßnahmen bei der Olympiade in Athen wurden über eine Milliarde Euro ausgegeben. 70.000 Sicherheitskräfte befanden sich im Einsatz, die meisten Soldaten waren allerdings an den Landesgrenzen tätig. An vermeintlich kritischen Stellen installierte man in der Stadt über 1.500 Videokameras, dazu Richtmikrofone und Infrarotsensoren. Die Stadien wurden nach der Kontrolle hermetisch abgeriegelt, Besucher wurden streng kontrolliert und mußten Metalldetektoren passieren. Zusätzlich brachte man Unterwassersensoren und chemische Melder an. AWACS-Flugzeuge – mittlerweile unvermeidlich bei allen Großveranstaltungen – kontrollierten den Luftraum, Abfangjäger standen in Bereitschaft, Hubschrauber kreisten über der Stadt, Flottenverbände sicherten das Meer, rund um Athen waren Patriot-Flugabwehrsysteme aufgebaut, die NATO hatte eine ABC-Einheit in der Stadt stationiert, die rund um die Veranstaltungsorte vor Beginn der Spiele von Tausenden von Sicherheitsbeamten kontrolliert wurde. Spezialeinheiten des griechischen Militärs waren neben zahlreichen Geheimdiensten und Sicherheitskräften aus anderen Ländern vor Ort. Das Olympische Dorf selbst war noch einmal eine Festung in der Festung. Hinter einer mit Stacheldraht geschützten Mauer und Wachtürmen kontrollierte das Wachpersonal penibel jeden Wagen und alle Taschen, Tüten oder Koffer.

Als US-Präsident George W. Bush Anfang 2005 Mainz und Wiesbaden kurz besuchte, wurden auch diese kleineren Städte beispielhaft zu Festungen oder Hochsicherheitszonen ausgebaut. Die Autobahnen rund um den Flughafen Frankfurt, um Mainz und Wiesbaden waren für den Verkehr ebenso gesperrt wie Rhein und Main für Schiffe. Der Flughafen mußte zeitweise seinen Betrieb einstellen, Züge und S-Bahnen durften kurzzeitig nicht fahren, auf Rhein und Main keine Schiffe. Auf der Strecke vom Flughafen nach Mainz wurden schon frühzeitig massive Vorkehrungen in den bebauten Gebieten vorgenommen. Hunderte von Gullydeckeln wurden zugeschweißt. Autos mußten weggefahren werden, Garagen sollten offen stehen, Briefkästen mußten abgeschraubt und Mülltonnen beseitigt werden, Menschen sollten die Balkone nicht betreten. Die Mainzer Innenstadt wurde abgeriegelt, Geschäfte blieben ebenso wie Behörden und einige Schulen geschlossen, der Durchgang durch die „rote Zone" war durch Sperren blockiert. 10.000 Sicherheitskräfte waren im Einsatz. Für ein paar Stunden, während derer die Sicherheit eines einzigen Menschen gewährleistet sein sollte, wurden über 5 Millionen Euro ausgegeben.

Ähnlich wurde Köln zu einer überwachten Zone, als der Papst zum Weltjugendtag anreiste. Wieder gab es eine Flugverbotszone, wurden Autobahnen, Brücken und Straßen für den Verkehr, aber auch teilweise für Fußgänger und Radfahrer gesperrt und Anwohner kontrolliert, während über der Stadt ein AWACS-Flugzeug und Hubschrauber kreisten und am Boden Tausende von Sicherheitskräften zusammen mit Experten für den Katastrophenschutz im Einsatz, die Sondereinheit GSG 9 in Alarmbereitschaft und Fuchs-Spürpanzer in der Nähe waren. Hier mußte zwar nicht mit großen Protesten gerechnet werden, vor denen sich etwa G8-Treffen verbarrikadieren müssen. Die besondere Schwierigkeit in Köln war der Schutz einer Einzelperson in einer mit Hunderttausenden von Besuchern gefüllten Stadt und auf Großveranstaltungen.

Die Modelle der temporären Festungen, in die Städte verwandelt werden, gleichen sich, allerdings steigt der Aufwand für eine möglichst umfassende Absicherung, die desto schwieriger wird, mit je mehr neuen Möglichkeiten von Anschlägen oder Angriffen gerechnet wird, die bislang unberücksichtigt blieben. Wenn die Sicherheitshysterie so hoch bleibt, wird es voraussichtlich schon aus Kostengründen bald nicht mehr möglich sein, in Städten Veranstaltungen, Treffen oder Besuche zu veranstalten, die man als hoch gefährdet betrachtet. Aber obgleich der G8-Gipfel im Sommer 2005 in Schottland weit ab von einer Stadt auf dem gut überwachbaren Land stattfand, verübten Selbstmordattentäter in London kurz vor dessen Eröffnung ihre Anschläge auf U-Bahnen und einen Bus. Was die Medienaufmerksamkeit betrifft, hatten sie damit den Gipfel weit in den Hintergrund gedrängt, auch wenn Veranstaltungs- und Anschlagsort weit entfernt lagen. Auch dann, wenn solche Ereignisse, die wegen ihrer weltpolitischen Bedeutung eine große Medien- und Gegenöffentlichkeit auf sich ziehen, unter extremen Sicherheitsvorkehrungen stattfinden, können Terroristen einfach auf weichere, weniger geschützte Orte ausweichen und dann die zeitliche Nähe nutzen, die für die globale mediale Aufmerksamkeit sowieso primär ist. Damit aber würde eigentlich das einst lokale zu einem globalen Sicherheitsproblem. Zudem müssen, wo Sicherheitsvorkehrungen sich massieren, entsprechende Ressourcen anderswo abgezogen werden, so daß allgemein das Risiko nicht geringer wird, wenn territorial oder temporär Hochsicherheitsfestungen im besser kontrollierbaren Land entstehen.

Gleichwohl wurde nach den heftigen Auseinandersetzungen zwischen Globalisierungsgegnern und Sicherheitskräften in Seattle (WTO), Göteborg (EU-Gipfel) oder Prag (Weltbank) und den hohen Kosten für die Sicherheitsabschottung der Innenstädte zunächst überlegt, solche Ereignisse aus den Städten zu verlegen. Das geschah noch vor dem G8-Gipfel vom Juli 2001 in Genua, bei dem die Problematik einer zur Hochsicherheitszone verwandelten Innenstadt, in der die demokratisch gewählten Regierungschefs paradoxerweise durch eine Schutzglocke völlig von den Bürgern abgeriegelt wurden. Wegen der Absperrungen und der massiven Polizeipräsenz haben sich dann aber die Proteste aufgeschaukelt. In diesem Fall sorgten vor allem die brutalen Übergriffe der Sicherheitskräfte für ein Anheizen der Stimmung. Schon im Mai 2001 hatte man bei der WTO hingegen die Schlußfolgerung gezogen, eine ursprünglich für den Juni in Barcelona geplante Tagung in den Cyberspace zu verlegen, nachdem Globalisierungsgegner angekündigt hatten, das Treffen platzen zu lassen. Die Veranstalter wollten dies nicht als Rückzug verstanden wissen, sondern erklärten, daß nun an der Tagung virtuell auch Menschen aus der ganzen Welt teilnehmen könnten. Die virtuelle Tagung lief ungestört ab, auch wenn die Gegner virtuelle Sit-Ins angekündigt hatten, um die Website lahmzulegen.

Noch aber sind weder Technik noch die Zeit dafür reif, daß große Treffen auch wirklich virtuell stattfinden können. Man mag auf die persönliche Begegnung, den Medienrummel, die Inszenierungen und die damit einhergehende Aufmerksamkeit nicht verzichten. Also entwickelte man einen Kompromiß zwischen dem Auszug aus der Stadt und der Einkehr in den Cyberspace. 2002 fand der G8-Gipfel in einem kleinen kanadischen Ferienort in den Rocky Mountains statt, nachdem es in Genua zu schweren Unruhen gekommen war. Die nächste Stadt, Calgary, war 80 Kilometer von dem abgelegenen Ferienort Kananaskis entfernt, der Ort selbst wurde in einem Radius von mehr als 6,5 Kilometern von Militär, Panzer und Luftabwehrstellungen abgekapselt. AWACS-Flugzeuge, Kampfjets und 50 Militärhubschrauber sorgten für die Überwachung der 150 Kilometer großen Flugverbotszone. Die Piloten hatten Anweisung, bei Mißachtung „deadly force" zu gebrauchen. Man werde diesen idealen Ort für ein solches Treffen mit allen Mitteln verteidigen, versicherte der Kommandeur der kanadischen Luftwaffe. Mobile Radarstationen waren im Umkreis der Flugverbotszone installiert, um rechtzeitig reagieren zu können. Nur auf einer einzigen Straße, die nur von den Delegierten, den Wachen oder anderem Personal befahren werden durfte, konnte man nach Kananaskis gelangen. Ein in der Nähe des Orts verlaufender Highway war mit 13 Kontrollposten versehen, die jedes Auto durchsuchten. Gefahren werden durfte nur im Konvoi. Im Jahre 2004 zog man als Tagungsort Sea Island, eine Ferieninsel vor der Küste Georgias, einer Großstadt vor. Symbolisch hat sich Rußland entschlossen, um Terroristen und der Angst vor Anschlägen nicht nachzugeben, das G8-Treffen im Juli 2006 wieder in einer Stadt, in St. Petersburg, zu organisieren. Im Mai 2005 hatte man in Moskau bereits den urbanen Ausnahmezustand proben können. Zu den Feierlichkeiten zum Ende des Zweiten Weltkrieges war der Zugang zum Zentrum mit 20.000 Polizisten und Soldaten gesperrt worden. Die meisten U-Bahnstationen im Zentrum waren mehr als zwei Tage lang geschlossen. Überall in der Stadt wurden Passanten und Autos kontrolliert. Um das Zentrum sperrte man alle Straßen und richtete Kontrollpunkte mit Metalldetektoren ein. Bewohnern der Innenstadt wurde nahegelegt, während der Feierlichkeiten die Stadt zu verlassen; auch anderen Moskauer Bürgern empfahl man, am besten die Wohnung nicht zu verlassen, wenn sie in der Stadt bleiben wollten. Der Rote Platz, auf dem die Feierlichkeiten stattfanden, konnte nur von geladenen Gästen betreten werden. Öffentlichkeit fand nur in den Medien statt. Zahlreiche Kameras sorgten für die Übertragung der Zeremonie im abgeschirmten „Gefängnis" auf die Bildschirme.

Die überwachte Stadt

Das klassische Überwachungsmodell war das als Gefängnis realisierte *Panopticon*. Der englische Philosoph Jeremy Bentham hatte im Zeichen der Aufklärung, mit der auch das Zeitalter der Geheimdienste und der Überwachung begann, 1785 sein berühmtes Gefängnismodell entworfen. Von einem zentralen Turm hätten die Wachen in alle Zellen Einblick gehabt, während die Beobachter selbst von den Gefangenen nicht hätten gesehen werden können. Während im 18. Jahrhundert die Totalüberwachung noch einen geschlossenen Raum mit Insassen erforderte, die sich nicht frei bewegen konnten, hat sich dies mit der Ankunft der elektronischen und digitalen Technologien verändert. Prinzipiell könnte nun jeder an (fast) jedem Ort und auch in Bewegung aus der Ferne lückenlos überwacht werden, zumal mehr und mehr Menschen beispielsweise mit ihren Handys oder anderen mobilen Geräten selbst für Lokalisierung sorgen. Dienste wie „World Tracker" bieten beispielsweise Kunden an, Handys in Echtzeit verfolgen und mit Karten von Google Earth auf dem Computerbildschirms jeweils den Aufenthaltsort sehen zu können. Teams, Familien oder Gruppen können mit „World Tracker" oder anderen Programmen wie „Plazes" erkennen, wo sich ihre Mitglieder gerade befinden. Und sie können sich damit beobachten, auch wenn die Lokalisierung freiwillig verfolgt und jederzeit beendigt werden kann. Doch wie schon beim Handy kann auch hier ein sozialer Druck entstehen, ansprechbar und lokalisierbar zu bleiben, weil das Abschalten und Abtauchen ins Dunkel Mißtrauen provoziert. Allgemein scheint die Zurückhaltung vor zuviel Transparenz weitgehend verschwunden zu sein. Durch bargeldlose Bezahlung oder andere Transaktionen, Waren oder Ausweise mit RFID-Chips und Informationen, die wir über Websites oder mit ihrer Kommunikation über das Internet verbreiten, werden immer mehr persönliche Daten erfaßbar und auswertbar.

In einer seltsamen Paradoxie streben Firmen, Geheimdienste und Privatmenschen ein möglichst in jeder Hinsicht total aufgezeichnetes Leben an. Im Rahmen des Projekts „Total Information Awareness" (TIA) wollte die Defense Advanced Research Projects Agency (DARPA), die Forschungsabteilung des Pentagon, wie Ende 2002 bekannt wurde, ein gigantisches Data-Mining-System schaffen, das alle verfügbaren Informationsquellen im In- und Ausland erschließen oder anzapfen und nach verdächtigen Mustern durchsuchen sollte. Obwohl zunächst durch Umbenennung zum „Terrorism Information Awareness Program" entschärft, wurde das

Projekt Ende 2003 nach großen Protesten offiziell eingestellt. Viele Teile, darunter auch ein Data-Mining-Projekt mit dem bezeichnenden Namen Matrix, wurden freilich andernorts weiter geführt. So wird etwa das ADVISE-System (Analysis, Dissemination, Visualization, Insight, and Semantic Enhancement) vom US-Heimatschutzministerium entwickelt, das Daten von Websites, Blogs und anderen Online-Informationen, die Internetnutzer hinterlassen, sowie von finanziellen Transaktionen sammelt und mit Datenbanken der Sicherheitsbehörden und der Geheimdienste verbindet. Dieses „dataveillance"-Programm ist in seinen Ausmaßen gigantisch. Die gesammelten Daten werden Personen, Orten, Organisationen oder Ereignissen zugeordnet. Man könnte beispielsweise eine rege Kommunikation zu bestimmten Zeiten erkennen, die eine Gruppe und möglicherweise ein verdächtiges Verhalten erkennen lassen. Genauere Details dieses geheimen Programms, das teilweise schon in Betrieb ist, sind noch nicht bekannt.

Im Rahmen des eingestellten TIA-Projekts war auch ein Programm unter dem Titel „LifeLog" angedacht. Mit „Lifelog" wollte man ein System schaffen, das den „Wahrnehmungsfluß einer Person in der Welt und in Interaktion mit dieser erfaßt, speichert und zugänglich macht". Als Ziel wurde angegeben, „die ‚threads' des Lebens eines Menschen im Hinblick auf Ereignisse, Zustände und Beziehungen verfolgen zu können". Neben den Wahrnehmungen sollten auch (Telefon-)Gespräche, Surfverhalten, E-Mails und schlicht alles gespeichert werden, was sich nur irgendwie aufzeichnen läßt. Ein von der DARPA im Anschluß ausgeschriebenes Projekt namens „Advanced Soldier Sensor Information System and Technology" (ASSIST) war eine abgespeckte Version von „LifeLog", die, weil ganz auf Soldaten zugeschnitten, auch vorerst unangenehme Diskussionen über Datenschutz und Privatsphäre vermeiden sollte. Ziel dieses Projekts ist, mehr Informationen über Kampfeinsätze (battlefield awareness) durch von den Soldaten mitgeführte Sensoren (Audio, Bild, Bewegung, Ort) zu gewinnen. Man will aus den Erfahrungen lernen, indem man den Soldaten, die auch verbale Mitteilungen machen sollen, gewissermaßen über die Schulter schaut. Ein weiteres DARPA-Projekt, „Augmented Cognition Program", soll neurophysiologische Schnittstellen entwickeln, um anhand der Hirnaktivität und von Körperreaktionen die Belastungen der Aufmerksamkeit eines Soldaten in Echtzeit zu erfassen. Im Kampfsituationen ergibt sich mittlerweile mit allen verfügbaren Informationssystemen eine „Informationsüberladung", die zu Stress führt. Falls das System überhaupt je gebaut werden kann, soll es die emotionalen, kognitiven und körperlichen Zustände eines Soldaten in Echtzeit interpretieren und ihm nur die augenblicklich wichtigen Informationen zukommen lassen.

Der „Job" des US-Soldaten wird mit solchen Programmen noch viel mehr als bislang zum Paradigma des überwachten „Arbeitsplatzes".

Interessanterweise verfolgt man in der Microsoft-Gruppe „Media Presence Research Group" mit dem Projekt „MyLifeBits" ein ähnliches Projekt wie „LifeLog". Alles, was an digitalen Daten während eines Lebens anfällt oder digitalisiert werden kann, soll gespeichert werden, um die Datenmassen nach beliebigen Kriterien durchsuchen zu können. Selbst wenn tatsächlich allen anderen der Einblick in die Datenbank des eigenen Lebens verwehrt wäre, würde man gleichwohl eine Art öffentliches Leben führen, bei dem jeder Schritt überwacht und auch jeder mit in die Datenbank integriert wäre, der mit dem Besitzer eines „MyLifeBits"-Programms in Kontakt getreten ist, mit ihm gesprochen oder korrespondiert hat oder auch nur in seiner Nähe gewesen ist. Der technisch interessante Teil ist nicht das Digitalisieren und Sammeln von Informationen und auch nicht das Speichern, sondern die Erschließung gigantischer Archive. Ein Problem, das auch die Geheimdienste haben, die von Datenfluten überschwemmt werden.

Neben der (Selbst-)Überwachung von einzelnen geht es im Hinblick auf die Sicherheit um die Überwachung von Räumen. Mit schnellen Schritten und vielen Milliarden, die vor allem nach dem 11. September in die Sicherheits- und Überwachungstechnologie gepumpt werden, entwickeln sich vor allem die reichen Industrienationen in Richtung von Überwachungsgesellschaften. Angeblich aus Angst vor eindringenden Terroristen und bereits im Inneren lauernden Schläfern und Anschlagsplanern sowie aus Schutz vor Selbstmordanschlägen sollen Grenzen lückenlos dicht gemacht, der Luftraum überwacht und das ganze Land flächendeckend kontrolliert werden. Damit erweitert sich das Gefängnis auf die Bewohner eines Landes, einer Region oder eines Ortes, wird der öffentliche Raum selbst zum neuen *Panopticon*. Kühn hatte das schon erwähnte DARPA-Projekt „Total Information Awareness" nicht nur mit dem Namen und mit dem Konzept die Totalüberwachung anvisiert. Bevor die Projekt-Website Schritt für Schritt den Augen der Internetnutzer entzogen wurde, war sie mit einer Illustration ausgestattet, die das Auge Gottes symbolisierte, dem bekanntlich nichts geht. Im Umkehrschluß läßt sich daraus sehen, daß die monotheistische Idee des allgegenwärtigen Gottes bereits das konzeptionelle Fundament für eine allgegenwärtige Beobachtung legte, der wir uns nun, zusammen mit dem Eintauchen in die Virtualität einer digitalen Platonischen Höhle, mithilfe des technischen Fortschritts nähern.

Der klassische Ort für die Ansiedlung von Utopien in der Neuzeit war eine Insel. Auch jetzt soll wieder eine Insel als Standort für eine Entwicklung dienen, die von einer alten und aufgegebenen Industrieanlage – einer Textilmühle – zu einem „Superinkubator" für zukunftsorientierte Hightech-Firmen übergehen und dabei zu einer „intelligenten Insel" werden soll. Es handelt sich um die zeittypische Phantasie einer Geschäftsidee, die zugleich ein Modell für die flächendeckende Überwachung eines noch begrenzten Raumes schaffen soll. Die dafür vorgesehene, 62 Hektar große Ayers-Insel befindet sich in der Nähe der University of Maine in Orono. George Markowsky, Direktor der Abteilung für Computerwissenschaft der Universität, hat die Insel gekauft und eine Firma gegründet, um sein Vorhaben in die Tat umzusetzen, in dem sich Wissenschaft, technische Entwicklung, Architektur und Geschäftssinn in zeitgemäßer Einheit verbinden. Die Entwicklung einer vorbildlichen „intelligenten Insel" hat das Ziel, deren gesamte Fläche einschließlich aller Gebäude mit Sensoren so abzudecken, daß „jede verdächtige Bewegung" erfaßt werden kann. Noch finden geistesverwandte Aktivitäten, etwa der Nationalgarde, auf der Insel statt, die hier Antiterrormaßnahmen etwa im Fall von Anschlägen mit chemischen oder biologischen Waffen trainiert.

Man spekuliert direkt auf Gelder vom US-Heimatschutzministerium; schließlich ist das neu gegründete, interdisziplinäre und auf die neue Geldquelle orientierte „Homeland Security Lab" an dem Projekt beteiligt, an dem bereits 2002 eine Tagung mit dem bezeichnenden Titel „Anywhere, Anytime, Anysize, Any Signal" stattfand. Aber man geht sicherlich auch davon aus, daß das Interesse zunehmen wird, in die Totalüberwachung von Firmengeländen oder Siedlungen zu investieren. Markowsky will zwei Fliegen mit einer Klappe schlagen, nämlich die Insel zum Standort von Start-up-Firmen zu machen, die sich dort einmieten sollen, und zugleich mit Geldern des Heimatschutzministeriums und universitärer Unterstützung die Insel zu einem Demonstrationsobjekt für die fortgeschrittenste Überwachungstechnologie aufzurüsten. Eine der Firmen, die sich auf der Insel ansiedeln wollen, wird die Maine Autonomous Underwater Vehicle Company (MAUVCO) sein, die billige autonome Unterwasserfahrzeuge entwickelt. Diese könnten dann die Insel auch vom Wasser her sichern. Überall sollen Sensoren wie Kameras und Bewegungsmelder angebracht werden, um die Bewegung und den

Aufenthalt aller Personen und Fahrzeuge zentral beobachten zu können. Biometrische Systeme zur Erkennung von Gesichtern sollen folgen, um bekannte Menschen von neuen und daher Potemtiell verdächtigen unterscheiden zu können. Ziel ist, eine Person auf der ganzen Insel verfolgen zu können, zumal wenn sie ein verdächtiges Verhalten zeigt. Sensoren werden auch in die Gebäude integriert, um deren Zustand zu erfassen, was bei Anschlägen oder anderweitig verursachten Beschädigungen für die Rettungsmannschaften wichtige Informationen liefern soll.

Ein weniger bescheidener in den Ausmaßen, nicht aber, was Technologie und Ziele betrifft, ist das 2004 an der University of Illinois at Urbana-Champaign (UIUC) eröffnete „Thomas M. Siebel Center for Computer Studies". Das Gebäude dient als Labor zur Erforschung von computerbasierten Umgebungen, in denen, so die leitende Vision, alle Gegenstände „intelligent" und vernetzt sind, auf den Menschen reagieren, sich neuen Zwecken anpassen und Informationen austauschen können. Es sollen Anwendungen entstehen, die eine „bruchlose Beziehung" zwischen der Technologie und den sie benutzenden Menschen entstehen lassen. Schon aus diesem Grund müssen die Systeme die Menschen beobachten und möglichst genau lokalisieren. Das 80 Millionen Dollar teure Gebäude selbst will bereits ein Modell für die künftigen Lebens- und Arbeitsräume sein. Überall sind Chips und Mikroprozessoren eingebettet. Menschen und Geräte sind ebenfalls mit Chips ausgestattet, um sie verfolgen und ihren Aufenthaltsort jederzeit in Echtzeit mit einer Genauigkeit von 15 Zentimetern erfassen zu können. Die interagierenden und kommunizierenden Komponenten sind durch ein Hochgeschwindigkeits-Funknetz (UBW) verbunden. Im ganzen Gebäude gibt es Videowände, Flachbildschirme und digitale Kameras. Eine angeblich äußerst zuverlässige und fehlertolerante Sicherheitstechnologie zur Authentifizierung soll Sicherheit und Privatheit garantieren. Überall im Gebäude integriert ist „Multimedia Kunst", die eine angenehme Arbeitsatmosphäre schaffen und „den Geist und die Sinne der Benutzer kontinuierlich anregen" soll. Die Unterrichtsräume sind mit HDTV-Bildschirmen, intelligenten Tafeln und digitalen Aufnahmegeräten ausgestattet. Und die Labors dienen unter anderem dazu, das Forschungsprojekt „Gaia" voranzutreiben, das aus einem Middleware-Betriebssystem zur Verwaltung aller Ressourcen an einem Ort besteht. Kernstück des „intelligenten Hauses", angeblich das modernste „wahrnehmende Gebäude", ist ein System von Ubisense, das auch die Grundlage zur Weiterentwicklung bildet. Warren Ferguson, CEO von Ubisense, will mit dem Siebel Center die „unglaublichen neuen Möglichkeiten zur Erhöhung der Produktivität, zur Minimierung der Sicherheitsrisiken und zur Verwaltung von Raum und Infrastruktur" vorführen. Das „24x7 instruder detection"-System von Ubisense arbeitet mit „Ubitags", die an Personen und Gegenständen angebracht sind und permanent UWB-Signale an die im ganzen Gebäude befindlichen Sensoren senden.

Hatte man Städte wie Paris mit breiten Boulevards buchstäblich aufzuschneiden und strategisch „durchsichtig" zu machen gesucht, so sind viele moderne Siedlungen und Stadterweiterungen von Anfang an nach dem Prinzip der Übersichtlichkeit organisiert. Die Programmsätze und städtebaulichen Planungen der klassischen Moderne brachten Licht, Luft und Sonne in die Städte, und der Nachkriegsstädtebau lernte aus den verheerenden Zerstörungen des Luftkriegs: In Bauordnungen festgelegte Gebäudeabstände sollen von Haus zu Haus überspringende Großbrände verhindern. Zweifellos hat man bei der Planung moderner Städte nicht an die Einrichtung effektiver Überwachungstechniken gedacht, sondern den Bedürfnissen des motorisierten Verkehrs entsprochen – freilich mit dem Effekt, daß sich nun die freien Straßen und Flächen von Satelliten und Überwachungskameras problemlos beobachten lassen.

Andererseits sind, wie dies die Unruhen in den französischen Vorstädten im Herbst 2005 gezeigt haben, derart übersichtlich gestaltete Trabantensiedlungen auch gefährliche Zonen, in denen Gewalt plötzlich ausbrechen kann. „Pulverfässer" waren schon die eigens für die als gefährlich geltenden Schichten seit Ende des 19. Jahrhunderts geschaffenen Siedlungen. Zunächst wurden hier, um Paris für das Bürgertum zu sichern, vor allem die Arbeiter „ausgelagert", da man im Zeitalter des Kommunismus Proteste und Unruhen in der Hauptstadt fürchtete. Mitte des 20. Jahrhunderts wurden Vorstädte in Frankreich wie anderswo vermehrt gebaut und gerieten schließlich zu Abschiebeorten für die sozial „Überflüssigen" und nicht wirklich in die Erwerbsgesellschaft Integrierten, zu denen mehr und mehr auch die Migranten gehören.

Aus solchen Trabantensiedlungen werden Ghettos, schwarze Löcher der Gesellschaft, die ausgegrenzt werden und deren Bewohner sich auch selbst ausgrenzen, wenn das Versprechen auf Teilhabe am Wohlstand durch fehlendes Wirtschaftswachstum nicht mehr eingelöst werden kann und damit allmählich als Integrationsmotor erlischt. Noch sind viele dieser riskanten Ghettos nicht technisch überwacht, sondern eher die urbanen Zentren mit den Geschäftsvierteln und diejenigen Stadtteile, in denen die Vermögenden leben. Das aber könnte sich ändern, wenn nicht nur Gebiete überwacht werden, in denen unerwünschte oder bedrohliche Eindringlinge erkannt werden sollen, sondern auch diejenigen Viertel, in denen die Ausgeschlossenen möglichst auch bleiben. Möglicherweise also werden *gated communities* bald auch andere Ausprägungen annehmen. Nachdem der Ausnahmezustand in Frankreich verhängt wurde, ging man im Quartier de la Madeleine im normannischen Evreux noch einen Schritt weiter und installierte ab 22 Uhr, als die Ausgangssperre in Kraft trat, an den Eingängen zu dem Stadtteil mit 20.000 Einwohnern Absperrgitter. Damit wurde das gesamte Wohnviertel abgeschlossen und zu einem Gefängnis. Nur im Falle von „familiären, medizinischen und beruflichen Notfällen" wurden Ausnahmen gewährt, ansonsten durfte niemand in das Viertel hinein oder heraus. Das mag ein Vorbote für künftige Sicherheitsmaßnahmen in europäischen Städten sein, aber man würde wohl gerne auch gefährdete Bereiche und „Problemviertel" unter permanente Beobachtung stellen wollen und nicht nur eine Art Grenzkontrolle realisieren.

Die Polizei kann für alle Städte Karten anfertigen, auf denen angezeigt wird, wo wie oft welche Form von Straftaten begangen werden. Mit solchen sofort aktualisierbaren Karten lassen sich Stadtviertel, Straßen, Plätze oder Kreuzungen herausheben, die man besonders überwachen muß, während ruhige Zonen weniger kontrolliert werden müssen: die Segregation der Stadt also unter dem Gesichtspunkt der von der Polizei erfaßten Kriminalität. Nach diesen „Crime Hot Spots" würden sich auch viele Bewohner und Besucher einer Stadt richten, was sie bislang meist, weil sie auf die Daten nicht zugreifen können, aufgrund von Erfahrung, Hörensagen oder Medienberichten machen. So geht man in bestimmte Viertel nicht oder sucht mitunter auch gerade deswegen eine Stelle auf, weil es dort Rauschgift, Prostituierte, Glücksspiele oder Schmuggelware gibt.

Die Polizei von Chicago ist im Unterschied zu anderen Städten schon relativ weit gegangen und informiert die Bürger umfassend über die polizeilich relevanten Ereignisse der Stadt. Aus diesem Grund wurde eine Webseite namens „Citizen ICAM" eingerichtet, auf der interessierte Bürger nachschauen können, wo und welche Art des Delikts in den letzten drei Monaten der Polizei gemeldet wurde. Das Angebot hat ein Journalist aufgenommen und damit eine eigene Website gestaltet, um die Menschen noch genauer über riskante Orte zu informieren. Die Polizei ist nämlich noch ein wenig karg mit der Aufbereitung der Information, die sie besitzt. So werden zwar einige Suchoptionen angeboten, um herauszufinden, welche Straftaten an welcher Stelle, beispielsweise in der Umgebung einer Straßenkreuzung, einer Schule oder einer bestimmten Adresse, der Polizei gemeldet wurden. Aber einen wirklichen Gesamtüberblick erhält man nicht. Auf der Website „Chicago Crime" wird hingegen aus den von der Polizei zur Verfügung gestellten Daten eine aktuelle Gesamtübersicht erzeugt und mit der Hilfe von Google Maps auf den Stadtplan übertragen. Nun können also Einwohner, Gäste und Interessierte herausfinden, welche Straftaten an welchen Orten besonders massiv auftreten. Das kann zur Folge haben, daß man dort, wo man das Risiko eingeht, Opfer eines Diebstahls oder Raubüberfalls zu werden, lieber keine Wohnung mietet oder kauft oder die Gegend ganz allgemein meidet. Ersichtlich wird, wo Banden auftreten, die Gefahr erhöht ist, sexuell belästigt oder vergewaltigt zu werden, wo es vermehrt Brandstiftungen, Bombendrohungen oder Autodiebstähle gibt oder Fälle der Belästigung über das Telefon oder Stalking gemeldet werden.

Aber solche Karten bieten auch weitere Einsichten. Wer wissen will, wo Drogen gehandelt werden, Glücksspiele stattfinden, wo man Waffen kaufen kann oder es einen Straßenstrich gibt, wird ebenfalls fündig. Jugendliche, die neugierig sind und etwas erleben wollen, können so auch schon vorab die Wahrscheinlichkeit steigern, das gewünschte Abenteuer zu finden. Im Fall von Chicago finden im Stadtzentrum die meisten Vergehen statt. Je weiter man in die Vororte geht, desto weniger Meldungen gibt es. Das könnte möglicherweise auch für Straftäter eine Orientierung sein, ihren Aktionsraum zu erweitern oder zu verlagern, um der Konkurrenz zu entgehen. Wie so vieles sind auch solche Datenbanken „dual-use", können also unterschiedlichen Zwecken dienen. Die Folgen lassen sich nicht wirklich absehen, aber wo Daten vorhanden sind, führen sie nicht nur zu neuen Kenntnissen, sondern auch zu neuen Verhaltensweisen.

Ein erster Schritt zur Überwachung der Städte sind die sich mittlerweile überall ausbreitenden Überwachungskameras, die stationär oder mobil am Boden oder in der Luft einsehbare Räume überwachen. In öffentlichen Gebäuden oder Anlagen wie Bahnhöfen oder Flughäfen sind sie ebenso eingezogen wie in Zügen, U-Bahnen oder Bussen. Auch in privaten Räumen wie in Banken, Geschäften, Firmen oder Büros sind seit langem zahlreiche Kameras und andere Überwachungsmittel und Zugangskontrollen installiert. Großbritannien ist vermutlich nach wie vor „Avant garde" bei der flächendeckenden Ausstattung mit Überwachungskameras. Im Laufe des Jahres 2006 geht man hier noch einen Schritt weiter und beginnt damit, möglichst alle Fahrzeuge auf allen größeren Straßen in den Städten und auf dem Land mittels Nummerschilderkennung zu identifizieren und so deren Bewegung zu verfolgen. Vorangetrieben wird das Überwachungsprojekt zur landesweiten Erfassung der Fahrzeugkennzeichen vor allem von der Association of Chief Police Officers (Acpo). Großbritannien sei Pionier der Technik und ihrer Umsetzung gewesen, erklärt der Polizistenverband, und müsse hier auch weiterhin an der Spitze bleiben. Das auch von der Regierung unterstützte Überwachungsprogramm läuft unter der Devise: „Den Kriminellen die Nutzung der Straßen verwehren." Das soll den Blick der Menschen auf Kriminelle als angeblich Betroffene lenken, während die allgemeine Überwachung aller Fahrer wohl nicht so deutlich angesprochen werden soll. Die Technik zur Fahrzeugnummernerkennung mit „Automatic Number Plate Recognition"-Kameras (ANPR) gibt es schon seit über 20 Jahren. In Großbritannien sind Überwachungskameras, die mit von Cambridge Neurodynamics entwickelten neuronalen Netzwerken die Nummern erkennen, Mitte der neunziger Jahre in den „ring of steel" um London integriert worden, mit dem man die Innenstadt vor IRA-Terroranschlägen sichern wollte. Die wenigen Straßen, die ins Zentrum führen – einige sperrte man ganz für den Verkehr –, wurden verschmälert und mit Hindernissen versehen, so daß die Fahrer abbremsen müssen und Überwachungskameras ein besserer Blick geboten wird. Stählern ist an dem Ring wenig, schon eher hat man mit Beton gearbeitet. Im Sommer 2005 wurde der „ring of steel" nach den Terroranschlägen auf die U-Bahnen erweitert.

Mit ANPR-Kameras können alle Fahrzeuge, die in die Innenstadt fahren oder diese verlassen, erfaßt werden. Über die Kennzeichen kann man nach Daten in allen möglichen Datenbanken suchen, also eruieren, wer der Fahrzeughalter ist, ob das Fahrzeug gestohlen wurde oder ob es überhaupt versichert und zugelassen ist. 2003 wurde das System mit hunderten weiterer Überwachungskameras ausgebaut, um das Stadtzentrum vom Verkehr zu entlasten. Wer in die Innenstadt mit seinem Fahrzeug will, muß seitdem eine Mautgebühr zahlen. Neben ANPR-Kameras wurden auch Überwachungskameras installiert, mit denen sich die Gesichter der Fahrer abbilden und mit einem Gesichtserkennungsprogramm automatisch identifizieren lassen. So erfüllt das Mautsystem, wie beispielsweise auch das deutsche von Toll Collect, prinzipiell zugleich eine Überwachungsfunktion.

Die Überwachung zunächst mit Hilfe von ANPR-Kameras wird in Großbritannien ab Frühjahr 2006 schrittweise auf allen Autobahnen und größeren Straßen, auch in Städten und Dörfern, eingeführt. Dazu müssen tausende von neuen Kameras installiert und bereits vorhandene Überwachungskameras aufgerüstet werden. Nach Auskunft der Acpo haben Modellversuche vor allem mit mobilen ANPR-Kameras ergeben, daß deren Einsatz zu einer beträchtlichen Steigerung der Festnahmen führt. Ein landesweites System würde, argumentieren die Polizeichefs, nicht nur die Bekämpfung von Kriminalität und Terrorismus sowie die Strafverfolgung verbessern, sondern auch die Sicherheit auf den Straßen erhöhen, eine bessere Ahndung oder Verhinderung von Verkehrsvergehen ermöglichen und allgemein die Verbrechensrate reduzieren. Beeinträchtigungen für den Datenschutz sieht man bei der Polizei nicht, schließlich seien auch die Überwachungskameras, mit denen das Land überzogen ist, „gut" aufgenommen worden. Von vielen würden Überwachungskameras sowieso „als Verbesserung der Menschenrechte von gesetzestreuen Bürgern" angesehen.

Ab März 2006 werden in einem ersten Schritt täglich 35 Millionen Fahrzeugkennzeichen, die von den bereits vorhandenen Kameras erfaßt werden, zentral für mindestens zwei Jahre gespeichert. Mit den Kennzeichen werden Datum, Uhrzeit und Ort gespeichert. Man plant jedoch, möglichst schnell tausende von zusätzlichen fixierten und mobilen Kameras in das System zu integrieren, bis zu 100 Millionen Fahrzeugnummer täglich zu speichern und die Daten bis zu fünf Jahren aufzubewahren. Auch das wären freilich erst 2 bis 3 Prozent aller Fahrzeuge. Die Polizei steht in Verhandlungen mit Autobahnbetreibern und Besitzern von Supermärkten und Tankstellen, um deren Überwachungskameras mit ANPR aufzurüsten. Interessant an der Speicherung sei, so Frank Whiteley, Polizeichef von Hertfordshire und Vorsitzender des Acpo-Ausschusses zur ANPR-Einführung, daß man auch erkennen könne, „wo ein Fahrzeug in der Vergangenheit war und wo es jetzt ist, ob es an einem bestimmten Ort war und welche Wege zu oder von Tatorten genommen wurden". Man könne aber auch mit einem Fahrzeug „verbundene" Fahrzeuge erkennen, also ob Autos in Konvois fahren oder ob jemand mit einem Fahrzeug an einen Ort gelangt und dann mit einem gestohlenen Fahrzeug weitergefahren ist. Dergestalt ließen sich Straftaten oder Terroranschläge rekonstruieren. Man würde sehen, woher die Täter gekommen sind, wenn sie ein Auto benutzen, und womöglich auf diese Weise weitere Komplizen finden.

In Großbritannien denkt man auch daran, jedes Fahrzeug mit einem Chip zur Erkennung und Lokalisierung wie mit einer „elektronischen

Leine" auszustatten, womit sich ebenfalls Mautgebühren und Überwachung verbinden ließen. Dies würde die ANPR-Überwachung ergänzen und vertiefen, aber aus Sicht der Sicherheitsbehörden nicht notwendigerweise überflüssig machen. Schließlich könnten die Besitzer der Fahrzeuge die Chips manipulieren oder sendeunfähig machen. Auch die britischen Geheimdienste haben Zugriff auf die umfassende nationale Datenbank mit allen Fahrzeugbewegungen. Ergänzt mit der Speicherung aller Kommunikationsdaten werden so die Bewegungen der Menschen im realen und virtuellen Raum weitgehend erfaßt. Stattet man in einem nächsten und erwartbaren Schritt die Überwachungskameras auf den Straßen und für den Verkehr noch zusätzlich mit Programmen zur Gesichtserkennung aus, dann ist es nicht mehr sehr weit zur totalen Rundumüberwachung.

Trotz schon jetzt weitreichender Überwachungsmöglichkeiten bilden beispielsweise Wohngebäude noch ein Transparenzproblem. Die Mauern und Wände machen die Wohnungen zu *black boxes*, die nur mit aufwendigen Mitteln vollständig durchsichtig gemacht werden können. Allerdings haben die abhörbaren Telekommunikationsmedien bereits eine tiefe Schneise in das private Dunkel geschlagen. Sind die Räume nicht abhörsicher, so kann die etwa von Computern und Bildschirmen ausgehende Strahlung aus der Ferne erfaßt und können deren Inhalte wiedergegeben werden.

Spätestens seit der Vorbereitung des Irak-Krieges ist der Krieg in den Städten zu einem der primären Schlachtfelder geworden. Den Vorteilen, die Städte vor allem kleinen Gruppen von Terroristen und Aufständischen bieten, will man im Pentagon vornehmlich mit der Entwicklung technischer Mittel begegnen. Während einer Anhörung vor dem Senatsausschuß für Streitkräfte im März 2005 erklärte DARPA-Direktor Tony Tether den Abgeordneten das urbane Problem, das nur mit neuen Waffen- und Überwachungssystemen gelöst werden könne. Die letzten einfachen Kriege waren vermutlich die militärische Intervention im Kosovo sowie die Kriege in Afghanistan und im Irak. Alle drei Kriege haben jedoch gezeigt, daß sich mit einer überlegenen militärischen Macht im herkömmlichen Sinn zwar Armeen oder Verteidiger auf offenem Schlachtfeld überwältigen lassen, aber daß solche Siege Pyrrhus-Siege sind, wenn die Länder zu „*failed states*" ohne Zentralmacht werden und Aufständische nicht mehr wie früher in den Bergen oder in den Wäldern, sondern in den Städten ihre Operationsbasen unterhalten. In diesen „neuen", asymmetrischen Konflikten werden die Städte zu umkämpften

Territorien. „Jedes Jahr", so sagte der DARPA-Direktor, „wachsen die urbanen Regionen der Erde im Hinblick auf ihre Bevölkerung und ihre Größe. Bis 2025 wird ein Drittel der Weltbevölkerung in Städten leben. Und unsere Feinde wissen, daß wir sie, wenn sie ein festes Ziel oder auch ein mobiles Ziel auf einem offenen Schlachtfeld bilden, finden und zerstören. So werden sie sich mehr und mehr dafür entscheiden, uns in den Städten Widerstand zu leisten." Während die traditionellen Schlachtfelder auf einem „offenen oder halb-offenen Terrain" heute von den amerikanischen Streitkräften effektiv beherrscht und kontrolliert werden könnten, bilde das „komplexe dreidimensionale urbane Terrain" mit seinen „feinen Strukturen" ein Problem, weil es hier so viele Plätze zum Verbergen und zum Manövrieren gibt, während es zugleich „dicht gepackt mit Menschen und ihrem Eigentum" ist.

Um neue Techniken für urbane Räume zu entwickeln, wendet die DARPA nach den Erfahrungen im Irak jährlich hunderte von Millionen Dollar auf. Dazu gehören winzige Drohnen, die auch durch Fenster und andere Öffnungen fliegen können, oder Systeme, die mit Video und Laserradar schnell und zuverlässig realistische und detailreiche dreidimensionale Karten einer Stadt erzeugen können. Gewünscht werden von Tether auch intelligente Systeme, in die man die räumlichen und sozialen Daten einer Stadt einfüttert, um damit die Dynamik des urbanen Lebens zu simulieren und zu erkennen, wo mit Konflikten zu rechnen ist. Ein derartiges „Pre-Conflict Anticipation and Shaping"-System (PCAS) soll wie ein Computerspiel funktionieren. Die Spieler sollen sehen können, welche Aktionen zu welchen Folgen führen, um Interventionen besser planen zu können. Ein älteres Projekt, das zwischendurch einmal aufgegeben und Ende 2005 wieder fortgesetzt wurde, hat den bezeichnenden Namen „Combat Zones That See" (CTS). Mit Tausenden von intelligenten Videoüberwachungskameras und anderen Sensoren will man eine ganze Stadt permanent überwachen, um Soldaten und andere Sicherheitskräfte auf Einsätze vorzubereiten oder Vorgänge erfassen und Täter auch nachträglich verfolgen zu können. „Wir brauchen ein Netzwerk oder ein Web von Sensoren", erklärte Tether den Senatoren die erweiterte Version des Projekts, „um eine Stadt und die Aktivitäten in ihr besser erfassen zu können, wozu das Innere von Gebäuden gehört und die Möglichkeit, Gegner und ihre Ausrüstung von Zivilisten auch in Menschenmengen zu unterscheiden und Scharfschützen, Selbstmordattentäter oder improvisierte Bomben (IEDs) zu entdecken. Wir müssen eine große Zahl von Dingen, Aktivitäten und Menschen in einem weiten Gebiet beobachten und benötigen dafür eine hohe Auflösung." Um schnell reagieren zu können, wünscht man sich auch mobile Überwachungssysteme, die Menschen mit Waffen ausmachen können, aber möglichst auch feststellen sollten, ob sie „feindliche Absichten oder feindliches Verhalten zeigen". Die DARPA ist bekannt dafür, daß die Ziele hoch gesteckt werden und oft abwegig und unmöglich erscheinen.

Mit Überwachungssensoren sollen automatisch vor allem alle Autos und ihre Insassen, aber auch Fußgänger über Gesichts- und Mustererkennung identifiziert und über das gesamte Stadtgebiet hinweg verfolgt werden können. Computerprogramme sollen den immensen Datenfluß selbständig analysieren, ungewöhnliches Verhalten feststellen und „Verbindungen zwischen Orten, Menschen und Aktivitätszeiten" schaffen. Die gesamten Aufzeichnungen will man speichern, um in der Lage zu sein, nach einem Ereignis wie einem Anschlag oder einem Überfall Fahrzeuge oder Personen zurück- und weiterverfolgen zu können. Damit ließe sich womöglich feststellen, woher die Beobachteten kommen und wohin sie flüchten, wen sie getroffen und was sie an anderen Tagen gemacht haben.

Solche Wunschmaschinen der Macht für den Stadtkampf wären, falls sie jemals über die Interpretation eines sehr offensichtlich „verdächtigen" Verhaltens, wie dies heute bereits intelligente Video-Überwachungssysteme leisten sollen, hinaus womöglich irgendwann das Verhalten und das Vorhaben von Menschen aus der Ferne in Echtzeit „lesen" könnten, vielseitig einsetzbar – und letztlich in autonome Robotersysteme implementierbar. Sie würden dann auch von Gegnern und Kriminellen verwendet werden, was das technologische Wettrüsten vorantriebe, aber sie würden auch die zivile Gesellschaft durchdringen. Unternehmen, Geschäfte und Behörden wären dankbare Abnehmer, um Kunden und Bürger manipulieren oder rechtzeitig „entschärfen" zu können.

Die mittelfristige Devise ist, wie die DARPA sich plastisch ausdrückt: „Knowing What is Over the Hill/Around the Corner/Behind the Wall". Dieses Ziel verfolgt man auch in anderen Sicherheitsbehörden. Ende 2005 lief eine Ausschreibung des National Institute of Justice (NIJ), dem Pendant des US-Justizministeriums zur DARPA, aus. Man hatte zur Einsendung von Konzepten für die Entwicklung neuer Sensoren und Überwachungstechnologien aufgeordert, die erahnen lassen, wohin die Reise gehen wird. Ganz allgemein will man aus sicherer Entfernung alles durch Wände hindurch „sehen" können, also eine möglichst weitgehende und durch nichts beschränkte „Aufklärung" realisieren. Diese gewünschte Fernaufklärung des bislang Privaten oder dem Blick Entzogenen fängt relativ bescheiden an. Zum Schutz des eigenen Personals sollen Angestellte aus sicherer Entfernung am Körper, in einer Tasche, in einem Rucksack oder anderswo, etwa in Containern oder Autos versteckte Waffen entdecken können. Dabei geht es nicht nur um Waffen aus Metall wie Schußwaffen oder Messer, sondern auch um Chemikalien und Sprengstoff, beispielsweise um das Erkennen von Sprengstoffgürteln oder -westen. Dafür kann man Röntgenstrahlen, Magnetresonanz-Tomographie, Mikrowellen-Holographie, akustische Detektion, Metalldetektoren, bildgebende Radar-, Infrarot- oder Mikrowellen-Systeme einsetzen. Die Geräte, wünscht das NIJ, sollten tragbar sein und versteckt mitgeführt werden können. Schußwaffen sollen mit dem technischen Röntgenblick wenigstens auf eine Entfernung von 15 Metern in Echtzeit entdeckt, innerhalb von 10 Sekunden identifiziert und von Handys unterschieden werden können. Große Menschenmengen sollen mit neuartigen Techniken schnell nach versteckten Waffen aller Art abgesucht werden können. Die Mindestanforderung lautete, 4.000 Personen innerhalb einer Stunde kontrollieren zu können, um keine langen Warteschlangen zu erzeugen. Ganz wichtig sei auch die Minimierung der Fehlerrate. Gegenwärtig müßten 15 bis 20 Prozent der von Geräten überprüften Personen von den Sicherheitskräften noch einmal untersucht werden.

Ganz oben auf der Wunschliste aber stehen Techniken, mit denen sich Personen in ganz unterschiedlichen Gebäuden und hinter sehr unterschiedlichen Wänden oder Mauern lokalisieren oder verfolgen lassen. „Through-the-wall-Surveillance" (TWS) soll aus der Entfernung eine Karte von den Innenräumen eines Gebäudes anfertigen und die Innenwände identifizieren. Überdies sollen möglichst alle unbewegten Objekte, etwa Möbel, erkannt werden. Wichtig sei überdies, nicht nur alle Personen in einem Gebäude zu lokalisieren und zu verfolgen, sondern auch, beispielsweise mit einem Chip, die eigenen Leute von den Zielpersonen unterscheiden zu können. Das darf aber nicht nur von einem Identifikationschip gewährleistet werden, weil dieser ja auch von einer anderen Person entwendet und mitgeführt werden könnte. Man stellt sich vor, daß die Gebäudeinnenansicht einschließlich der Personen in Echtzeit auf dem Bildschirm eines Notebook, die wichtigsten Details auch auf PDAs, dargestellt wird. Das System könne mit mehreren Sensoren arbeiten und sollte, wenn auch nicht zwingend, unbemerkbar sein. Gerne würde man eine dreidimensionale Darstellung der Personen (Umfang, Höhe und Orientierung) sehen. Vor allem ist erwünscht, auch durch Wände sehen zu können, die aus Metall bestehen oder mit Metall gesichert sind. Das sind durchaus keine Phantasietechnologien. Es gibt bereits erste tragbare Geräte, die einen Blick durch Mauern ermöglichen. Sie arbeiten mit Mikrowellen, genauer: mit einem im Gegensatz zur Röntgentechnik für Bedienungspersonal und die Zielpersonen ungefährlichem Ultrabreitband-Nahbereichsradar (UWB). Zur Durchleuchtung von Personen nutzt man hingegen seit einiger Zeit an manchen Flughäfen vor allem in den USA oder Großbritannien einen Mikrowellen-Scanner, mit dem die Compton-Streuung normaler Röntgenstrahlen an Oberflächen ausgewertet wird. Da Kleidung, feste Gegenstände und menschliches Gewebe unterschiedliche Reflexions- und Absorptionseigenschaften aufweisen, läßt sich mit diesen noch ziemlich großen, daher nicht tragbaren Geräten ein digitales Bild erstellen, auf dem die Kleidung gewissermaßen wegretuschiert ist und die Körper der Menschen nackt erscheinen, während man zugleich Gegenstände, etwa Waffen, entdecken kann, die unter der Kleidung verborgen sind. Nach den Anschlägen im Juli 2005 in London überlegt man, ob etwa auch U-Bahnstationen mit solchen Scannern ausgestattet werden sollen, die sich zudem mit Videokameras verbinden ließen. Wird eine Person mit einem verdächtigen Gegenstand vom Scanner entdeckt, könnte man sie automatisch von Videokamera zu Videokamera verfolgen. Um Kosten zu sparen, könnte man, so wurde überlegt, die Scanner auch versteckt anbringen oder immer einmal wieder Attrappen aufstellen. Würde man überdies die Überwachungskameras noch mit Programmen ausstatten, die verdächtiges Verhalten identifizieren, dann hätte man eine Falle für Terroristen konstruiert. Diese würden angeblich ein gut erkennbares Verhalten zeigen, wenn sie Orte auf Anschlagstauglichkeit überprüfen oder nach der besten Stelle suchen, um loszuschlagen.

Um unter die Erde oder durch Mauern schauen zu können, wird beispielsweise von Archäologen, Geologen, Bauingenieuren und Strafverfolgern seit längerem Georadar verwendet, bei dem mit Antennen kurze elektromagnetische Impulse in den Boden oder durch Mauern gesendet werden. Neuere Techniken setzen UWB ein. Die niedrigen UWB-Frequenzen können relativ weit in feste Materialien eindringen und Gegenstände oder Personen auch in Bewegung darstellen. Mit „RadarVision" von Time Domain (USA) und „Prism 100" von Cambridge Consultants (GB) gibt es bereits zwei tragbare UWB-Radargeräte, mit denen sich durch eine oder mehrere Mauern bis in eine Entfernung von 30 Metern Personen oder bewegte Gegenstände in Form von farbigen Blasen ausmachen lassen. Mit der Technik, bei der gepulste Wellen ausgesendet und wieder aufgefangen werden, kann bislang nur Bewegtes erfaßt werden. Allerdings arbeiten die Geräte so, daß sich auch eine still sitzende Person durch ihre Atmung, also durch Heben und Senken des Brustkorbs, dem Beobachter jenseits der Mauer verrät. Mit „Prism 100", das eine Person mit beiden Händen an die Wand hält, läßt sich durch eine bis zu 40 cm dicke Wand 15 m weit „sehen". Techniken, an denen gearbeitet wird, können allerdings bereits durch die Wand hindurch Räume dreidimensional kartieren und Personen genauer darstellen, mitsamt den von ihnen mitgeführten Gegenstände.

Nicht nur im Pentagon, sondern auch im Justizministerium hätte man gerne effizientere Mittel, um große Menschenmengen oder gleich ganze Städte, zumindest aber wichtige Straßenzüge genau überwachen zu können. Dazu seien hochauflösende Kameras für einen Rundumblick mitsamt Zoom notwendig. Natürlich sollen auch unterschiedliche Sensoren zur Lokalisierung, Identifizierung und Beweissicherung integriert und auf einer Karte mit „point and click" Informationen über ein Ziel liefern. Schön fände man im US-Justizministerium auch die Möglichkeit, Sicherheitspersonal vor Ort durch „unbemannte, selbsttätige und automatische Fernüberwachungstechnik" ersetzen zu können. Mit ihr ließen sich Brücken, Schulen, Gefängnisse, Grenzen oder wichtige Gebäude ausstatten. Die Systeme, die hochaufgelöste Video- und Audio-Aufzeichnungen liefern, würden bei verdächtigen Vorkommnissen oder illegalen beziehungsweise gefährlichen Ereignissen, die mittels der Sensoren erkannt werden, Sicherheitskräfte alarmieren. Sensoren könnten den Verkehr überwachen, Feuer feststellen, die Überschreitung einer Begrenzung registrieren, Schüsse identifizieren und vielleicht sogar, wie man sich dies auch im Justizministerium wünscht, bestimmte Verhaltensweisen oder Absichten von Menschen erkennen.

Mit den wachsenden Möglichkeiten wachsen auch die Wünsche. Eine weitere Ausschreibung des „National Institute of Justice" verfolgt auf den ersten Blick ein anderes Ziel als das, den Strafverfolgern möglichst viele Mittel zur Erkennung und Verfolgung von Verdächtigen an die Hand zu geben. Die andere Seite der Verfolgung von Verdächtigen und Straftätern ist der Schutz von Menschen und Institutionen, aber eine lückenlose Überwachung eines Ortes erfordert letztlich eben die Überwachung aller Menschen, die sich dort befinden. Nachdem tschetschenische Terroristen die Schule von Beslan überfallen hatten und die „Befreiung" den Tod von hunderten von Geiseln, meist Kindern, zur Folge hatte, besteht die Angst, daß ähnliches in den USA geschehen könnte. Schulen waren in den USA immer wieder Schauplatz von Schießereien und Amokläufen, öffentliche Schulen leiden unter der Gewalt, die Schüler nicht nur untereinander, sondern auch gegenüber Lehrern ausüben. Zwar haben viele Schulen Sicherheitspersonal und oft auch Metalldetektoren zum Aufspüren von Waffen, aber das gewährleistet noch keinen wirklichen Schutz. In manchen Schulen wurden bereits wie in den elf öffentlichen Schulen der Stadt Biloxi, Mississippi, 800 Web-Cams als Überwachungskameras angebracht, um nicht nur Gänge und Hallen, sondern auch die Klassenzimmer unter Dauerbeobachtung zu stellen. Neben der steigenden Sicherheit oder der Identifizierung von Missetätern habe die Rundum-Überwachung, so der Direktor der Schulen, den erfreulichen Nebeneffekt, daß die Schüler disziplinierter geworden seien. Die Lehrer würden sich sicherer fühlen, die Leistungen seien besser geworden.

In der privaten Enterprise Charter School in Buffalo werden Radio Frequency Identification (RFID-)Chips verwendet, um Lehrer, Schüler und bestimmte Gegenstände zu überwachen. Mit den Chips wurden nicht nur Gegenstände wie Bibliotheksbücher oder Laptops ausgestattet, sondern auch alle Schulangestellten und Schüler. Letztere müssen sowieso schon zur Identifizierung Plastikkarten mit Foto, Name und Klasse umgehängt haben, auf denen sich nun auch noch der zugehörige RFID-Chip befindet. Wenn Schüler und Lehrer zur Schule kommen, müssen sie sich schon am Eingang über den RFID-Chip identifizieren. Damit die Chips abgelesen werden können, müssen die Betroffenen jetzt noch einen Touchscreen-Computer am Eingang bedienen. Wenn der Chip abgelesen wird, erscheint auf dem Bildschirm ein Foto des Schülers, der dann den Eintritt in die Schule bestätigen muß. Die Chips der Mitarbeiter gewähren zudem den Zutritt zu verschlossenen Räumen. In der Schule wird übrigens dasselbe Modell eingesetzt, das auch das Pima County Gefängnis in Arizona für seine 1.600 Gefangenen benutzt. Auch US-Soldaten haben diese Chips von Texas Instruments, ebenso wie Besucher des Themenparks „Magic Waters" in Illinois. So werden Schüler, Lehrer, Soldaten, Touristen und Strafgefangene im technischen Panoptikum zu Objekten der Kontrolle. In Houston, Texas, trägt bereits ein Teil der 28.000 Grundschüler RFID-Chips. Ihr jeweiliger Aufenthalt läßt sich auf dem Bildschirm mit einer Karte der Schule verfolgen. Zusätzlich wurden hier bereits 750 Kameras in den Schulen installiert, es sollen noch 300 weitere dazu kommen, um die Schulen des Distrikts zu Hochsicherheitsorten zu machen. Die Erfassung beginnt mit dem Einstieg in den mit einem GPS-System ausgestatteten Schulbus. Hier werden die Chips ausgelesen und die Daten an die Polizeistation gesendet, von der aus sich die 210 Busse und 16.000 Schüler und Kinder der Kindergärten in Echtzeit verfolgen lassen. Das sind nur die Anfänge der Massenüberwachungstechniken, die dafür sorgen sollen, daß jeder einzelne Schritt von vielen Menschen beobachtet werden kann. Mit der Ausbreitung von Handys ist dies prinzipiell schon jetzt möglich. Zum Schutz von Schulen will man nun aber im US-Justizministerium noch bessere Überwachungstechniken einsetzen. Zu diesem Zweck lief bis Ende November 2005 eine Ausschreibung für Konzepte von „Schulsicherheitstechnologien“. Auch daran lassen sich wieder Trends ausmachen. Gewünscht werden beispielsweise Konzepte für nicht-invasive, möglichst automatische, leicht zu bedienende und kostengünstige „integrierte Sicherheitssysteme“ für Schulen, Colleges oder Universitäten, um Menschen und Gegenstände zu schützen, das heißt, lückenlos auf dem Gelände zu überwachen. Das System soll aus zahlreichen Sensoren bestehen, die unter anderem auch Waffen und Drogen erkennen können. Neben einem Alarmsystem für Lehrer in Nöten sollen alle Personen, die sich auf Gelände befinden, identifiziert, lokalisiert und verfolgt werden. Vor allem Personen, die sich „nicht-kooperativ“ zeigen, müßten trotzdem identifiziert und verfolgt werden können. Das würde heißen, daß persönliche oder biometrische Daten heimlich erfaßt werden müßten. Gefragt war auch nach Konzepten und Ideen für harmlose Waffen (Low-Level Force Technologies). Ganz offensichtlich sind die vorhandenen „nichttödlichen Waffen“ wie Schlagstöcke, Pfefferspray oder Taser-Elektroschockwaffen gesellschaftlich nicht ohne weiteres für den Alltag an Schulen durchsetzbar. Man will zwar „effizientere“, aber „gesellschaftlich eher akzeptierte“ Waffen als die bislang vorhandenen. Sie sollen effizient wirken, sicher sein und bei „Kindern, Senioren oder Kranken“ keine bleibenden Schäden hinterlassen. Ganz wichtig ist dem Ministerium, daß ihr Einsatz nicht die Kritik der „Öffentlichkeit, der Medien oder der Regierung“ hervorruft.

U-Cities

Überwachte Städte müssen nicht primär aus der Perspektive der Sicherheit entstehen, die Überwachung ist immer in den Technologien enthalten, die in neue Gebäude und Städte einziehen und viele Funktionen ermöglichen. Überwachung ist hier, wie sich vielleicht am besten in der in Südkorea im Bau befindlichen, als „intelligente Stadt" geplanten „New Songdo City" zeigen läßt, ein „Kollateralschaden". „New Songdo City", 60 Kilometer von der Hauptstadt Seoul entfernt und in der Nähe des neuen Incheon International Airport an der Küste gelegen, soll vieles werden: eine Wissenschaftsstadt; eine globale Stadt, in der Englisch offizielle Sprache ist und vom Kindergarten an bis zur Universität auch ausländische Institutionen zugelassen sind; eine Freihandelszone, in der viele Währungen gelten sollen, wo es keine Steuer für multinationale Unternehmen gibt und manche arbeitsrechtlichen Vorschriften außer Kraft gesetzt sind; eine intelligente Stadt und zugleich eine „ubiquitous City" (U-City), also ein völlig vernetzter Raum, in dem alle Computersysteme Daten erfassen und austauschen können und Computer in möglichst allen Gebäuden und im öffentlichen Raum integriert sind.

Die neue Stadt, die bis 2015 mit Baukosten von wenigstens 20 Milliarden US-Dollar fertiggestellt sein soll, wird sich auf einer künstlichen Insel mit einer Größe von 1.500 Hektar erstrecken. Um die 65.000 Menschen sollen hier wohnen, 300.000 bis 500.000 arbeiten. Wie bei vielen anderen Stadtprojekten auch sind große Grünflächen vorgesehen, zudem wird die Stadt – offenbar zur fixen Idee Vieler geworden – von einem Kanal durchzogen sein, einen „Central Park" und einen Golfplatz mit 18 Löchern besitzen. Überdies soll „New Songdo City" „selbstgenügsam" sein, das heißt, daß sie alles haben soll, was zum Leben und Arbeiten notwendig ist. Direkt am Wasser wird es die üblichen Luxuswohnungen in Anlagen geben, die als Gartenstadt geplant zu sein scheinen. Hier sind neben Kulturgebäuden (Oper, Theater, Konzerthalle) auch Läden, Restaurants, Cafés und Hotels geplant. Die Stadt soll die Form eines Zeltes haben: in der Mitte dichte und hohe Bebauung mit einem 300 Meter hohen Büroturm als höchstem Gebäude, zur Peripherie hin soll die Bebauung lockerer und niedriger sein. Auch wenn bereits andere Städte wie Pusan ähnliches anstreben, soll „New Songdo City" vor allem zur technisch wegweisenden und den Standort markierenden „ubiquitous city" ausgebaut werden. Die Idee ist, die Stadt von Anfang an mit einer Vielzahl von Computersystemen auszustatten, so daß sich hier eine „digitale Lebensweise", ein „U-life" ausbildet. Bislang zumindest scheint man neben vernetzten Computersystemen, breitbandigen drahtlosen Internetverbindungen, neuen Handy-Diensten und *mobile Computing* vor allem auf den umfassenden Einsatz von RFID-Technik und computerlesbaren Karten zu setzen. Möglichst alles soll mit solchen Funkchips ausgestat-

New Songdo City Development, eine Joint Venture-Partnerschaft zwischen
Gale International, einem US-amerikanischen Developer, und Posco E&C, einer
Tochtergesellschaft von Posco Steel, dem zweitgrößten Stahlkonzern der Welt. Quelle:
http://www.new-songdocity.co.kr/default.aspx?p=1330

tet sein, während eine einzige Smart Card als Schlüssel nicht nur für die Wohnungstür, sondern auch zum Bezahlen von Parkuhren, Kinos und vielen anderem dienen soll. RFID-Chips sollen in Dosen eingebaut werden, um das Recycling zu fördern, aber auch in alle anderen Waren. Die Regierung sieht in RFID-/Sensor-Netzwerken einen riesigen Zukunftsmarkt und hat einige Pilotprojekte angeschoben. Ein Forschungs- und Industriezentrum in „New Songdo City" soll dies zentral weiter fördern. In den Wohnungen alter und kranker Menschen will man Böden mit Drucksensoren ausstatten, die einen Sturz bemerken und automatisch Hilfe rufen. Andere Sensoren sollen Daten zur Luft- oder Wasserqualität liefern. Mit RFID-Chips lassen sich Waren verfolgen, Menschen werden zudem mit ihren Handys und allen mobilen Geräten, die eine räumliche Lokalisierung zulassen, erfaßt, während die Smart Card-Benutzung weitere Informationen liefert. Die dunklen Flecken schwinden, der öffentliche und auch überwachte Raum verschlingt den privaten und den Blikken entzogenen Raum.

Wie es scheint, ist noch nicht recht klar, was eine „U-City" wie „New Songdo City", Busan, Daejeon oder Unjeong alles bieten soll und kann. Beispielsweise könnte man, wie dies in Shinjuku, Tokio, bereits ausprobiert wird, Straßenlaternen mit RFID-Informationseinheiten ausstatten. Passanten, die ein PDA-ähnliches Gerät namens „Ubiquitous Communicator" (UC) oder Kamerahandys bei sich haben, können abgespeicherte Informationen etwa über Läden, Behörden, Fahrpläne, Veranstaltungen oder Mitteilungen lesen. Für diesen Zweck wird auch der Aufenthaltsort der Passanten erkannt. Noch wird in Südkorea eigenbrötlerisch insulär geplant und entwickelt, allerdings wären „U-Cities" Prototypen für auch untereinander eng vernetzte Städte, sofern die Technologien kompatibel sind. Immerhin hat das koreanische Informationsministerium zusammen mit dem Bauministerium Ende 2005 eine Arbeitsgruppe etabliert, die sich eben um diese Kompatibilität zumindest auf nationaler Ebene kümmern soll. „U-Cities" könnten möglicherweise, wenn die Menschen überhaupt so leben und arbeiten möchten, zum Vorbild digitaler Lebenswelten werden; auf jeden Fall dürften sie auch zum Modell für künftige Sicherheitsstädte werden, in denen immer mehr Aktivitäten der Bürger einschließlich von deren Identifizierung und Lokalisierung überwacht werden können. Fremde Menschen oder verdächtiges Verhalten könnten in solchen transparenten Städten schnell auffallen. Der koreanische Präsident Roh Moo-hyun strebt allerdings noch eine größere Vision an: Er würde Korea gerne zu einer „ubiquitous nation" machen.

Die technische Falle

Städte wie „New Songdo City" machen deutlich, daß in Zukunft Angriffe auf Städte oder Anschläge in Städten auch ohne Blutvergießen ganz erhebliche Auswirkungen haben können. Schon kurzzeitige Stromausfälle wie im Mai 2005 in Moskau und im November 2005 in Deutschland oder 2003 in New York, London und Mailand zeigen, wie abhängig das Leben in den Städten vom Strom geworden ist. In Deutschland waren einige Regionen tagelang vom Strom abgeschnitten, was besonders in winterlicher Kälte viele in ihren Wohnungen und Häusern schwer beeinträchtigte. Ohne Strom geht fast nichts mehr. In Moskau war man noch weniger vorbereitet. Tausende saßen lange Zeit in U-Bahnen fest. Viele Ampeln fielen aus. Die Mobilität, die eine Stadt auszeichnet, war buchstäblich abgeschaltet. Auch der Flughafen, Krankenhäuser, die Börse und viele Unternehmen waren beeinträchtigt. Selbst die Trinkwasserversorgung fiel zeitweise aus, weil die Pumpstationen nicht mehr funktionierten. Waren diese Stromausfälle bedingt durch schlechte Infrastruktur und/oder außergewöhnliche Belastungen durch Eis oder Unwetter, so könnten selbstverständlich auch Terroristen oder Kriminelle das Stromnetz lahmlegen und damit erhebliche Störungen und Beeinträchtigungen bewirken.

In Kriegsstrategien ist dies schon längst umgesetzt worden. Wenn aus politischen Gründen „Kollateralschäden" möglichst vermieden werden sollen, werden mit Luftschlägen und Präzisionsraketen wichtige Bereiche der Infrastruktur zerstört, allen voran die Stromversorgung durch das Ausschalten der Kraftwerke, aber auch die Transport- und Kommunikationsinfrastruktur, Brücken, Gleise und Telefonnetze sowie TV- und Rundfunksender, um die Kommunikations- und Informationsströme zu unterbrechen. Mit all dem trifft man sowohl die militärische als auch die zivile Infrastruktur, die mehr und mehr zusammenhängen. Die großen Zerstörungen der irakischen Infrastruktur während der Operation „Desert Storm" sind dafür ein Beispiel. Bis zum Krieg 2003 hatte sich das Land, noch dazu unter dem Embargo, nicht erholt. Wieviele Opfer vor allem unter Kindern, Kranken und Alten die Zerstörung der Stromversorgung, der Wiederaufbereitungsanlagen für Trinkwasser und der Abwassersysteme neben der Bombardierung anderer urbaner Infrastruktur wie Fabriken, Brücken und Straßen verursachte, ist nicht bekannt. Vorsichtige Schätzungen gehen dahin, daß an den langfristigen Folgen des Krieges – Unterernährung, verschmutztes Trinkwasser und Seuchen

– über 100.000 Iraker, während an direkten Kriegsfolgen „nur" 3.500 bis 15.000 Menschen gestorben sein sollen *(Collateral Damage: The Health and Environmental Costs of War on Iraq*, herausgegeben von Internationale Ärzte zur Verhütung des Atomkrieges und in sozialer Verantwortung, 2002). Schätzungen über die langfristigen Folgen der zerstörten Infrastruktur gehen von weitaus höheren Zahlen aus, vor allem im Hinblick auf die nach dem Krieg über Jahre hinweg explosiv angestiegene Kindersterblichkeit.

Nach Dokumenten des Militärgeheimdienstes Defense Intelligence Agency (DIA) aus dem Jahr 1991, die Thomas Nagy der Öffentlichkeit bekannt gemacht hat, scheinen die Zerstörung der Strom- und Trinkwasserversorgung und die dadurch entstehenden Seuchen mit dem Ziel der Schwächung der irakischen Bevölkerung systematisch geplant worden zu sein. In einem Dokument vom 21. Februar 1991 heißt es, daß „die Bedingungen für den Ausbruch ansteckender Krankheiten besonders in den großen urbanen Regionen günstig sind, die von der Bombardierung betroffen waren" (Thomas Nagy: „The secret behind the sanctions: How the U.S. intentionally destroyed Iraq's water supply", in: The Progressive, 2001). Kenneth Rizer bestätigt eine solche Strategie der militärisch beabsichtigten Zerstörung städtischer Infrastruktur – die spiegelbildlich zu terroristischen Anschlägen auf Gebäude oder Transportsysteme geschieht – in seinem in der Zeitschrift *Air and Space Power Chronicles* der US-Luftwaffe veröffentlichten Artikel „Bombing dual-use targets: Legal, ethical and doctrinal perspectives" (5. Januar 2001). Die Bombardierung aus der Luft – 88.000 Tonnen Sprengstoff in 43 Tagen – habe zu „erstaunlichen Tatsachen" geführt. Ihr seien nämlich nur 3.000 Zivilisten zum Opfer gefallen: „die geringste Anzahl von Toten durch einen großen Bombenangriff in der Geschichte des Krieges". Die systematische Zerstörung des Stromversorgungssystems habe aber auch zur „Schließung des Wasseraufbereitungs- und Kläranlagensystems geführt, die Epidemien von Darmerkrankungen, Typhus und Cholera und bis zu 100.000 Tote unter Zivilisten sowie eine Verdopplung der Kindersterblichkeitsraten verursacht hat".

Voraussetzung für die militärische Strategie im ersten Golfkrieg war, wie in den nachfolgenden ähnlichen Kriegen, die Lufthoheit der Angreifenden, die systematisch ein ganzes Land, in erster Linie aber die großen Städte „demodernisiert" und damit eine Gesellschaft „abgeschaltet" haben (Stephen Graham: „Switching Societies Off: War, Infrastructure, Geopolitics", unveröffentlichtes Manuskript 2004). Obgleich der Krieg gegen Serbien ein vergleichsweise modernes Land betroffen hat, war es den alliierten Angreifern militärisch und technisch aussichtslos unterlegen. Das Taliban-Afghanistan hatte sich vor dem Krieg schon selbst weitgehend demodernisiert, der Irak war im ersten und erst recht im zweiten Golfkrieg hoffnungslos unterlegen. Bombardiert wurden in allen drei Ländern Kommunikationssysteme und Medien, also Radio- und Fernsehstationen. Im Kosovo-Krieg und im Irak-Krieg wurden zudem zahlreiche „strategische" Ziele angegriffen, zum Teil militärische Anlagen, zum größten Teil jedoch dual-use-Infrastruktur wie Fabriken, Straßen, Brücken oder eben die Stromversorgung. Im ersten Golfkrieg und im Kosovo-Krieg, der ein reiner Luftkrieg war, wurden erstmals Bomben eingesetzt, die Graphit-Fäden enthielten, mit denen die Stromversorgung lahmgelegt wurde.

Im letzten Irak-Krieg wurde von der Möglichkeit gesprochen, mit Mikrowellenblitzen, die von Flugzeugen oder Lenkwaffen wie Tomahawk-Raketen abgefeuert werden können, die Elektronik des Gegners lahmzulegen. Ob solche HPM- (High-Power Microwaves-) Waffen oder „e-bombs" eingesetzt wurden, ist unbekannt, aber unwahrscheinlich. Mit ihnen ließe sich ein neuartiger Krieg gegen Städte führen, indem man deren „Nervensystem" ausschaltet und sie damit in allen militärischen und zivilen Funktionen handlungsunfähig macht. Solche „e-bombs" sind in der Zeitschrift *Air & Space Power Chronicles* als „Waffen der elektrischen Massenvernichtung" bezeichnet worden. Im Unterschied zu Informationsoperationen oder einem Infowar gegen Computernetze, die Informations- und Kommunikationsströme durch Viren oder Angriffe im Netz ausschalten oder in Computersysteme eindringen, würden diese unbenutzbar gemacht, ohne unmittelbar Menschen zu gefährden. Allerdings würden dann auch alle zivilen elektrischen und Computersysteme ausfallen. Mit elektromagnetischen Impulsen (EMP), wie man zuerst bei Atombombenexplosionen festgestellt hat, ließen sich weiträumig alle elektrischen und elektronischen Systeme und Geräte funktionsunfähig machen. Mit ihnen ließen sich insbesondere urbane Regionen „abschalten" und in den Zustand einer vormodernen Zeit, buchstäblich in ein schwarzes Loch zurückbomben.

Auch wenn die Bedrohung von amerikanischen Städten mit EMP-Waffen wohl noch sehr spekulativ ist, scheint man solche Anschläge im Pentagon doch ernstzunehmen. Nicht nur die Städte in den Industrieländern, die hochgradig computerisiert und vernetzt sind, sondern auch eine hochmoderne Armee wie die der USA wären durch Strom- und

Kommunikationsausfall stärker als weniger moderne Städte und Truppen betroffen. Im März 2005 fand dazu eine Anhörung im US-Senat statt. Es wurde gesagt, dies sei eine der wenigen Möglichkeiten, wie die USA besiegt werden könne. Eine einzige SCUD-Rakete mit einem Nuklearsprengkopf, der in der richtigen Höhe in der Luft explodiert, könnte, so das apokalyptische Szenario, mit dem ausgehenden elektromagnetischen Impuls große Teile der Stromnetze und damit der elektrischen Systeme und Geräte für geraume Zeit ausschalten. Jon Kyl, der Vorsitzende des Ausschusses, in dem die Anhörung stattfand, machte in einem Artikel in der *Washington Post* vom 16. April 2005 die möglichen Folgen deutlich: „Es würden, wenn überhaupt, nur wenige Menschen unmittelbar sterben. Aber der Ausfall der Elektrizität würde eine in Kaskaden sich steigernde Auswirkung auf alle Dimensionen der amerikanischen Gesellschaft haben. Kommunikation wäre weitgehend unmöglich. Fehlende Kühlmöglichkeiten würde Lebensmittel in den Supermärkten verfaulen lassen, verstärkt durch einen Mangel an Transportmitteln, da die Fahrzeuge bald kein Benzin mehr haben, das an den Tankstellen mit Strom gepumpt wird. Die Unmöglichkeit, Wasser zu säubern und zu verteilen, würde schnell die gesundheitliche Situation verschlechtern. […] Und wie wir an den Orten gesehen haben, an denen es Natur- und andere Katastrophen gab, führen solche Bedingungen oft zu einem schnellen Zusammenbruch der gesellschaftlichen Ordnung.“

Experten streiten darüber, wie ernst eine solche Bedrohung tatsächlich ist. Sollten aber Stromnetze und elektrische Systeme und Geräte tatsächlich in einem größeren Gebiet durch EMP nicht nur zeitweise, sondern auf Dauer funktionsunfähig gemacht werden können, dann träte besonders in urbanen Regionen ein Ausnahmezustand ein, der eigentlich unvorstellbar ist und auch nicht durch Katastrophen wie das von Katrina versehrte New Orleans anschaulich gemacht werden kann. Je mehr die Menschen vor allem in den Städten in ihrem Alltag abhängig werden von komplexen, mit Strom betriebenen technischen Systemen, desto schwerwiegender wäre ein Zusammenbruch der elektrischen Grundlage des sozialen Lebens. „U-Cities“ wie „New Songdo City“ wären dann funktionsunfähig, auch Notstromaggregate würden nicht mehr helfen. Ein solcher Zusammenbruch würde die urbanen Regionen in den Industrieländern vermutlich weitaus stärker treffen als die Städte im Zweiten Weltkrieg oder im Kalten Krieg, die durch Luftangriffe zerstört wurden, wenn man von einer Totalvernichtung durch Atombomben wie in Hiroshima und Nagasaki absieht.

Vom *failed state* zu *failed cities*

Alles sah im März 2003 so aus, als wäre die militärische Invasion im Irak ein Krieg, wie man ihn von früher kennt. Aus Gründen, die man teilen und legitim finden mag oder nicht, hat ein militärisches überlegenes Land mit Alliierten ein anderes, angeblich hochgerüstetes, wenn auch mit altem Kriegsgerät ausgestattetes Land angegriffen, dessen Regime mitsamt der herrschenden Schicht gestürzt und durch eine andere Regierung ersetzt, um nach diesem „Regimewechsel", wie das im Neusprech heißt, das *nation building* einzuleiten.

Wie von Kritikern und gut Informierten vor dem Einmarsch befürchtet, hat sich mit der Besatzung und dem schleppenden Wiederaufbau des Landes, dessen Infrastruktur durch die vorangegangenen Kriege und das lange Embargo alt und kaum mehr leistungsfähig war, eine Widerstandsbewegung ausgebildet, die ebenso uneinheitlich ist wie das Land, dessen Bevölkerungsgruppen territorial über Jahrzehnte durch die Diktatur zusammengehalten wurden und mit der Befreiung auseinanderzudriften begannen. Hinter dem seit Ende 2003 aufbrechenden „asymmetrischen" Konflikt zwischen Dutzenden von militanten und terroristischen Gruppen und den Besetzern und deren nationalen Helfern entwickelte sich ein bürgerkriegsähnlicher Konflikt, bei dem es darum geht, wer die zentrale Macht über das Territorium ausüben und welche Bevölkerungsgruppe welche Region mit welchen Ressourcen entweder mit Militär und Polizei, mit Milizen oder mit beidem kontrollieren wird. Unterhalb des Kampfes um die Zentralmacht finden, zumindest auf dem Land und in den kleineren Städten der stark von Sippen und lokalen Herrschern geprägten muslimischen Gesellschaft, zahlreiche lokale und regionale Konflikte statt. Dabei geht es um die Wahrung der relativen Unabhängigkeit von der Zentralmacht, um auf territorialen Inseln oder in Parallelgesellschaften eigenen Geschäften nachgehen und eigene Ordnungen einführen oder aufrechterhalten zu können.

Mit dem Sturz Saddam Husseins wurde der Irak zum Exempel eines *failed state*. Das Konzept solcher Staaten wurde nach dem Ende des Kalten Krieges als eines der vordringlichsten Probleme der Weltordnung geprägt. In *failed states* herrschen zumindest in größeren Teilen des Landes Unsicherheit, Willkür und Korruption und mangelt es an der Durchsetzung des Gesetzes. Die Wirtschaft ist gemeinhin schwach und die Kluft zwischen Reichen und Armen groß, so daß sich ein auf kriminellen Aktivitäten (Drogenanbau und -handel, Waffen- und Menschenschmuggel, Prostitution, Geldwäsche, Glücksspiel, Erpressung, Raub etc.) basierendes System etabliert. Ihm müssen sich die Menschen anschließen oder sich zumindest mit ihm, wollen sie überleben, arrangieren. Widerstand ist überdies gefährlich, da diese Parallelgesellschaften ebenso untereinander konkurrieren wie gewöhnliche kapitalistische Märkte und sich so auch mit Waffengewalt schützen. Seit in den neunziger Jahren global gedacht wird, gehen Anhänger des Konzepts der *failed states* davon aus, daß diese die Weltordnung gefährden können, weil alles miteinander zusammenhängt. Danach kann, wie in der Chaostheorie, schon eine geringfügige Instabilität irgendwo auf der Welt große Folgen haben und schließlich viele andere Länder mit sich reißen. Man fühlt sich erinnert an die Dominotheorie des Kalten Krieges oder aber an Theorien über die Ausbreitung von Epidemien. Instabilität ist ansteckend.

Der Begriff *failed state* wird nicht nur analytisch-deskriptiv gebraucht, er wurde vielmehr im Kontext einer interventionistischen politischen Ideologie geprägt, die alles primär durch die Brille der Aufrechterhaltung von Sicherheit oder Stabilität sieht. Interventionen können von militärischen Eingriffen über stabilisierende Maßnahmen bis hin zur Entwicklungs- oder Katastrophenhilfe oder AIDS-Bekämpfung reichen oder alle Maßnahmen kombinieren, um das Ziel einer stabilen Ordnung zu erreichen, die alle andere politischen, wirtschaftlichen, gesellschaftlichen oder kulturellen Dimensionen dominiert. Daher ist der Begriff *failed state* eingetragen in eine Klassifikation, die von Sicherheit über Risiko bis hin zur manifesten Bedrohung reicht. Robert Rotberg, Direktor des „Program on Intrastate Conflict and Conflict Resolution" des „Belfer Center" an der Harvard University, unterscheidet vier Klassen von Staaten: starke, schwache, *failed* und zusammengebrochene Staaten („The Failure and Collapse of Nation-States: Breakdown, Prevention, and Repair", in: Robert I. Rotberg (Hg.): *Why States Fail: Causes and Consequences*, Princeton 2004). Starke Staaten kontrollieren ihre Territorien und bieten ihren Bürgern alle und qualitativ gute „politische Güter". Zugleich sind sie – deswegen? – wohlhabend, haben ein hohes Bruttoinlandsprodukt (BIP) pro Kopf, schneiden gut beim „Human Development Index" der UN-Entwicklungsbehörde UNDP ab, während die Korruption gering und der Umfang der Freiheiten groß ist. Staaten können aus vielen Gründen geographischer oder wirtschaftlicher Art als schwach klassifiziert sein, charakteristisch sei aber, daß innere Konflikte bestehen, auch wenn diese beispielsweise durch eine autoritäre Regierung wie in Weißrussland, Nordkorea oder Libyen unterdrückt werden, während die Zivilgesellschaft am Zerbrechen ist, die Korruption ansteigt, der Ausbildungs- und Gesundheitssektor sowie allgemein die Infrastruktur vernachlässigt werden und die Armut zunimmt.

Failed states sind Staaten, die am Rande des Zusammenbruchs stehen und nicht mehr „die vollen Aufgaben eines Nationalstaates" erfüllen können. Neben den geschwächten staatlichen Institutionen sind nichtstaatliche Akteure auch politisch relevant. Strafverfolgung und Rechtsprechung werden teilweise interessengeleitet ausgeübt. Die Infrastruktur zerfällt, das Gesundheits- und Ausbildungssystem liegt darnieder, die Armut nimmt mit dem Reichtum einer Elite zu, die Wirtschaftsleistung ist schwach, Korruption und Kriminalität steigen an, Sicherheit kann nicht mehr garantiert werden, die staatliche Kontrolle reicht oft nicht mehr über die Hauptstadt hinaus oder ist in der Peripherie nicht mehr präsent.

„Zusammengebrochene Staaten sind", so Rotberg („Nation-State Failure: A Recurring Phenomenon", in: *Mapping the Global Future*, CIA 2003), „seltene und extreme Spielarten eines *failed state*. Sie zeigen ein Autoritätsvakuum. Sie sind rein geographische Gebilde, Schwarze Löcher, in die gescheiterte Politik gestürzt ist. Hier gibt es eine dunkle Energie, aber die Kräfte der Entropie haben die Strahlung überwältigt, die zuvor dem lokalen Bürger einen Anschein von Ordnung und anderen lebenswichtigen politischen Gütern geboten hat. Politische Güter werden durch private oder gerade verfügbare Mittel erlangt. Sicherheit ist die Herrschaft der Stärkeren. Nichtstaatliche Akteure haben die Macht übernommen. Teile des kollabierten Staates existieren und funktionieren, wenn auch auf eine unerkannte und ungeregelte Art. Zusammengebrochene Staaten können nur wieder zu gescheiterten und dann vielleicht zu schwachen Staaten werden, wenn genügend Sicherheit wiederhergestellt wird, um die Institutionen wieder zu etablieren, und die Legitimität des wiederauferstandenen Staates gestärkt wurde." In dieser Schilderung läßt sich die US-Strategie in Afghanistan und vor allem im Irak erkennen. Sicherheit steht an erster Stelle auf dem Weg zur richtigen Ordnung, die alles gut macht, wenn ein starker Staat entsteht. Vor allem aber wird deutlich, daß Sicherheit unmittelbar mit der Rettung der staatlichen territorialen Integrität zusammenzuhängen zu scheint.

In „The Failed State Index", einer Veröffentlichung des *think tanks* „The Fund for Peace" und des „Carnegic Endowment for International Peace" in der Zeitschrift *Foreign Policy* (Juli/August 2005) wird das Problem der *failed states* noch weiter ausgefächert und vor allem herausgestellt, daß praktisch ein Drittel aller Menschen in solchen Staaten lebt, die an der

Kippe zum Zusammenbruch stehen. Es handelt sich nach dieser Indexierung vornehmlich um afrikanische Staaten, die zu den 20 Ländern gehören, die am stärksten gefährdet seien. Interessant ist, daß auch die beiden „befreiten" Staaten, in die die US-Regierung wegen deren Instabilität militärisch interveniert haben, auch vier beziehungsweise drei Jahre nach dem „Regimewechsel" noch ganz oben stehen: Elfenbeinküste, Kongo und Sudan stehen an erster Stelle, dann folgen der Irak, Somalia, Sierra Leone, Tschad, Jemen, Liberia, Haiti, Afghanistan, Ruanda, Nordkorea, Kolumbien.

Ein *failed state* zeichnet sich, so argumentiert man auch beim „Fund for Peace", in erster Linie dadurch aus, „daß seine Regierung die Kontrolle über ihr Territorium verliert oder nicht mehr das Gewaltmonopol besitzt". Der „Sicherheitsapparat fungiert als Staat im Staat". Dazu kämen eingeschränkte öffentliche Dienstleistungen und Probleme, weiterhin als Mitglied der internationalen Gemeinschaft in normale Beziehungen mit anderen Staaten zu treten. Weitere Indizien seien steigende Korruption und Kriminalität, Vertreibung von Menschen, hohe soziale Ungleichheit und wirtschaftlicher Niedergang, aber auch, wie im Fall von Afghanistan, Irak, Kongo, Elfenbeinküste oder Sierra Leone, eine Intervention von außen. Die meisten *failed states* haben noch oder weiterhin eine Art Zentralregierung, oder man versucht wie im Irak mit umfangreichen militärischen und finanziellen Mitteln, eine solche zu etablieren und politisch zu legitimieren. In solchen schwachen Staaten muß kein allgemeines Vakuum herrschen, aber die Zentralmacht ist zu schwach, um ihre Ordnung in größeren Bereichen und dauerhaft durchzusetzen. So können sich regionale Machtzentren ausbilden, die dann in aller Regel von nichtdemokratischen und oft miteinander um Einfluß konkurrierenden kriminellen Organisationen, Widerstandsgruppen oder anderen sozialen Verbänden ganz oder teilweise, manchmal auch nur zeitweise kontrolliert werden.

Solche Territorien finden sich in praktisch allen Staaten und hier vor allem in den Städten, also in Slumvierteln, Ghettos oder „Problemquartieren", die sich durch hohe Arbeitslosigkeit, Armut und schlechte Infrastruktur auszeichnen. Oft geraten diese Viertel mit ihren Parallelgesellschaften in noch funktionierenden Staaten aus dem Blick, die Menschen und ihre Probleme und Konflikte sind nicht präsent, sie tauchen, wie Ende 2005 während der Gewaltausbrüche in den französischen Banlieues, nur gelegentlich in Form von Unruhen auf, um dann wieder aus der Aufmerksamkeit zu rutschen. In Frankreichs Städten gibt es 700 Wohnviertel oder

Vorstädte mit insgesamt 4,5 Millionen Bewohnern, die als problematisch gelten und in denen die „urbane Gewalt" jederzeit aufflackern kann, wenn ein Ereignis eine bestimmte Schwelle überschreitet. Die Medien haben im Herbst 2005 mit ihrer Berichterstattung über die Unruhen, mit den täglichen Statistiken, wo wieviele Autos oder Gebäude in Brand gesetzt wurden, und mit der Publikation ästhetisch beeindruckender Bilder von den Bränden mit dazu beigetragen, diese durch „Ansteckung" zu verbreiten. Die Medien organisieren die kollektive Aufmerksamkeit, wodurch die ansonsten weitgehend isolierten Inseln der Ghettos zusammenrücken und dann um die ihnen ausnahmsweise gewährte mediale Aufmerksamkeit konkurrieren. Die unsicheren urbanen Zonen sind von der Konsumgesellschaft weitgehend ausgeschlossen, aber trotzdem in diese eingelagert. Das verstärkt die Spannung, die allerdings der Stadtkultur praktisch seit je her eigen war, nicht erst seit den „gespaltenen" Städten der Moderne. In Frankreich ist die Situation deswegen so brisant, weil man, besonders um Paris, ganz bewußt Satellitenstädte – „la banlieue" – geschaffen hat, um die Innenstädte durch Abschiebung problematischer Bevölkerungsschichten zu entlasten. Kritiker sprechen von einer „urbanen Strategie der Apartheid". Im Zentrum von Paris leben 2 Millionen Menschen, in aller Regel aus der Mittelklasse und höheren sozialen Schichten. 9 Millionen leben in den weit hinaus gestaffelten Gürteln um das Zentrum. Die „Problemviertel" sind oft mit öffentlichen Verkehrsmitteln schlecht an die Stadt angebunden und wie das 15 km von Paris entfernte Clichy-sous-Bois, von dem die Unruhen im Herbst 2005 ausgingen, von Autobahnen und Gleisanlagen eingeschlossen. Ein hoher Anteil der hier lebenden Jugendlichen ist arbeitslos und ohne Zukunft. Sie fühlen sich überflüssig und ausgeschlossen, deswegen hat die Aufrechterhaltung der staatlichen Ordnung an sich bei ihnen keinen Wert. Konfrontiert mit Kriminalität und Aussichtslosigkeit, suchen sie in Anpassung an die ihnen offenstehenden Gegebenheiten nach Leben und Einkommen. In solchen Vierteln überlebt man durch Bildung von Gruppen und Gangs, die Übergänge zu kriminellen oder extremistischen Gruppen sind fließend, der Abstand zum Staat in Form der ihn repräsentierenden Polizisten und Sondereinheiten, aber auch der Sozialarbeiter oder Lehrer ist mehr oder weniger groß. Wo allerdings Stadtviertel von Banden oder auch von fundamentalistischen islamischen Organisationen kontrolliert werden, hat es Ende 2005 praktisch keine Unruhen gegeben. Während die Jugendlichen mit ihrer Suche nach Aufmerksamkeit durch Gewalt und Zerstörung mit den Medien auch die staatliche Gewalt anzogen, hielt man sich in diesen Vierteln ruhig, um die Parallelgesellschaft zu schützen. Mit der Kontrolle durch organisierte Gruppen, die ihre Ordnung in diesen begrenzten Territorien durchsetzen, schreitet der Prozeß von sich fragmentierenden Städten und Gesellschaften zwar unauffälliger, aber desto stärker voran. Hier wird der Eingriff der staatlichen Macht so weit wie möglich abgebogen, aber in aller Regel duckt man sich in diesen semi-autonomen Zonen und konfrontiert man sich im Gegensatz zu politischen Widerstandsgruppen nicht direkt mit der Staatsmacht.

In *failed states* vermehren und vergrößern sich Zonen, die der Zentralmacht entgleiten und sich zunehmend selbst regieren, durchaus auch mit der Gewalt der Waffen. Solche Prozesse, die durch unterschiedliche Ursachen initiiert oder verstärkt werden, können sich langsam wie eine Erosion entfalten, aber auch wie eine Implosion oder Explosion ein Land fragmentieren, wie dies beispielsweise in Somalia trotz einer eher virtuellen Regierung seit Jahren der Fall ist. Afghanistan wurde von der US-Regierung vor dem Sturz der Taliban als *failed state* bezeichnet. Aus der von dieser bevorzugten Sicht der Sicherheit fand nicht nur weiter ein Bürgerkrieg zwischen den Taliban und der Nordallianz statt; der von den Taliban errichtete Gottesstaat war mit der strengen Einhaltung der Scharia nur der Wirt für die sich ausbreitende Terrorgruppe al-Qaida, die hier in einem schwachen Staat Unterschlupf fand und diesen dann in einen *rogue state* (Schurkenstaat) und schließlich in einen *failed state* verwandelte. Nach der „Nationalen Sicherheitsstrategie" sind die USA weniger durch angreifende Staaten bedroht als durch solche *failed states*, die die politische und wirtschaftliche Ordnung der Welt unterminieren und sich ausbreitende regionale Konflikte entfachen können. Zudem können sich hier auch international operierende Terrorgruppen niederlassen. Wenn auch im Sinne einer Kritik an primär militärischen „Lösungen" legte Francis Fukuyama in „Nation-building 101" (The Atlantic Monthly; Januar/Februar 2004) das Konzept der *failed states* seiner Analyse zugrunde: „Tatsache ist, daß die Hauptbedrohungen für uns und die Weltordnung heute von schwachen, zusammengebrochenen oder gescheiterten [failed] Staaten kommen. Schwache oder fehlende Regierungsinstitutionen in Entwicklungsländern stellen die Verbindung zwischen Terrorismus, Flüchtlingen, AIDS und globaler Armut her. Vor dem 11. September konnten die Vereinigten Staaten das Chaos in entlegenen Regionen wie Afghanistan ignorieren, aber die Verbindung von internationalem Terrorismus und Massenvernichtungswaffen heißt, daß einst periphere Gebiete nun zentrale Bedeutung erlangt haben." Aus diesem

Grund hat die Bush-Regierung ihr Konzept der präventiven Vorwärtsverteidigung entwickelt, nach dem sie in Afghanistan und in den Irak einmarschiert ist, ein Konzept, das weitgehend, zumindest als Strategie – „Deutschland wird auch am Hindukusch verteidigt", wie der ehemalige Verteidigungsminister Peter Struck sagte – auch in Sicherheitskonzepte anderer Staaten eingegangen ist.

Failed states, so faßte Sebastian Mallaby in seinem Artikel „The Reluctant Imperialist: Terrorism, Failed States, and the Case for American Empire" (Foreign Affairs, 2002) die vor dem Einmarsch in den Irak vorherrschende Haltung zusammen, verlangen einen „neuen Imperialismus", um die Welt sicherer zu machen und den wirtschaftlichen Fortschritt zu befördern. In eine Welt, die chaotisch zu werden drohe, müsse wieder Ordnung gebracht werden, mitunter auch durch militärische Intervention und die Implementierung von Institutionen, die Sicherheit gewährleisten. Und weil man es einzig der Supermacht USA zutraue, über die militärischen und finanziellen Ressourcen zu verfügen, um mit diesem „neuen Imperialismus" im weltgeschichtlichen Auftrag von politischer und wirtschaftlicher Freiheit eine stabile Weltordnung herstellen zu können, haben amerikanische NeoCons bis vor kurzem gerne vom „Zeitalter des amerikanischen Imperiums" gesprochen. Das neue Imperium würde nicht wie im alten kolonialistischen Imperialismus Länder besetzen und sich aneignen, sondern nur ein Regime stürzen und dann wieder eine staatliche Ordnung durch *nation building* herstellen, um bei Gelingen schließlich das Land in die Selbständigkeit zu entlassen. Max Boot hat dies in „The Case for American Empire" (Weekly Standard, 2001) so einfach wie schlagkräftig formuliert: „Wenn deine Nachbarn nicht dazu imstande zu sein scheinen, ihre politischen Aufgaben zu bewältigen, dann kann es in deinem besten Interesse sein, sie zu kolonisieren."

Wie die Beispiele Afghanistan und Irak zeigen, hat die bislang eingeschlagene imperialistische Strategie allerdings die Sicherheit nicht vermehrt. In Afghanistan wurde al-Qaida zwar die territoriale Basis entzogen, aber mit der weltweiten Ausbreitung des nur lose verbundenen Terrornetzwerkes und mit dem völkerrechtswidrigen Einmarsch in den Irak wuchs eine globale und schwer zu fassende Terrorszene heran. Afghanistan selbst ist mangels ausreichender Wiederaufbauhilfe weiterhin ein typischer *failed state*. Hier gibt es eine durch ausländische Truppen unterstützte Zentralmacht, die nicht einmal die Hauptstadt Kabul und die nächste Umgebung wirklich im Griff hat, während Taliban-Gruppen und Islamisten das Land unsicher machen und mit ihren Milizen große Teile des Landes und vor allem auch den Opiumanbau als Einkommensquelle kontrollieren. Bei den Parlamentswahlen im Dezember 2005 sind zahlreiche Taliban-Angehörige, Drogenbarone und Warlords, die Territorien mit Waffengewalt kontrollieren und schwere Menschenrechtsverletzungen begangen haben, Abgeordnete geworden. Die Menschenrechtsorganisation „Human Rights Watch" behauptet, daß bis zu 60 Prozent der Abgeordneten im Senat und im Repräsentantenhaus direkt oder indirekt in Menschenrechtsverletzungen der letzten Jahre verwickelt sind.

Die Wirklichkeit im Irak ist mindestens so kompliziert, vor allem auch deswegen, weil es hier keinen nationalen Widerstand gibt. In dem durch den Kolonialismus geschaffenen Staat wurden mehrere unterschiedliche Gruppen, die sich nach ihrem Glauben unterscheiden, zusammengepreßt. Schiiten, Kurden und Sunniten bilden die wichtigsten Fraktionen. Während der jahrzehntelangen Diktatur Saddam Husseins hatten die Sunniten die Vorherrschaft inne. Nach dem Sturz des Regimes kämpfen die unterschiedlichen Bevölkerungsgruppen, weiter unterteilt in Clans und Stämme sowie in Milizen von lokalen Gruppen und kriminellen Banden, um die politische Vorherrschaft und die Durchsetzung ihrer Interessen. Getragen wird der Konflikt auch von Rache aufgrund früher erlittenen Unrechts. Gleichzeitig versuchen andere Gruppen aus dem Ausland, den Konflikt mit den Besatzern für ihre internationalen Interessen zu instrumentalisieren. Wie Robert Fisk am 17. August 2005 in der britischen Zeitung *The Independent* schrieb („Secrets of the morgue: Baghdad's body count"), wurden im Juli 2005 1.100 tote irakische Zivilisten ins Leichenschauhaus in Bagdad eingeliefert (nicht alle Toten werden dorthin gebracht). Das sei die höchste Zahl von Toten, die vom Medizinischen Institut in Bagdad jemals aufgezeichnet wurde, sagte ihm ein Mitarbeiter des Leichenschauhauses. Grund für die hohe Zahl der Toten sei die anschwellende Gewalt. Die Menschen starben nicht nur infolge von terroristischen Bombenanschlägen, sie wurden erschossen, erstochen, erwürgt, zu Tode gefoltert. Die permanente Gewalt macht Bagdad eigentlich zu einem traditionellen Kriegsgebiet. Allein in 36 Stunden wurden im August 2005 62 getötete Menschen eingeliefert, einem Mitarbeiter des Leichenschauhauses zufolge ein „ruhiger Tag". Im Juli 2004 hatte man 800 Tote gezählt, 2003 waren es 700. 1997, 1998 und 1999 – zur Zeit der Herrschaft von Saddam Hussein – seien es jeweils unter 200 Tote gewesen. Fisk zufolge waren viele der Leichen so zugerichtet, daß zwischen 10 und 20 Prozent nicht identifiziert werden konnten. Das betraf vor allem die Opfer von Bombenanschlägen, aber es gibt auch

Fälle, in denen Leichen bewußt verstümmelt wurden. Von den 1.100 Toten im Juli waren 963 Männer und 137 Frauen, die Männer meist im Alter zwischen 15 und 44 Jahren. Westliche Medien, deren Mitarbeiter aufgrund der Gefährdung nicht wirklich vor Ort recherchieren können, sondern in aller Regel in der sicheren *green zone* festsitzen, berichten meist nur über die Opferzahlen der Terroranschläge. Die vielen Mord- und Folteropfer, die es in Bagdad und in anderen Städten gibt, bleiben im dunkeln. Oft werden diese Verbrechen auch gar nicht gemeldet. Fisk berichtete, daß Folter gang und gäbe sei. Das wurde später immer wieder bestätigt; Leichen wurden mit Folterspuren gefunden. Besuche von Gefängnissen und Berichte von Gefangenen ergaben ähnliches. Ein Mitarbeiter des Leichenschauhauses in Bagdad berichtete Fisk: „Wir haben viele Tote, die offensichtlich gefoltert wurden – meistens Männer. Sie haben schreckliche Brandspuren an den Händen und Füßen und an anderen Körperteilen. Vielen wurden ihre Hände mit Handschellen an ihrem Rücken gefesselt, und ihre Augen sind mit Klebeband verbunden. Dann wurden sie mit einem Kopfschuß getötet – in ihren Hinterkopf, in ihr Gesicht, in ihre Augen. Das sind Hinrichtungen." Risk machte für die große Zahl der Toten die verschiedenen Todesschwadronen verantwortlich, deren Aktivitäten den Irak in eine Anarchie gestürzt hätten. Der Journalist schätzte die Zahl der allein im Juli 2005 im ganzen Land getöteten irakischen Zivilisten auf 3.000 bis 4.000. Dazu gehören Iraker, die von den US-Soldaten etwa an Straßensperren erschossen wurden. Manche ermordete Frauen seien wahrscheinlich Opfer von Ehrenmorden. Daneben gebe es Kriege zwischen Banden, die ihre Opfer fordern – und in einer Situation, in der das Leben eines Menschen nicht viel wert ist, auch allgemein mehr Morde.

Der Irak war zumindest bis Anfang 2006 ein Musterfall für den von Sicherheitsstrategen befürchteten *failed state*. Es gibt Hochsicherheitszonen wie die *green zone* in Bagdad, aber auch Regionen, Städte, Stadtteile oder Straßen wie die berüchtigte Straße zwischen dem Flughafen und Bagdad, die lange Zeit weder von den Koalitionstruppen noch von den irakischen Sicherheitskräften kontrolliert werden konnte. Wer konnte, ließ sich vom Flugplatz nach Bagdad oder umgekehrt mit Hubschraubern bringen. Es gibt umkämpfte Zonen, in denen kurdische, schiitische oder sunnitische Gruppen die Oberhoheit zu gewinnen und die jeweils andere Bevölkerungsschicht zu vertreiben suchen. Nachdem durch die Wahlen Anfang 2005 die zuvor unterdrückte schiitische Bevölkerung, die die Mehrheit im Irak bildet, an die Macht gekommen ist und Polizei und

Militär weitgehend kontrolliert, die wiederum mit schiitischen Milizen kooperieren, hat sich ein typischer ethnischer Konflikt entwickelt, bei dem der „Staat" keine neutrale Instanz ist. Um die hundert Gruppen von Aufständischen hat es nach Berichten Ende 2005 im Irak gegeben. Sie hängen teilweise locker zusammen oder konkurrieren miteinander um Einfluß, Sympathisanten und Geld. Diese Konkurrenz zwingt dazu, durch Anschläge und Aktionen aufzufallen, was die für den Irak eigentümliche Dynamik und Intensität des Widerstands ausmacht und zu einer neuen Dimension von Konflikten führte, wie sie ansatzweise auch bei den unterschiedlichen palästinensischen Gruppen zu erkennen ist.

Das Land wurde bis Ende 2005, typisch für einen *failed state* am Rande des Zusammenbrechens, nicht von einer gesicherten zentralen Autorität kontrolliert, sondern glich eher einem Archipel von Regionen und Orten, die ganz, teil- oder zeitweise in der Hand von unterschiedlichen Gruppen waren oder in denen diese konkurrierten. Diese Gruppen operierten international, national, regional oder auch nur lokal auf Straßen- oder Blockebene und hatten vielfältige, wechselnde Beziehungen untereinander. Auch wenn in den westlichen Medien und aus dem westlichen Krieg gegen den Terrorismus die islamistischen Terroristen das Land mit ihren spektakulären Aktionen zu beherrschen schienen, gab es doch zahlreiche Gruppen von Aufständischen ohne ideologisches Fundament, die nur die Kontrolle über bestimmte Territorien oder Geschäftszweige zu erlangen oder zu bewahren suchten. Beispielsweise sorgten sie für Ruhe in bestimmten Regionen oder Stadtvierteln, boten Jobs und Einkommen, vielleicht auch nur in Kampfverbänden und Milizen oder für bestimmte Operationen und leisteten humanitäre Hilfe (Lebensmittel, medizinische Versorgung etc.), die weder von den Koalitionstruppen noch von staatlichen Behörden und anderen Organisationen aus Mangel an Ressourcen oder aufgrund des hohen Risikos geleistet werden konnte. Die Aufrechterhaltung der Unsicherheit gegenüber äußeren Kräften, die sich allenfalls unter militärischem Schutz in die Stadtviertel wagen konnten, ist für solche Gruppen überlebenswichtig. Koalitionstruppen, Polizei- und Militärverbände sind Elemente des Konflikts, auch wenn sie zahlenmäßig den Aufständischen weit überlegen sein mögen.

Die neue Dimension des asymmetrischen Konflikts, an dem viele, miteinander konkurrierende Gruppen um Einfluß kämpfen, wird von amerikanischen Militärstrategen auch mit dem urbanen Phänomen von Gangs verglichen. Man hat es also nicht nur mit Stadtkämpfen zu tun, sondern auch mit einem genuin urbanen Konflikt, zumindest mit einem solchen, der mit städtischen Strukturen verknüpft ist – mit der Aussicht, daß solche Konflikte in einer mehr und mehr urbanisierten Welt weiter zunehmen. Vor dem Hintergrund der Erfahrungen vor allem im Irak, aber auch aus vorangegangenen militärischen Konflikten (Panama City, Grosny, Mogadischu oder Sarajewo) schreibt Nicholas I. Haussler in „Third Generation Gangs Revisited: The Iraq Insurgency" (Naval Postgraduate School, September 2005): „Der gegenwärtige urbane Aufstand wird oft, besonders in den jüngsten Erfahrungen der USA, nach dem ‚3-Block'-Modell von Krulak beschrieben, nach dem Aufständische wahrscheinlich humanitäre Hilfe leisten, friedenserhaltende Operationen und ‚höchst tödliche Kämpfe der mittleren Intensität' in den engen Grenzen städtischer Häuserblöcke ausführen. Die daraus folgende Verlangsamung und Unentschiedenheit der militärischen Operationen, der Einsatz von asymmetrischer und Low-tech-Methodologie und hohe Verlustraten, die die gegenwärtigen Stadtkämpfe kennzeichnen, führen die Langwierigkeit und Zweideutigkeit der klassischen Aufstände des Industriezeitalters wieder ein, während sie die überlegenen Mittel der Strategie des Industriezeitalters zur Bekämpfung urbaner Aufstände hemmen. Zudem hat der Gang in die Städte die Dynamik der Mobilität der Aufständischen vor allem durch die räumliche Nähe, noch mehr aber als Folge des wachsenden Zugangs zur Informationstechnik erheblich verstärkt." Ganz deutlich ist auf allen Seiten des Konflikts im Irak zu beobachten, wie wichtig die Medien und deren Instrumentalisierung sowie vor allem das Internet geworden sind.

Die Geiselnahme als politische Waffe wurde im Irak erst seit Frühjahr 2004 eingesetzt und hat sich danach, besonders nach den ersten Ermordungen von Geiseln durch Enthauptung, als wirksames Mittel erwiesen, um mit den mitgelieferten Videos große Medienaufmerksamkeit zu erreichen und so in der Öffentlichkeit, aber auch in der Konkurrenz der politischen Gruppen, bekannt zu werden oder Macht zu demonstrieren. Das Internet erwies sich hier für die Entführer als geeignetes Mittel, selbst hergestellte Videos und andere Botschaften zu verbreiten, gerade wenn sie von den Massenmedien nicht gesendet wurden. Die Videos werden anonym in einschlägigen Foren gepostet. Selbst wenn sie dort schnell wieder entfernt werden, reicht das aus, um sie im Internet viral zu verbreiten. Oft berichten dann Massenmedien doch wieder mehr, weil sie befürchten, daß ihnen die Konkurrenz zuvorkommen könne. Schon zuvor hatte al-Qaida bemerkt, wie wichtig die Videos waren, auf denen Osama bin Laden oder andere Führer zu sehen waren. Wurden sie von

Fernsehanstalten gesendet oder im Internet verbreitet, so konnte man parallel zu den ebenso auf Medienresonanz inszenierten Anschlägen gezielt eine große Öffentlichkeit erreichen und beeinflussen. Schon Ende der neunziger Jahre hatten tschetschenische Rebellen ihre Anschläge gefilmt, sie auf Videos, CD-ROMs und im Internet verbreitet. Aber die Wirkung blieb relativ gering, weil es sich um einen lokalen Konflikt handelte. Nachdem die USA mit dem Einmarsch in den Irak auch den ersten Medienkrieg mit dem Konzept der „embedded" Journalisten inszenierten und das Land im Blick der ganzen Welt stand, hatten die irakischen Aufständischen auch die Bühne, um ebenso global zu senden. Besonders seit den brutalen Videos, die die Hinrichtung von Geiseln zeigen, hatte man einen effizienten Mechanismus entdeckt, die Weltöffentlichkeit zu erreichen. Zudem konnte man eben jene grausamen und blutigen Bilder von einem Konflikt zeigen, die von den Besatzern möglichst unterdrückt werden. Bilder von getöteten Zivilisten oder von Opfern von Anschlägen unterminieren das Ansehen derjenigen, die sich als legitime Macht verstanden wissen wollen, während die Aufständischen sie benutzen können, um ihre Macht und ihr brutales Vorgehen zu demonstrieren, aber auch, um als Gruppe bekannt zu werden.

Inzwischen werden größere Anschläge, manchmal auch die Aktionen von Scharfschützen der Rebellen regelmäßig gefilmt, um die „Erfolge" gegenüber den Auftraggebern, möglichen Geldgebern oder Sympathisanten und der Öffentlichkeit zu beglaubigen. Während früher nur Bekennerbriefe von Terroristen zirkulierten, bieten diese den Medien nun vorproduzierte Videos und Tonaufnahmen, die einfach übernommen werden können. Mit dem Internet gibt es die zuvor nicht vorhandene Möglichkeit, schnell und mit verhältnismäßig einfachen und billigen Mitteln eine globale Öffentlichkeit zu erreichen. „Die Informationsoperationen nehmen von beiden Seiten zu und intensivieren sich", sagt Daniel Kuehl, Professor an der „National Defense University" in Washington, der sich mit dem Infowar beschäftigt. „Beide Seiten beginnen zu verstehen, daß dieser Kampf sowohl auf kinetischen als auch auf informatorischen Ebenen geführt wird; letztere werden der entscheidende Operationsbereich sein. Die Aufständischen wenden sich an verschiedene Publikumsschichten. Dazu gehört die islamische Welt, aber auch die amerikanische Bevölkerung."

Während bei der Invasion 2003 die erwarteten Stadtkämpfe nicht stattgefunden haben, wurde der Irak daraufhin allmählich zu einer Region, die einen Vorschein auf das Schlachtfeld künftiger bewaffneter Konflikte bietet, die sich vorwiegend in Städten abspielen. In seltenen Fällen geraten ganze Städte vollständig in die Hände der Aufständischen, wie dies etwa zeitweise in Falludscha, Nadschaf, Tal Afar oder Samarra der Fall war. Normalerweise beherrschten unterschiedliche staatliche und nichtstaatliche Machtgruppen Gebiete, wenn sie gerade präsent sind. So übernahmen bewaffnete Gruppen immer wieder die Kontrolle auch vor laufenden Kameras, sobald die Patrouillen der staatlichen Sicherheitskräfte und/oder der Koalitionstruppen sich wieder entfernt hatten. Besonders mit den zwei Angriffen der US-Truppen auf die „Terroristenhochburg" Falludscha im Frühjahr und im November 2004 wurde deutlich, wie Stadtkämpfe in einem asymmetrischen Krieg zwischen einer hochgerüsteten Armee und schlecht bewaffneten Widerstandsgruppen zu einer Strategie der Stadtzerstörung führen können, wenn die Aufständischen militärisch besiegt oder vertrieben werden sollen. Mit Falludscha – aber auch mit anderen urbanen Kämpfen – rückte plötzlich die Tatsache ins Blickfeld, daß das schon ältere strategische Konzept der *failed states* einschließlich der daraus abgeleiteten Handlungsmaximen wie Regimesturz und *nation building* zu kurz oder ganz daneben greift. Nun hatte man es mit einer kaum zu übersehenden Vielzahl von *failed cities* zu tun.

Das US-Militär blieb seiner Strategie treu und versuchte zunächst, diese lokalen „Häfen" oder „Rückzugsorte" in einem *failed state* nach und nach zu erobern, weil die Truppen nicht zur notwendigen Kontrolle aller Städte ausreichten. Würde man in den Städten die herrschende Elite vertreiben, also die vom US-Militär unterstellte hierarchische Macht wie bei einem staatlichen Regimesturz „köpfen", dann hätte man das wesentliche Sicherheitsproblem gelöst. Aber diese Annahme, diese Übertragung von *failed states* auf *failed cities*, funktionierte nicht. Das könnte einen Blick auf die Zukunft der urbanisierten Welt werfen, die sich möglicherweise nach dem Vorbild des Irak wieder aus der Klammer der Nationalstaaten löst und in kleinere territoriale Einheiten zerfällt, die wesentlich weniger stabil sind als die großen Nationalstaaten. Allerdings sind in großen Teilen der Welt viele jetzt existierende Nationalstaaten eine Hinterlassenschaft des westlichen Imperialismus, Rußland eingeschlossen. Die darauf aufbauende Weltordnung konnte nur durch zahlreiche Kriege und Bürgerkriege bewahrt werden. Vielleicht sind die nun teilweise unter religiöser Ideologie geführten Befreiungskämpfe in den muslimischen Ländern erste Vorzeichen einer neuen politischen Ordnung, in denen wiederum kleinere Machteinheiten entstehen, auch oder gerade wenn parallel neue Staatenverbände wie die EU sich ausbilden oder die Islamisten einen globalen muslimischen Staat im Sinne der Ummah, der Weltgemeinschaft der Muslime, anstreben.

Nachdem der erste Angriff auf Falludscha im April 2004 – einer relativ kleinen Stadt mit damals 250.000 Einwohnern – gescheitert war, da irakische Truppen zu den Aufständischen übergelaufen waren und die US-Truppen einen Vernichtungsschlag nicht vor laufenden Kameras führen wollten, wählte das Pentagon beim zweiten Mal im November 2004 mit der „Operation Phantom Fury" eine andere Strategie. Die Stadt wurde umzingelt und eingeschlossen, Journalisten waren nicht zugelassen, alle Bewohner wurden aufgefordert, die Stadt zu verlassen. Wer zurückblieb, riskierte als Feind behandelt zu werden. Nachdem das US-Militär bereits während des Afghanistan-Krieges die Redaktion des arabischen Senders al-Dschasira in Kabul und während der Eroberung Bagdads das dort befindliche Büro des Senders bombardiert und auf ein von Journalisten bewohntes Hotel geschossen hatte, waren die Reporter gewarnt. Die Einnahme und die Zerstörung von Falludscha verlief, wie sich das Pentagon dies wünschte, weitgehend medienfrei und blieb damit den Augen der Weltöffentlichkeit entzogen.

Nach der hermetischen Abschließung begannen die Bombardierungen und der Artilleriebeschuß, bis die Truppen unter dem Schutz von Panzern einrückten und Straße für Straße, Haus für Haus durchsuchten und teilweise zerstörten. „In den nördlichen Stadtteilen ist kaum ein Haus ohne Einschußlöcher zu sehen", berichtete Reiner Luyken in *Die Zeit* vom 28. Juli 2005. „Manche Häuser sind völlig zerstört, viele kaum noch zu bewohnen. Im Süden der Stadt hat die Novemberschlacht eine flächendeckende Verwüstung angerichtet, die nur mit den Zerstörungen zu vergleichen ist, die der Tsunami einen Monat später im indonesischen Aceh verursachte. Trümmer über Trümmer. An manchen Stellen sind sie grob mit Bulldozern zusammengeschoben. Andernorts wurden nur die Straßen freigeräumt. Stromleitungen hängen lose von den Masten. Zerschossene Lastwagen, ein paar jämmerliche Flüchtlingszelte. Zwischen Mauerresten haben in den Trümmern hausende Menschen eine Wäscheleine aufgespannt."

Zurück blieb nach wochenlangen Kämpfen eine weitgehend zerstörte Stadt. Die Zahl der Opfer wurde nicht bekannt, da der Krieg gegen Falludscha in einem Medienloch stattgefunden hatte. Das Pentagon bezeichnete die Stadt ähnlich wie nach einer Ungezieferoperation als „rebellenfrei". Im Internet zirkulierten schreckliche Bilder von Toten, verstümmelt und zerfetzt, angefressen von Hunden, verbrannt. Ob es sich um Kämpfer handelte, war aus den Bildern nicht ersichtlich. Daß US-Soldaten schnell und präventiv schießen, um sich zu schützen, ist bekannt, auch durch die vielen Toten an den Kontrollpunkten. Das „Zentrum für Menschenrechte und Demokratie" in Falludscha geht von 4.000 bis 6.000 getöteten Irakern aus, wobei viele zumindest nicht aktive Kämpfer waren. Zehntausende von Häusern wurden zerstört, Moscheen, Schulen und Krankenhäuser beschädigt. Bis Ende 2005 war knapp die Hälfte der Bewohner in die Stadt zurückgekehrt. Sie stand unter strenger Kontrolle, in der Nacht herrschte Ausgehverbot. Die versprochene Entschädigung für die Zerstörung und Vertreibung wurde nur zu einem geringen Teil ausbezahlt und war niedriger als ursprünglich versprochen. Neben amerikanischen Truppen überwachten über 6.000 irakische Soldaten die Stadt. Sie ist fast ausschließlich von Sunniten bewohnt, die Soldaten waren vorwiegend Schiiten. Angeblich schikanierten und beuteten die Soldaten die Einwohner aus, wodurch zwischen diesen die Spannung stieg und eine Wiederkehr der Gewalt als nicht unwahrscheinlich galt. Nach dem Bericht „Terror reborn in Falluja ruins" (18. Dezember 2005) der *Sunday Times*-Reporterin Hala Jaber formierten sich bereits neue Gruppen und Zellen, die gegen die US-Soldaten und die irakischen Sicherheitskräfte vorgehen und sich vor allem rächen wollten. Nach ihren Informationen wurden ganz im Sinne der neuen erfolgreichen Strategie kleinere Zellen mit einer flachen Hierarchie und losen Verbindungen mit anderen Gruppen gebildet. Anstatt die Stadt offen mit Waffengewalt zu kontrollieren, versuchen die Gruppen nun, die staatlichen Institutionen zu infiltrieren und vor allem Angriffe nach dem Prinzip „Hit and Run" auszuführen.

Die Bewohner wurden auch ein Jahr nach der versuchten Auslöschung der Rebellen ständig kontrolliert, häufig gab es Hausdurchsuchungen. Wer in die Stadt wollte, wurde wie an einer Landesgrenze kontrolliert und erhielt einen biometrischen Ausweis. Als die ersten Bewohner Ende Dezember 2004 die zerstörte Stadt wieder betreten durften, glich diese einem Hochsicherheitsgefängnis. Nur fünf Zufahrtsstraßen waren geöffnet. Alle kampffähigen Männer wurden seitdem an den schwer gesicherten Kontrollstationen fotografiert. Man nahm ihnen Fingerabdrücke ab, ihre Iris wurde gescannt. Die Ausweise mußten klar sichtbar mitgeführt werden. „Jede verdächtige Bewegung kann zur Verhaftung führen", berichtete Reiner Luyken im Juli 2005. „Auf ihrer Rückseite tragen die Humvees Schilder mit der Aufschrift ‚Lebensgefahr, 300 Meter Abstand halten', die man aus 50 Meter Entfernung kaum entziffern kann. Wer sich

näher heranwagt, läuft Gefahr, erschossen zu werden. Dem Stadtkrankenhaus zufolge kommt das jede Woche ein- bis zweimal vor."
Falludscha, die von Aufständischen gesäuberte, mit neuen Mauern umgebene und von tausenden von Militärs gesicherte Stadt, ist eine zerstörte *failed city*, die sich nun im Prozeß des *city building* befindet. Nach den Berichten von Reportern, die sich in die Stadt wagten, kein Erfolg, die Sicherheitsstadt ist eine Stadt des Risikos, eine *failed city* geblieben. Militärisch läßt sich das nicht lösen. Daß weder die Koalitionstruppen noch die irakische Armee oder die Polizei die Städte kontrollieren können, zeigte die kurzzeitige Besetzung von Ramada nach der Irak-Rede von George W. Bush am 30. November 2005, in der er den „vollständigen Sieg" verkündete. Die Aufständischen beschossen die in ihrem Stützpunkt eingeschlossenen US-Soldaten und hielten mehrere Stunden zu Hunderten die Hauptstraßen der Stadt besetzt. Anschließend tauchten sie wieder unter.
Der in Falludscha betriebene totale urbane Vernichtungskrieg offenbarte zugleich seinen destruktiven Leerlauf. Viele der Aufständischen hatten schon vor oder während des Beginns des Angriffs die Stadt verlassen und nahmen dann kurzzeitig andere Städte symbolisch ein. Widerstandsbewegungen können sich zwar zeitweise in Städten verschanzen und diese unter ihre Kontrolle bringen, also tatsächlich so etwas wie einen Stadtstaat einrichten, aber sie können die Städte nicht wie konventionelle Armeen bis zur Kapitulation oder bis zum Sieg gegen eine überlegene militärische Macht verteidigen. Die Städte selbst haben keine Bedeutung mehr, sie werden schnell aufgegeben und durch andere ersetzt, in die sich die Rebellen einnisten. Wie der Krieg in Afghanistan und im Irak allen Beobachtern, auch den islamistischen Extremisten, deutlich vor Augen geführt hat, haben schlecht bewaffnete Gruppen oder Milizen gegenüber der hochgerüsteten US-Armee keine Chance, sobald sie einen Ort oder ein Territorium verteidigen wollen. Daher müssen sie in Bewegung bleiben, sich als räumlich verstreutes, wenig hierarchisches, nur lose verknüpftes Netzwerk von mobilen Gruppen organisieren und schnelle Angriffe sowie temporäre territoriale Kontrolle ausüben, sofern sie nicht ohne direkte Konfrontation mit der überlegenen Macht und ohne deren Herrschaftsanspruch direkt in Frage zu stellen, territoriale Macht durch Unterwanderung, Korruption, Erpressung und gezielte Gewaltanwendung erlangen.
Ein weiteres erhellendes Beispiel für die Strategien zur Bekämpfung städtischer Aufstände findet sich in Samarra. Die Stadt mit einer Bevölkerung

von 200.000 Menschen war seit 2003 umkämpft und wurde mehrmals eingenommen. Die Aufständischen verschwanden, sobald große Truppenverbände einrückten, und tauchten immer wieder auf, wenn diese die Stadt verlassen hatten. Im Sommer 2005 griffen die US-Truppen zu der Strategie, die Stadt völlig abzusperren. Mit Bulldozern wurde ein drei Meter hoher und 10 Kilometer langer Wall um die Stadt gebaut, um in sie eindringende oder aus ihr kommende Rebellen besser abfangen zu können. Wer den Wall unbefugt überquerte, wurde mit dem Tod bedroht. Offen blieben lediglich drei Zugänge in die Stadt, die mit schwer gesicherten Kontrollen bewacht wurden. Man streute zunächst das Gerücht, daß, wie in Falludscha, ein massiver Angriff bevorstehe. Viele flohen aus der Stadt, zeitweise lebten nur noch 70.000 Einwohner in ihr. US-Soldaten bezogen Stellungen in der Stadt. Durch diese drakonischen Maßnahmen nahmen die Angriffe und Anschläge von Aufständischen ab, aber auf Dauer kann man eine Stadt nicht mit einer Mauer, die rundum bewacht werden muß, einschließen. Und ob damit der Widerstand langfristig gebrochen wird, ist ungewiß. In der eingeschlossenen Stadt wurden immer wieder Polizisten getötet, von den eingestellten Polizisten tauchte nur ein Bruchteil zum Dienst auf. Von außen werden die Stützpunkte der US-Soldaten gelegentlich auch mit Granaten angegriffen. An der Stadtmauer bildeten sich lange Auto- und Lastwagenschlangen. Wirtschaftlich war Samarra, zuvor ein florierender Marktplatz, weitgehend am Ende. Neben dem von Aufständischen zerstörten Hauptquartier der Polizei wurde ein neuer, stark befestigter Stützpunkt, eine *green zone* wie in Bagdad eingerichtet.

Auch im Pentagon sah man wohl ein, daß solche Vernichtungs- und Gefängnisstrategien für „wilde" Städte wie Falludscha oder Samarra auf Dauer keine Lösung sein können. Anstatt Städte zu besetzen, setzte man ab Sommer 2005 vermehrt auf Angriffe aus der Luft. Diese Wiederaufnahme des Luftkriegs blieb der Weltöffentlichkeit verborgen, nur gelegentlich wurden Bombardierungen zum Thema, wenn hoher „Kollateralschaden" entstand, Zeugen protestierten oder zufällig Journalisten in der Nähe waren. Bis zum August 2005 wurden im Monat 25 Luftangriffe ausgeführt, danach stiegen sie um mehr als Doppelte an. Im November wurden 120 Einsätze geflogen, im Dezember bis zu 150. Aber man suchte auch auf andere Weise neue Strategien zu entwickeln. Am 30. November 2005, just an dem Tag, als Bush seine „Strategie für den Sieg im Irak" vorstellte, hatte die US-Entwicklungshilfebehörde USAID, die auch aufgrund der Gefährdungslage und der Korruption für den bis dahin bestenfalls schleppend vorangekommenen Wiederaufbau des Irak verantwortlich ist, eine Ausschreibung veröffentlicht. Es handelte sich um eine Art Hilferuf. Über eine Milliarde Dollar sollten im Rahmen der „Strategic City Stabilization Initiative" (SCSI) über zwei Jahre investiert werden, um Konzepte und Realisierungen für ein „soziales und wirtschaftliches Stabilisierungsprogramm" für zehn Städte zu vergeben, die „von der US-Regierung als entscheidend betrachtet werden, den Widerstand im Irak zu besiegen". Als strategische Städte, die sich durch hohe Widerstandsaktivitäten und hohe Arbeitslosigkeit auszeichnen, gelten Bagdad, Basra, Mosul, Falludscha, Ramadi, Samarra, Bakuba, Babil, Kirku und Nadschaf. Hier leben über 12 Millionen Menschen und damit die Hälfte der irakischen Bevölkerung. Zusätzlich konnte die USAID weitere 300 Millionen US-Dollar für diesen Zweck vergeben. Zwei Tage zuvor war vom Pentagon die Direktive „Military Support for Stability, Security, Transition, and Reconstruction (SSTR) Operations" herausgegeben worden, die „Stabilitätsoperationen" im Irak entwickeln und umsetzen soll. Darunter versteht das Pentagon „militärische und zivile Aktivitäten, die von Frieden bis zum Konflikt reichen, um eine Ordnung in Staaten oder Regionen herzustellen oder zu bewahren". Dem Pentagon zufolge sollen derartige Stabilitätsoperationen nun Vorrang vor militärischen Einsätzen haben. Zudem sollen solche *city building*-Programme, was man 2001 noch weit von sich gewesen hätte, überall integriert werden, in jede Doktrin, bei allen Pentagon-Organisationen, in Übungen und bei der Planung. Der Zweck sei, eine Ordnung einzurichten, die die Durchsetzung von „US-Interessen und -Werten" erleichtert. Primäres Ziel ist, dies so schnell wie möglich heimischen Kräften anzuvertrauen, die die Arbeit vor Ort leisten sollen. Aber es sollen auch andere Kräfte von Einzelpersonen über Unternehmen bis hin zu amerikanischen, regionalen oder internationalen NGOs eingebunden werden. Damit deutet sich eine Umorientierung der Politik im Weißen Haus an. Beispielsweise wurde 2003 das 1993 eröffnete „Institute for Peacekeeping" der US-Army geschlossen. Damit wollte sich nicht nur das Pentagon oder US-Verteidigungsminister Rumsfeld, sondern auch die gesamte Bush-Regierung von der Clinton-Zeit und den hier stärker verfolgten „friedenssichernden Maßnahmen" und „humanitären Interventionen" absetzen. Im Wahlkampf hatte damals Bush noch seine Haltung gegen seinen Konkurrenten Al Gore so verdeutlicht: „Er glaubt an Nation Building. Ich denke, die Rolle des Militärs besteht im Kämpfen und im Gewinnen von Kriegen und daher primär darin zu verhindern, daß Kriege überhaupt entstehen." So gesehen ist die Pentagon-Direktive ein Scheitern desjenigen politischen Ansatzes der Bush-Regierung, der auch dem Krieg gegen den globalen Terrorismus zugrunde lag.

In *failed states*, in die, wie exemplarisch im Irak, auch *failed cities* eingelagert sind, stehen in asymmetrischen Konflikten zwar im Ausland die politisch agierenden Gruppen im Vordergrund der Aufmerksamkeit, die auch die mediengerechten Geiselnahmen und Selbstmordanschläge inszenieren; der Alltag aber wird, wie man vielen Berichten entnehmen kann, von einer alle Parteien übergreifenden Unsicherheit beherrscht, die von den regulären Sicherheitskräften, den politisch motivierten Kämpfern, von Milizen und vor allem von Kriminellen und Gangs ausgeht. Im Irak war der Widerstand von Anfang an nicht nur politisch oder religiös motiviert. Offenbar wurde und wird er mit Geld finanziert, das von alten Regimemitgliedern stammt, aber auch aus anderen Quellen und krimineller Aktivität kommt. Die Bezahlung läßt manche der von Armut und Arbeitslosigkeit bedrohten Menschen zu Helfern werden, denen bei Erfolg auch eine Karriere von freien Mitarbeitern bis zu einer festen Anstellung als Leiter einer Einheit winkt. Andere gehen aus denselben Motiven zu den Sicherheitskräften des Irak oder schließen sich den Milizen an, die wiederum in den von ihnen kontrollierten Gebieten für Sicherheit und damit für Einnahmen sorgen.

Schon kurz nach dem Sturz des Saddam-Hussein-Regimes breitete sich schnell organisierte Kriminalität im Irak aus. Die Entführung von Menschen und Lösegeldforderungen etablierten sich schon bald als eine kriminelle Praxis, die aber zunächst nur Iraker betraf, bevor auch Ausländer ins Visier gerieten und Aufständische diese publikationsträchtige Aktionsform für sich entdeckten. Bedroht durch Entführungen, die von kriminellen Banden durchgeführt werden, sind vor allem Angehörige, insbesondere Kinder, der Mittel- und Oberschicht. Sie werden nicht nur entführt (und dabei fallweise ermordet), sondern sind auch sonst bedroht. Es sind weit mehr Iraker Verbrechern zum Opfer gefallen, als bei Anschlägen gestorben sind. Auch Akademiker und sonstige Fachleute wurden zu Zielen von Mordanschlägen. Aufgrund der Medienberichterstattung entstand im Westen oft ein irrtümliches Bild von der Lage im Irak und von den Aufständischen. Die herrschende Unsicherheit wurde von kriminellen Banden geschaffen und ausgenützt, sie führte aber auch dazu, daß paramilitärische Organisationen, beispielsweise die Sadr-Milizen, für viele deswegen das kleinere Übel sind, weil sie Schutz und auch Arbeit bieten. Die Gruppen, die durch Entführungen hervortraten, waren nur ein Teil des außerstaatlichen Machtgefüges und nutzten die Dienste von Kriminellen, die ihnen etwa ausländische Geiseln oder Waffen gegen Geld lieferten. Auch Teile des irakischen Sicherheitsapparates waren, um ihr Gehalt aufzubessern, in das Geschäft verwickelt gewesen. Die Geiseln wurden von lokalen Gruppen oft schlicht weiter an den Höchstbietenden verkauft. Und Aufständische oder Islamisten wie die al-Qaida-Gruppe um Sarkawi oder andere hatten vermutlich das nötige Geld. Manche Gruppen stritten ab, selbst Lösegelder zu nehmen. Es kamen aber immer wieder auch ausländische Geiseln frei, ohne daß die gestellten Bedingungen erfüllt wurden. Hier wurden, wie im Fall der deutschen Archäologin Susanne Osthoff, stillschweigend hohe Summen an Lösegeld gezahlt. Insgesamt sind, so meinen Experten, seit Ende 2003 bis Anfang 2005 5.000 Menschen entführt worden.

Die neuen Mauern: *gated cities, gated nations*

Die *green zone* in Bagdad ist Modell für eine urbane Zukunft in Ländern, die nicht notwendigerweise zu *failed states* werden müssen, aber „wilde" Zonen oder schwarze Löcher der staatlichen Macht aufweisen. Sie sind mehr und mehr in größeren Städten und in den neuen unübersichtlichen Dschungeln der weiterhin expandierenden Metropolen der Dritten Welt zu finden. Mit einer Einwohnerzahl von 10, 20 oder mehr Millionen, mit zusammenhängenden urbanen Regionen, die aus mehreren Städten oder Metropolen bestehen, können solche urbanen Zonen selbst ein Land in einem Staat bilden, auch wenn es politisch nicht selbständig ist. Die auch „international zone" genannte *green zone* befindet sich im Zentrum von Bagdad. Es ist eine Stadt in der Stadt. Sie gilt als „Ultimate Gated Community" oder als städtische Hochsicherheitszone.

Hinter gestaffelten Kontrollposten, Betonsperren, Mauern und Barrikaden aus Stacheldraht sowie elektronischen Überwachungsanlagen und geschützt durch Panzer, Hubschrauber und Raketenabwehrstellungen sind hier die wichtigen Einrichtungen der staatlichen Macht vor der Außenwelt geschützt. Für den Schutz sorgen nicht nur Militärs, sondern auch zahlreiche private Sicherheitsdienste. Auf dieser Hochsicherheitsinsel am Tigris inmitten der Stadt wohnen und arbeiten wichtige Mitglieder der irakischen Regierung und Verwaltung sowie amerikanische Truppen, Angehörige von Botschaften und ausländischen Unternehmen. Hier befinden sich die Paläste und Villen des ehemaligen Diktators und seiner Gefolgschaft, Gebäude ehemaliger Ministerien und andere Häuser, aber auch ein großer Park und diverse Monumente. Mittlerweile hat sich diese Stadt in der Stadt weiter von außen unabhängig gemacht. Es gibt einen Taxidienst für die Zone, Freizeiteinrichtungen, Geschäfte und Märkte haben sich etabliert. Die *green zone* ist zwar die wohl am besten geschützte Festung, aber es gibt zahlreiche andere *gated communities*, die sich durch Sperranlagen, Mauern und Sicherheitsdienste vor möglichen Angreifern und vor allem vor motorisierten Selbstmordattentätern schützen. Eigentümer von Häusern und Wohnanlagen, die zu Festungen ausgebaut sind und von bewaffneten Sicherheitsdiensten geschützt werden, machen in Bagdad bessere Geschäfte, weil sie mehr verlangen können.

Was in Bagdad und anderen irakischen Städten derzeit nur am deutlichsten zu sehen ist, ist ein weltweites Phänomen. Wo sich die wohlhabenden Schichten nicht wie in den Städten der Entwicklungsländer oder in Staaten, in denen eine tiefe Kluft zwischen Armen und Reichen herrscht, in *gated communities* zurückziehen und nur in den sicheren und von beunruhigenden Elementen gesäuberten Teilen der Städte bewegen, etabliert sich die Sicherheitsarchitektur neben der weltweit zu beobachtenden Tendenz zu homogenen und geschützten Wohnanlagen nach dem 11. September als Schutz vor Terroranschlägen in allen Teilen der Welt. Auch wenn nun mehr und mehr Länder oder Staatengemeinschaften wie die EU an ihren Grenzen Mauern, Zäune und andere mit Hightech ausgestattete Sicherheitsanlagen über Dutzende, Hunderte und Tausende von Kilometern aufbauen oder dies beabsichtigen, um sich vor dem Ansturm von Migranten zu schützen, aber auch um Terroristen oder Kriminellen die Grenzüberquerung zu erschweren, werden die maßgeblichen Mauern in Zukunft doch in den Städten entstehen. Die elektronischen und baulichen Abwehranlagen um die Länder bieten jedoch einen Vorschein; zudem fördern sie den Markt für Sicherheitstechnologien, die dann auch in kleineren Dimensionen angewendet werden können.

Stadtmauern sind in ihrer früheren Funktion schon lange nicht mehr notwendig. Vor militärischen Angriffen können sie nicht mehr schützen. Allerdings waren sie auch stets Mittel, um Ein- und Ausgänge zu kontrollieren. Mittlerweile beginnen die Grenzmauern in vielen Regionen der Welt wieder wichtig zu werden, um die globalen Bewegungsströme der Menschen zu kontrollieren und Territorien möglichst dicht abzuschotten. Auch Europa macht im Rahmen des Schengen-Abkommens die Grenzen nach außen dicht. Zäune und Sensoren wie Kameras, Bewegungs- und

Wärmemelder oder Systeme wie SIVE zur Überwachung der Küsten sollen für eine lückenlose Kontrolle sorgen. Mit den spanischen Enklaven Ceuta und Melilla sind 2005 zwei Städte in die Aufmerksamkeit gerückt, die mit Zäunen geschützt sind, um Migranten vom Übergang über die Grenze und vom Zugang zum spanischen Territorium abzuhalten. Aber die bislang gebauten Absperrungen haben nicht ausgereicht, um die Menschen vor den Städten auszusperren.

Bislang zirkulierten vor allem die Bilder von Migranten an den europäischen Grenzen, die massenhaft auf überladenen Booten, versteckt in Fahrzeugen oder heimlich zu Fuß über die Grenze in die Festung Europa gebracht werden. Seitdem die reichen Staaten versuchen, sich vor dem Zustrom von Menschen zu schützen, die entweder vor regionalen Konflikten fliehen, der Armut entrinnen oder schlicht am „Paradies" teilhaben wollen, das ihnen über die Medien, durch die Touristen und die Warenströme immer wieder vor Augen gehalten wird, ist Menschenschmuggel zu einer wichtigen Einkommensquelle des organisierten Verbrechens geworden.

Die großen Vorbilder für territoriale Grenzbefestigungen sind die alte Chinesische Mauer, mit denen sich das Land vor den räuberischen Nomaden aus den Steppen schützte, aber auch der „Eiserne Vorhang" zwischen West und Ost, der neben der Abwehr von unerwünschten Eindringlingen vor allem dazu diente, die eigene Bevölkerung wie in einem Gefängnis zu halten. Im Kalten Krieg war der Einsatz von Schußwaffen gang und gäbe, vom Westen aus gesehen ein verbrecherischer Akt von Unrechtssystemen. Nach dem Ende des Kalten Krieges schien mit dem Fall der Mauer, der Ausbreitung des Satellitenfernsehens und des Internet sowie mit der Demokratisierung und der Einführung der Marktgesellschaft das Ende der Grenzen eingeleitet zu sein. Der Raum und dessen Besetzung schien mit den globalen Daten-, Kommunikations-, Handels-, Finanz-, Waren- und Menschenströmen nicht mehr wichtig zu sein, bis schließlich die Kriege im ehemaligen Jugoslawien und in Ruanda sowie die Terroranschläge von al-Qaida auf die amerikanischen Botschaften in Afrika den Krieg, die Migration und die Geopolitik wieder zurückkehren ließen.

Allerdings war schon lange – und ganz unabhängig von den Folgen des 11. September – bekannt, daß die alternden und schrumpfenden Wohlstandsinseln mit wachsender Zuwanderung rechnen müssen (diese allerdings zur Sicherung ihrer sozialen Systeme und des Wirtschaftswachstums zumindest teilweise benötigen). Schon lange profitieren daher konservative und rechte Kreise von der Angst derjenigen in den Wohlstandsinseln, die sich bereits chancenlos sehen oder um ihre Zukunft fürchten, und wird das Bild von Festungen beschworen, die gestürmt werden. Genau das ist Anfang Oktober 2005 in den spanischen Enklaven in Marokko, Überbleibseln des Kolonialismus, geschehen. Noch waren es organisierte, aber mit primitiven Mitteln ausgeführte Massenangriffe von Hunderten von Menschen, die mit selbstgebauten primitiven Leitern versuchten, die drei bis sechs Meter hohen, stacheldrahtbewehrten Zäune zu überwinden. Die Szenen mit den im Dunklen heranstürmenden Menschen, die ihre Leitern am Zaun aufrichteten, riefen Erinnerungen an das Mittelalter und den Sturm auf Stadtmauern wach. Allerdings besteht die moderne Mauer aus zwei Zäunen im Abstand von einigen Metern und ist hell erleuchtet. Die Wächter haben Nachtsichtgeräte, patrouillieren zwischen den Zäunen und kontrollieren auf Wachtürmen, es gibt Überwachungskameras, Richtmikrofone und Bewegungsmelder. Gegen einzelne Menschen, die diese Hightech-Grenze zu überwinden versuchen, helfen die Vorkehrungen, weswegen die Flüchtlinge bislang auf das Meer ausgewichen sind. Doch seitdem auch hier mit modernsten Mitteln besser kontrolliert werden kann und überdies viele starben oder festgenommen wurden, kam es zu diesen ersten Massenanstürmen, bei denen bereits einige Menschen erschossen wurden.

Spanien hat die Grenze daraufhin weiter befestigt. Stacheldrahtrollen mit einer Breite von drei und einer Höhe von zwei Metern zwischen den beiden hohen Stacheldrahtzäunen sollen das Durchkommen erschweren. Wer über den ersten Zaun gelangt, riskiert, in die messerscharfen Stacheldrahtbefestigungen zu fallen und sich dabei schwer zu verletzen. Überdies ist an den Bau eines dritten parallelen Zauns gedacht. Ohne den Einsatz von Schußwaffen dürften aber auch hohe Zäune, die verstärkte Präsenz von Militär und der Einsatz von noch mehr Überwachungstechnik langfristig wenig ausrichten. Die EU versucht daher, die nordafrikanischen Staaten mit politischem Druck und Geldern dazu zu bringen, den Migrantenstrom schon vor der Grenze zu unterbinden. In Marokko wurden bereits die ersten Lager eingerichtet, in denen Migranten „aufgefangen" oder in die sie abgeschoben werden können.

All das dürfte langfristig wenig helfen. Schließlich wird mit den ausgebauten Grenzbefestigungen auch die Schleuser- und Menschenschmuggelkriminalität gefördert, die sich flexibel neuen Bedingungen anpassen wird, wenn der Profit hoch genug ist. Vermutlich waren die ersten Wellen eines Massenansturms im Jahr 2005 nur die Vorboten für künftige Auseinandersetzungen an den Land- und Seegrenzen. Wenn sich nicht

Grundsätzliches an den Lebensbedingungen vor allem der Menschen in Afrika ändert und die europäischen Staaten ihre Festungspolitik gegenüber Zuwanderern nicht überdenken, beides ist zumindest mittelfristig unwahrscheinlich, wird die Abwehr der Migrantenströme durch den Ausbau der Mauern und deren Sicherung immer teurer werden müssen, um effizient zu bleiben. Müssen wir also damit rechnen, daß Europa bald weniger im Hindukusch, sondern eher an den eigenen Grenzen militärisch verteidigt werden muß? Daß es hier zum routinierten Einsatz von Schußwaffen kommen wird, wie dies einst an der gefallenen Mauer zwischen Ost und West der Fall war?

Nach einem Ende 2005 veröffentlichten UN-Bericht über globale Migration gibt es gegenwärtig mindestens 200 Millionen internationale Migranten, doppelt so viele wie noch 1980. Die zunehmende Migration ist Folge und Ausdruck der Globalisierung, durch die sich die Unterschiede zwischen armen und reichen Ländern verstärkt haben. Auch wenn in den meisten reichen Ländern die Abwehr von illegaler Immigration politisch opportun auf der Agenda steht, wären viele Volkwirtschaften ohne die Einwanderer, die keineswegs nur einfache und schwere Arbeit ausführen, kaum mehr funktionsfähig. Außerdem wird durch die Illegalität auch die Tendenz gefördert, daß Migranten in eine Grauzone rutschen, in Ghettos untertauchen und in die Schattenwirtschaft und die Kriminalität abgleiten. Auf der anderen Seite gehört auch der „brain drain", bei dem gut ausgebildete Menschen in andere Länder abwandern, zum Phänomen der globalen Migration.

Migranten starten von jedem Land der Erde aus und kommen in jedes Land, daher wird die traditionelle Unterscheidung zwischen Herkunfts-, Transit- und Zielländern zunehmend untauglich. Zwar leben 60 Prozent der erfaßten Migranten in den reichen Ländern, aber die Migrationsströme zwischen den Entwicklungsländern sind auch erheblich. In der EU, so wird geschätzt, sind 10 bis 15 Prozent der insgesamt 56 Millionen Immigranten illegal. Jedes Jahr soll etwa eine halbe Million illegale Einwanderer hinzukommen. Ebenso viele wandern trotz der besser geschützten Grenze über Mexiko illegal in die USA ein. Die Migration wird verursacht durch Konflikte, Armut, Repression und fehlende Aussichten, und sie wird begünstigt durch die globalen Kommunikations- und Transportnetze. Dazu kommt die bereits bestehende Diaspora von Immigranten, die eine weitere Zuwanderung in jeder Hinsicht erleichtert. Legale und illegale Einwanderer überweisen, wie die Weltbank schätzt, jährlich etwa 240 Milliarden US-Dollar in ihre Herkunftsländer. Ohne diese Hilfe würden viele Entwicklungsländer zusammenbrechen. Die enorme Summe zeige auch, so die UNO, welchen Beitrag die Immigranten für die Wirtschaft der Länder leisten, in die sie eingewandert sind. Wie fast überall, wo derzeit Mauern gebaut werden, schützen diese nicht nur vor Terrorangriffen, sondern sie trennen auch arme und reiche Länder wie Jemen und Saudi-Arabien. Das trifft zwar nicht ganz auf die Grenze zwischen Pakistan und Indien zu, wohl aber auf die israelische Mauer, die Grenze zwischen Süd- und Nordkorea, die US-amerikanische Grenze mit Mexiko oder die Sicherheitsmaßnahmen der „Festung Europa". Auch Simbabwe baut einen vier Meter hohen elektrischen Zaun an der 500 Kilometer langen Grenze zu Botswana. Zwischen Südafrika, Simbabwe und Botswana gibt es einen Zaun, der aber möglicherweise abgebaut und durch stärkere Grenzkontrollen ersetzt wird. Indien hat bereits einen Zaun an der Grenze zu Pakistan durch Kaschmir in einer Länge von 500 Kilometern fertiggestellt. Schon in den achtziger Jahren wurden Grenzzäune in Punjab an der Grenze zu Pakistan gebaut, mit der Errichtung des Zauns in Kaschmir wurde in den neunziger Jahren begonnen, 2001 hat man den Bau beschleunigt, auch wenn Indien und Pakistan sich seitdem ein wenig näher gekommen sind. Die Zaunarchitektur folgt einer internationalen Praxis: In der Mitte von zwei, mit Stacheldraht, manchmal auch zusätzlich mit Strom gesicherten, parallel verlaufenden Zäunen befindet sich eine Stacheldrahtrolle. Wer es über den ersten Zaun schafft, stürzt auf die messerscharfen Zähne und muß über diese klettern, um den nächsten Zaun zu überwinden. Im Zwischenraum können sich auch Minen befinden. Neben dem materiellen Hindernis wird die Mauer mit Bewegungssensoren und Infrarotkameras überwacht. Geplant ist, die gesamte, 2900 km lange Grenze zu Bangladesh abzuriegeln. Indien will mit diesem Zaun, ebenso wie mit dem in Kaschmir, verhindern, daß islamistische Terroristen von dem überwiegend von Muslimen bewohnten Bangladesch ins Land kommen, zudem sollen Drogen-, Waffen- und Menschenschmuggel und illegale Einwanderung unterbunden werden. Der Nordwesten des Landes an den Grenzen zu Myanmar und Bangladesch gilt als Umschlagplatz für Waffen, über den sich auch Rebellenbewegungen in Südostasien versorgen. Indien behauptet, daß es in Bangladesch zahlreiche Lager zur Ausbildung von Terroristen gebe, und daß der pakistanische Geheimdienst ISI von Bangladesch aus muslimische Rebellen in Indien unterstütze. In Abschnitten ist die Grenze in Assam, Meghalaya und Tripura bereits mit einem neuen Zaun versehen, doch zwei Drittel der Gesamtlänge sind noch nicht abgesperrt.

Auch der neue Zaun, der einen zuvor angelegten, leicht überwindbaren Zaun teilweise ersetzt, folgt wiederum der internationalen Norm, nach der auch die Zäune von der EU, beispielsweise um die spanischen Enklaven Melilla und Ceuta, oder von den USA an der Grenze zu Mexiko konstruiert werden. In Israel wird der Großteil der 720 km langen, 50 Meter breiten Sicherheitsanlage aus einem 3 Meter hohen Metallzaun in der Mitte bestehen, der mit Stacheldraht gesichert und mit Kameras und anderen Sensoren überwacht wird. Auf der einen Seite des Zauns verläuft ein Streifen mit Sand, um schnell Spuren zu entdecken, und eine Fahrspur für die Grenzpatrouillen, auf der anderen Seite ein Graben. Danach kommen meist jeweils wieder zwei parallel verlaufende Stacheldrahtzäune. Indien hat sich bereits an den in Israel entwickelten Grenztechnologien interessiert gezeigt. Das Land ist nicht nur für den Stadtkrieg und die Antiterrorkampf, sondern auch für Sicherheitsarchitekturen im Raum zu einem Pionier geworden, vor allem nach dem Beginn des Baus des „Schutzzauns", der aber mitunter auch eine wirkliche Mauer von bis zu acht Metern Höhe ist, um nicht nur das Überqueren zu verhindern, sondern es auch unmöglich zu machen, daß gezielt geschossen werden kann. Aber auch schon vor dem Mauerbau wurden Siedlungen in den besetzten Gebieten wie Festungen angelegt. Für die Grenze zum Gaza-Streifen wurde in Israel von einem think tank im Auftrag des Militärs ein Konzept entwickelt, das in die Zukunft weist und als Exportartikel für den steigenden Bedarf an überwachten Grenzen dienen kann und soll.
Das Militär will den bestehenden Sicherheitszaun zunächst mit weiteren Sensoren ausstatten, die unter allen Wetter- und Lichtbedingungen funktionieren, um potentielle Eindringlinge ausmachen zu können. Zusätzlich sollen unbemannte, fernsteuerbare Fahrzeuge und winzige kleine Drohnen die Grenze überwachen. Wird Verdächtiges ausgemacht, warnt das System einen Soldaten in einer Überwachungszentrale, der daraufhin aus der Entfernung auch Waffen einsetzen kann. Das System entscheidet, welche Waffe am besten geeignet ist. Mit unbemannten Fahrzeugen, die für jedes Gelände geeignet seien, können Bomben erkannt und entschärft werden. Ausgestattet mit Nachtsichtkameras und Maschinengewehren, können sie auch Verdächtige angreifen. Dazu kommen unbemannte, computerkontrollierte Grenzposten in Form von 20 Meter hohen Türmen, die auch ganz ohne Steuerung durch Menschen (potentielle) Angreifer erkennen und beschießen können.
Solche ausgeklügelten Systeme sind Visionen, die teils aufgrund von Sicherheitsinteressen, teils aufgrund von wirtschaftlichen Interessen kon-

zipiert werden. Allerdings werden mit der Fertigstellung der Mauern zwar nicht mehr so leicht Terroristen und Selbstmordattentäter nach Israel eindringen können, aber die Palästinenser greifen schon jetzt vermehrt zum Beschuß mit Raketen, gegen die die Mauer, auch wenn sie acht Meter hoch ist, nichts nutzt. Ähnliches gilt für eine Hightech-Grenze, hinter der sich Saudi-Arabien einschließen will. Seit auch das arabische Königreich zum Ziel von Terroranschlägen wurde, will man nun zu ähnlichen Mitteln wie Israel greifen. Die lange, schwer zu kontrollierende Grenze im Süden zu Jemen kann nicht nur leicht von Waffen- oder Drogenschmugglern überschritten werden, sondern auch von islamistischen Terroristen, die wie al-Qaida das Regime in Saudi-Arabien stürzen wollen. Das Land will sich aber nicht nur von seinem südlichen Nachbarn am Boden besser abgrenzen, sondern ein elektronisches Sicherheitssystem um alle Grenzen auf dem Land, in der Luft und auf dem Wasser ziehen. Das Hightech-Überwachungssystem ist auf über 8 Milliarden Dollar veranschlagt. In Verhandlungen steht man mit französischen Firmen.

Die USA haben bereits mit dem Bau der amerikanischen „Mauer" begonnen, die umfassender werden könnte als alle anderen Projekte. Zu dieser gehört das Raketenabwehrsystem, mit dessen Installation schon begonnen wurde, obgleich es technisch nicht ausgereift ist, kaum vor einem wirklichen Angriff mit ballistischen Langstreckenraketen schützen würde und überdies die Bedrohung durch sie sehr unwahrscheinlich ist. Zu dieser Mauer gehören auch die vielen Sicherheitsmaßnahmen und -technologien wie biometrische Identifizierung, Maschinen zum Scannen und Durchleuchten von Menschen, Kleidung, Gepäck oder Containern sowie zum Detektieren von gefährlichen Substanzen. Die neuen Grenzkontrollen des nationalen Abwehrschildes oder Immunsystems für den Luft-, Land- und Meeresverkehr sollen, so will es Bush, die amerikanischen Menschen vor „allen äußeren Gefahren" schützen. Sie sollen vornehmlich internationale Terroristen abwehren, aber auch „Drogen, ausländische Krankheiten und andere gefährliche Dinge". Zum Schutz der Grenzen gab das Heimatschutzministerium viele Milliarden von Dollar aus – in einem „blitz in security spending" (New York Times). Es stellte sich allerdings 2005 heraus, daß viele dieser eilig installierten Technologien zur Überwachung der Grenzen, Flugplätze, Häfen, des Luftverkehrs und der Briefpost sich als Potemkinsche Dörfer erwiesen. So entdeckten an Häfen oder Grenzen angebrachte Detektoren für radioaktive Strahlung diese nicht nur bei gefährlichen Materialien, aus denen tatsächlich eine

„schmutzige" Bombe gebaut werden könnte, sondern auch dann, wenn es sich nur um natürlich vorkommende Strahlung wie bei Katzenstreu, Granit, Keramikfliesen oder gar Bananen handelte. Da die Falschmeldungen so zahlreich waren, setzten die Kontrolleure die Empfindlichkeit herunter, wodurch aber auch Gefährliches nicht mehr hätte entdeckt werden können. Neuere tragbare Detektoren waren mit 50 Prozent Falschalarm nicht besser. Detektoren für Sprengstoff, die pro Stück eine Million Dollar kosten, meldeten etwa auch Shampoo-Flaschen oder Yorkshire-Pudding, weil diese Substanzen dieselbe Dichte wie Sprengstoff haben. 15 bis 30 Prozent der Warnhinweise bei Maschinen zur Gepäckkontrolle sind Falschmeldungen. Auch die neuen technischen Systeme zur Entdeckung von Waffen oder Sprengstoff bei Passagieren bieten keinen wesentlich besseren Schutz als die früheren Kontrollen durch das Sicherheitspersonal, wie 2005 selbst der Generalinspektor des Heimatschutzministeriums einräumen mußte. Da die Kontrollgeräte langsamer arbeiten, hätten sie aber die Personalausgaben um Hunderte von Millionen Dollar erhöht.

Sperrangelweit aber stehen noch weite Teile der Landgrenzen zu Kanada und vor allem zu Mexiko offen. Die US-Regierung will in den nächsten Jahren Milliarden Dollar investieren, um die illegale Immigration aus Mexiko zu bekämpfen und schneller illegale Migranten abzuschieben. Zwischen 2001 und 2005 seien, so die Bush-Regierung, sieben Millionen Ausländer abgeschoben worden. Allein der Grenzschutz (border patrol) habe 2004 über eine Million Festnahmen vorgenommen und 600.000 Menschen daran gehindert, illegal ins Land zu gelangen. Fast alle der 900.000 Mexikaner seien „freiwillig" wieder über die Grenze gebracht worden. In den USA wurden vom „Immigration and Customs Enforcement" (ICE) 140.000 Ausländer festgenommen und 130.000 abgeschoben. Das soll weiter gesteigert werden, zudem wird das Personal an der Grenze aufgestockt. Man bringt mehr Sensoren am Boden an, will den Zaun ausbauen und kauft unbemannte Überwachungsflugzeuge zur Grenzsicherung. Aber das reicht vielen Amerikanern nicht, die nach dem Vorbild von Israel den Bau einer Mauer von einer Küste zur anderen fordern. Das ist eine Strecke von mehr als 3.000 Kilometern, ein gewaltiges und teures Bauvorhaben, das mindestens 8 Milliarden Dollar kosten würde. Ende 2005 hat das Repräsentantenhaus bereits einen entsprechenden Gesetzesvorschlag angenommen. Aber auch wenn die Mauer aus zwei parallel verlaufenden Zäunen, ausgestattet mit zahlreichen Sensoren, in der Nacht beleuchtet und mit einer 100 Meter breiten Überwachungszone vor dem Zaun, nicht realisiert wird, ist zu erwarten, wozu das US-Heimatschutzministerium aus Kostengründen eher neigt, daß die Grenze verstärkt mit Mitteln technischer Überwachung gesichert wird. Mit Druck und Geld wurde in Mexiko bereits der „Plan Sur" in Gang gebracht, der darin besteht, die Grenzen im Süden Mexikos für Migranten dichtzumachen. Jährlich werden hier auf Kosten der USA 200.000 Migranten aus Mexiko wieder abgeschoben. So versuchen die USA in Mexiko wie die EU in den nordafrikanischen Staaten die Grenzkontrolle durch Outsourcing zu verbessern.

Virtuelle Nationen, wilde Städte und urbane Gangs

Städte sind zu den neuen Kampfgebieten geworden, weil hier Kriminelle, Aufständische und Terroristen schnell auf- und wieder untertauchen und alle notwendigen Ressourcen und Einnahmequellen finden können. Es ist schlicht die Masse an Gebäuden, Anlagen und Menschen, die ihnen Schutz gewährt, während sie für die Sicherheitskräfte und vor allem für militärische Aktionen ein Hindernis sind, da die Ausübung der vollen militärischen Gewalt aus politischen Gründen meist nicht möglich ist. Auch „Präzisionsschläge" fordern meist Opfer unter Zivilisten, und zudem können in der Regel Medien die Vorfälle verfolgen und bloßstellen. Die Kämpfe im Irak haben gezeigt, wie wir gesehen haben, daß in einem asymmetrischen Konflikt Aufständische keine Chance haben, wenn sie Territorien verteidigen wollen. In Städten wie Bagdad, die aufgrund ihrer Größe und Ausdehnung nur punktuell kontrolliert werden können, sind Aufständische, Terroristen oder Kriminelle kaum zu bekämpfen, solange die Träume von der umfassenden technischen Überwachung noch nicht in die Realität umgesetzt sind.

Bagdad mit einer Bevölkerung von 6 Millionen Menschen beherbergt, wie ein US-Armee-Bericht von Ende April 2005 notiert, „eine große Zahl von Aufständischen und Terroristen", und ist nur jüngstes Beispiel für die neuen Konfliktterritorien, auf die man auch im Militär schon länger aufmerksam geworden ist. Richard Norton hat bereits 2003 in der *Naval War College Review* beschrieben, wo vermutlich die Mehrzahl von Kämpfen in Zukunft ausgetragen wird: in Städten eines besonderen Typs, die er nicht *failed cities*, sondern *feral cities* (wilde Städte) nennt (Richard Norton: „Feral Cities", in: College Review, Autumn 2003, Vol. LVI, No. 4): „Stellen Sie sich eine große Metropole vor, die Hunderte von Quadratkilometern bedeckt. Dieses wachsende urbane Gebiet, das einst in einer Nationalökonomie ein wichtiger Bestandteil war, ist nun eine riesige Ansammlung von heruntergekommenen Gebäuden, eine gewaltige Petrischale für alte und neue Krankheiten, ein Territorium, in dem die Herrschaft des Gesetzes schon längst durch eine weitgehende Anarchie ersetzt wurde, in der die einzige vorhandene Sicherheit durch brutale Macht erreicht wird. Solche Städte hat man sich schon oft in apokalyptischen Filmen und in manchen Science-Fiction-Gattungen vorgestellt, wo sie oft als gigantische Versionen von T.S.Eliots ‚Rat's Alley‘ dargestellt wurden. Aber diese Stadt würde weiterhin global vernetzt bleiben. Sie würde zumindest eine kleine Anzahl von wirtschaftlichen Verbindungen besitzen, und einige ihrer Einwohner würden Zugang zu modernsten Kommunikations- und Computertechnologien besitzen." Norton sieht sein Konzept einer „wilden Stadt" nur als Möglichkeit, aber als eine, die zu den „schwierigsten Sicherheitsproblemen des neuen Jahrhunderts" werden könnte. Man habe, sagt er zu Recht, bislang zu sehr auf das Konzept der *failed states* geachtet und dabei die Entstehung von scheiternden Städten oder Stadtvierteln zu wenig beachtet.

Eine „wilde Stadt", wie Norton sie sich vorstellt, wäre eine Metropole mit einer Bevölkerung von mehr als einer Million Menschen. Je größer eine Stadt, desto schwieriger ist zu kontrollieren, wenn die Ordnung zerfällt und sich die schwarzen Löcher ausbreiten, die von der staatlichen Macht nicht mehr oder allenfalls kurzfristig etwa in Form von Razzien mit Sondereinheiten der Polizei erreicht werden. Obgleich es kaum vorstellbar ist, daß sich Städte in ihrer Gesamtheit länger einer Zentralmacht entgleiten und so ganz gesetzlos werden, können doch große Teile abrutschen, während andere Stadtteile gewissermaßen geschützte Machtkorridore wären, wie dies ja auch schon vielfach in Megacities und anderen Städten mit Slums oder Ghettos der Fall ist. Für Norton zeichnet sich eine „wilde Stadt" ähnlich wie ein *failed state* durch ein weitgehendes Fehlen von sozialen Diensten und eine fehlende Rechtsordnung aus, was zu Unsicherheit und Gewaltanwendung führt. Ordnung wird durch verschiedene Gruppen (Banden, Clans, Milizen oder Nachbarschaftsorganisationen) hergestellt, die auch die wirtschaftlichen Verbindungen tragen oder ermöglichen. Für die Umwelt jedenfalls würden solche weiterhin wachsenden Städte, die von extralegalen Gruppen mit meist kurzfristigen Interessen kontrolliert werden, „Katastrophengebieten" sein. Norton sieht, ganz dem Ordnungskonzept verpflichtet, in den „wilden Städten" einen sicheren Hafen für Rebellen- und Terrorgruppen, die sich hier ebenso wie Verbrecherbanden einnisten, mit diesen verschmelzen sowie leicht Finanzierungs- und Rekrutierungsmöglichkeiten finden könnten. Entscheidend für die Entstehung einer „wilden Stadt" ist nach Norton, daß schwache Staaten hier ihr Machtmonopol nicht mehr durchsetzen können oder es für sie günstiger sein kann, sich mit den urbanen Machthabern zu arrangieren, um das eigene Überleben zu sichern oder die nationale Wirtschaft nicht zu gefährden. Auch in weiter entwickelten Ländern könnte es praktisch möglich sein, solche „wilden Städte" militärisch einzunehmen, „doch würden die Kosten extrem hoch sein, und die Operation ließe eher ein Trümmerfeld hinter sich als ein zurückerobertes und funktionierendes Bevölkerungszentrum". Das größte Problem liege freilich darin, daß die von Städten oder Stadtvierteln ausgehenden Probleme wie Ghettoisierung, Kriminalität, Zerfall oder Armut bislang als innenpolitische Aufgaben gesehen wurden. Das aber sei mit der Globalisierung nicht mehr möglich, was letztlich auch hieße, daß die urbanisierte Welt die Ordnung der Nationalstaaten in Frage stellt und bedroht.

Für Norton, der seinen Text veröffentlichte, bevor der Aufstand in den irakischen Städten begonnen hatte und sich zumindest die zeitweilige Entstehung wilder Städte vornehmlich im sunnitischen Dreieck beobachten ließ, ist Mogadischu ein Beispiel für das Wildwerden der Städte. Seitdem sich die UN-Soldaten 1995 wieder ganz aus dem Land zurückgezogen haben, gibt es zwar seit einiger Zeit wieder eine nationale Regierung, die aber als höchst virtuell bezeichnen werden muß. Somalia ist ein *failed state*, Mogadischu eine *failed city*. Gesetze gibt es hier nicht, es sei denn regionale, mit Gewalt durchgesetzte. Ein Menschenleben ist nicht viel wert, es herrscht das Gesetz des Dschungels. Land und Stadt werden von verschiedenen Gruppen oder Clans mit ihren Milizen beherrscht. Zwischen diesen kommt es immer wieder zu Kämpfen, die „Sicherheitslage" wird vom deutschen Auswärtigen Amt als „unübersichtlich" beschrieben. Nicht nur auf dem Land, sondern auch auf dem Meer hat sich das Fehlen jeglicher staatlichen Ordnung bereits deutlich gezeigt, als Piraten versuchten, ein Kreuzfahrtschiff anzugreifen. Wiederholt wurden auch Schiffe mit Hilfslieferungen der UNO gekapert und entführt. In Somalia, so wird befürchtet, haben sich Netzwerke von Islamisten gebildet. Das alte Zentrum von Mogadischu ist seit den Kämpfen in den neunziger Jahren zerstört, die Bewohner leben in den Ruinen. Die *Warlords* sind längst zu Geschäftsleuten geworden, auch wenn sie ihre Unternehmungen mit ihren Milizen sichern müssen. Die Geschäfte laufen in guter Raubtierkapitalismusart ab. So aber bleiben Land und ehemalige Hauptstadt unsicher, die meisten Menschen sind arm, bislang gibt es keine wirkliche

Aussicht, wie nach 15 Jahren Krieg und Chaos hier wieder ein geregeltes Leben einziehen könnte, zumal die erste militärische Intervention zur Friedenssicherung hier derart spektakulär gescheitert ist.

Wilde Stadte müssen nicht notwendig dem „Planet of Slums" (New Left Review 26, 2004, dt. in: Centrum 2004.2005. Jahrbuch Architektur und Stadt) angehören, wie Mike Davis die „gigantischen Konzentrationen der Armut" der zunehmenden Stadtbevölkerung in den großen Städten der Dritten Welt beschrieb. Aber die weltweit wachsenden Slums werden vermutlich der hauptsächliche Nährboden für die Verwilderung der Städte sein. „Während der klassische Slum ein heruntergekommener Innenstadtbezirk war, liegen die neuen Slums eher am Rande der explosionsartig wachsenden Ballungsgebiete", schreibt Davis über den Charakter und die Dimensionen der urbanen Entwicklung. „Das Flächenwachstum von Städten wie Mexiko, Lagos oder Jakarta war in den letzten Jahren außergewöhnlich, und der ‚slum sprawl' in den Entwicklungsländern ist ein ebenso großes Problem wie der suburbane Sprawl in den reichen Ländern. So hat sich die erschlossene Fläche von Lagos in einem einzigen Jahrzehnt von 1985 bis 1994 verdoppelt. Im Jahr 2003 berichtete der Gouverneur des Bundestaates Lagos Journalisten, daß ‚etwa zwei Drittel der totalen Landfläche des Staats mit 3,577 Quadratkilometern als Hütten- oder Slumsiedlungen eingestuft werden können'. […] Lagos ist einfach der größte Knotenpunkt in einem Korridor von Slums mit 70 Millionen Bewohnern, der von Abidschan bis Ibadan reicht: wahrscheinlich die größte zusammenhängende Fläche städtischer Armut auf der ganzen Welt."

In den Entwicklungsländern lebt nach UN-Schätzungen bereits jetzt die Hälfte der städtischen Bevölkerung in Slums. 900 Millionen Menschen, die in oft illegal errichteten, notdürftigen Behausungen ohne Wasser und Strom unter unhygienischen Bedingungen leben, sind aber ein gewaltiges Potential für Kriminalität und Revolten, zumal hier zwei von drei Kindern aufwachsen. Und die Aussichten sind bislang düster: So schwillt besonders die Slumbevölkerung an. 2030 soll sich deren Zahl auf 2 Milliarden verdoppelt haben, insgesamt werden dann 5 Milliarden Menschen oder 60 Prozent in Städten leben – und zwei Drittel in Slums. „Die Stadtentwicklung ist gekennzeichnet durch eine Zunahme der Armut und eine Abnahme des sozialen Schutzes", heißt es im Bericht UN-Habitat 2004/2005.

Obdachlosigkeit und Armut steigen auch in den Städten der reichen Industrieländer an. Besonders die Kinderarmut hat in den letzten Jahren, vor allem in den USA, in Deutschland, Großbritannien oder Spanien, zugenommen. Diese Kinder wachsen zudem oft nur mit einem Elternteil auf, leben in den ärmeren Stadtvierteln und erhalten in aller Regel keine oder nur eine geringe Ausbildung. Der Weg in eine andere Zukunft ist hier oft schon von Anfang versperrt. Als Jugendliche bilden sie dann eine Rekrutierungsmasse für die Gangs, die sich in Slums und ghettoartigen Stadtvierteln etablieren. Eine in dieser Hinsicht nicht zu unterschätzende Gruppe sind die Straßenkinder, deren Zahl weltweit zunimmt. Schätzungen gehen von 100 Millionen und mehr Kindern aus, die sich oft schon von klein auf alleine auf den Straßen der Städte durchschlagen müssen und sich zu Gruppen zusammenschließen.

Selbst wenn für eine Vielzahl von Menschen die Auswanderung in die Stadt keinen Aufstieg, sondern oft eine Verschlechterung der Lebensbedingungen bedeutet, bleiben Städte und urbane Regionen auch weiterhin die Motoren der Wirtschaft, auch wenn in den Städten große Bereiche davon ausgeschlossen sind und ähnlich den Entwicklungsländern lediglich billige Arbeitskräfte für die urbanen Wirtschaftsinseln bereitstellen. In Städten wird jetzt bereits weltweit 50 Prozent des Bruttosozialprodukts erwirtschaft, in den urbanen Industrieländern sind es 80 und mehr Prozent. Einzelne „Global Cities" (Saskia Sassen) erwirtschaften soviel wie ganze Länder. Im Großraum Tokio leben über 30 Millionen Menschen, ein Viertel der Gesamtbevölkerung Japans, die aber ein Drittel des gesamten Bruttoinlandsprodukts erwirtschaftet, etwa so viel wie ganz Frankreich. New York lag vor dem 11. September als Wirtschaftsraum weltweit an neunter Stelle, nur wenige Länder konnten dies überbieten. Osaka hat etwa dieselbe Wirtschaftsleistung wie Brasilien, Paris wie Mexiko oder Los Angeles wie Indien.

Allerdings fallen andere Städte – und Länder – besonders in Afrika weitgehend aus dem Investitionsnetz der wirtschaftlichen Globalisierung heraus. Aber auch sie können indirekt Druck auf das urbane Netzwerk ausüben, das wie im Fall der Länder durch den stärker werdenden Konkurrenzkampf Gefahr läuft, daß Industrien und Arbeitsplätze in Städte ausgelagert werden, wo die Bedingungen für das Kapital besser und die Arbeitskräfte billiger sind. Bislang hat die wirtschaftliche Globalisierung nur Teile der Weltbevölkerung zu Gewinnern gemacht. Zwar ist der Welthandel seit 1980 bis 2004 von 580 Milliarden US-Dollar auf über 6 Billionen um mehr als das Zehnfache gewachsen, zugleich aber hat sich die Schere zwischen Armen und Reichen in und zwischen den Ländern und Städten kontinuierlich geöffnet.

Täglich wächst weltweit die Stadtbevölkerung um 150.000 Menschen, die immer noch ihre Hoffnung in der Stadt sehen, aber in der Regel in den Slums oder anderen „Problemvierteln" landen. Arbeitslosigkeit, geringes Einkommen und fehlende Zukunftsaussichten sind jedoch entscheidende Voraussetzungen für ein „Wildwerden der Städte", die ganz oder teilweise unregierbar und unkontrollierbar werden. Ein Teil des Problems ist die neoliberal gewünschte Privatisierung vieler Dienste, die bislang von den Kommunen getragen wurden und ihnen zumindest die Möglichkeit bot, neu entstandene Siedlungen zu erschließen oder schon länger bestehende besser zu versorgen und zu „urbanisieren". Wichtig kann allein schon sein, daß befahrbare Straßen gebaut werden, wodurch etwa die Polizei überhaupt erst den öffentlichen Raum kontinuierlich kontrollieren und die Präsenz von Banden zurückgedrängt werden kann. Werden Trinkwasserver- und Abwasserentsorgung, Müllabfuhr, Straßenreinigung, soziale Dienste etc. privatisiert, um sie angeblich profitabler zu machen, so fallen arme Stadtbereiche und Slums noch weiter aus jeder Versorgung heraus, während sich die Investitionen in die Infrastruktur auf bestimmte Gebiete konzentrieren und die Kommunen noch stärker durch die ihnen verbleibenden Dienste belastet werden. Wenn sich zugleich die Wohn- und Geschäftsstruktur in den Zentren durch Abwanderung der Mittelschicht verändert, können Städte schnell auf eine abschüssige Bahn geraten.

Noch immer gibt es in vielen Städten den Trend, daß die besser verdienende Mittelschicht aus den Zentren auswandert und sich in den urbanen Regionen ansiedelt, während Immigranten und die ärmeren Schichten in die Zentren nachrücken und damit auch deren wirtschaftliche Attraktivität verändern. In jeder vierten Stadt in den westlichen Industrieländern, seit einiger Zeit aber auch in den Ländern des ehemaligen Ostblocks, schrumpfen die Städte – aus dem Stadtkern heraus. So ziehen in New York jährlich 300.000 Menschen in die Umgebung und verstärken weiter das Sprawling, während 200.000 Immigranten, vorwiegend aus der Dominikanischen Republik oder aus China, nachrücken. Hier wie in anderen Städten ist der Trend zur Multikulturalität deutlich, denn Immigranten lassen sich meist in Städten und in aller Regel in größeren Städten nieder. Die Hälfte der Ausländer, die in Großbritannien leben, wohnt in London. Hier liegt ihr Anteil bei 27 Prozent. Das ist in anderen europäischen Städten ähnlich. In Berlin mit einer Einwohnerzahl 3,4 Millionen soll eine halbe Million nicht oder kaum deutsch sprechen.

Migranten, die es meist in die Städte verschlägt und die nun auch über die elektronischen Kommunikationsmittel und das Satellitenfernsehen enger als früher mit der Heimat und der eigenen Kultur und Sprache verbunden bleiben können, ziehen weitere Menschen aus ihren Ländern an; es bilden sich ethnische Ghettos von teils beträchtlichen Ausmaßen. Ähnlich wie multinationale Konzerne, internationale Organisationen oder auch Terrornetzwerke dank der Informations- und Kommunikationstechnologien und schnelle Transportverbindungen zu eng vernetzten globalen Systemen mit räumlich verstreuten Stützpunkten werden, vernetzen sich auch Nationen und Kulturen – mit erheblichen Konsequenzen. Waren die Menschen, die in andere Länder auswanderten, bislang stärker dazu gezwungen, sich sprachlich und kulturell in diese zu integrieren, weil der Kontakt zu den Herkunftsländern spärlich war, so hat sich dies in Zeiten geändert, in denen die Menschen relativ günstig und schnell weite Strecken reisen und billig Güter global transportieren können, in denen aber vor allem über Telefon, Satellitenfernsehen und das Internet die Enklaven mit den Herkunftsländern und untereinander eng verzahnt sind. So entstehen wie einst durch den Kolonialismus neue virtuelle Nationen oder Kulturen, die sich über den ganzen Erdball erstrecken und auch Menschen einbeziehen, die zuvor unter erhöhtem Integrationsdruck standen, weil sie im Ausland nicht in größeren Gemeinschaften lebten.

Zwar werden die virtuellen Nationen und Kulturen durch diese Globalisierung ebenfalls verändert; gleichwohl dürfte sich das abgeschottete Nebeneinander von Bevölkerungsgruppen in den Ländern, in die viele Migranten ziehen, mitsamt den daraus entstehenden Konflikten und Abgrenzungen verstärken. Der US-amerikanische Krieg gegen den Terror hat so beispielsweise die Ausbildung der globalen Ummah weit über die Länder mit überwiegend muslimischem Bevölkerungsanteil gefördert. Dazu gehört die Globalisierung der islamistischen Terrornetzwerke ebenso wie die globale Solidarität von Teilen der Muslime mit den Widerstandsbewegungen in Tschetschenien, Palästina oder dem Irak und die geographische Erweiterung der Empfangsmöglichkeiten von arabischen Sendern wie al-Dschasira sowie die in ihrer Bedeutung kaum zu überschätzenden Auswirkungen der weltweiten Kommunikations- und Informationsmöglichkeiten über das Internet. Die Folge wird jedoch keineswegs eine Vereinheitlichung der virtuellen Nationen und Kulturen sein. Die unterschiedlichen Gruppen und Strömungen globalisieren sich ebenfalls, geraten aber auch in eine neue Dynamik, da mit der stärkeren Anbindung an globale Medien unkontrollierbare Einflüsse von außen einwirken oder leichter Bewegungen von unten entstehen, die sich schnell viral verbreiten können, selbst wenn es zu Beginn nur eine kleine Gemeinschaft war, die in einem lokalen Kontext agierte. Im Zeitalter des Internet gibt es keine räumlich isolierten Gemeinschaften mehr, dafür aber können sich auch Anhänger von nichtkonformen und extremen Anschauungen oder Vorlieben schneller finden und diese in einer virtuellen Gemeinschaft schneller und stärker ausprägen. Das hatte gegenüber dem Land bereits einen guten Teil der innovativen, durchaus auch destruktiven Dynamik des Lebens in großen Städten ausgemacht, die sich nun weiter in der virtuellen globalen Metropole fortsetzt.

Ein Beispiel für die Globalisierung des Islam findet sich auf der englischsprachigen Website *Islamonline.net*, die von Katar aus betrieben wird, wo auch der Sender al-Dschasira seinen Hauptsitz hat. Die Redaktion von Islamonline befindet sich aber in Kairo, dem Sitz der berühmten und einflußreichen al-Asar-Universität. Hier finden Muslime aus der ganzen Welt nicht nur Nachrichten, sie können auch Fragen zur muslimisch richtigen Lebensführung in der modernen Welt mit allen konkreten Einzelheiten stellen. Die Fragen werden wiederum von Geistlichen, Rechtsgelehrten oder Experten aus der ganzen Welt mit Auslegungen des Korans beantwortet (im Unterschied zum Christentum gibt es im Islam zwar Autoritäten, aber keinen Papst, der verbindliche Vorschriften erlassen kann). Diese Verbindung der Religion mit aktuellen Ereignissen und mit Fragen der Lebensführung hatte früher der Imam in seiner Moschee geleistet. Daher blieb die Regelung der Lebensführung auch lokal begrenzt, nur wenige Autoritäten und weiter reichende Schulmeinungen beeinflußten die lokalen Gemeinschaften. Jetzt können die Fragen anonym gestellt werden, was zudem deren Spektrum erweitert und auch das Aussprechen von Intimem fördert. Zugleich entsteht ein globaler Diskurs, der auch die Lehrmeinungen in Konkurrenz zueinander bringen kann. Wer die Meinung, die ein Geistlicher vertritt, nicht akzeptiert, kann sich an einen anderen wenden oder in den gespeicherten Fatwas, Chats und Beratungen nachschauen. Der Geistliche in Kanada oder in Frankreich wird anders argumentieren als derjenige, der in Saudi-Arabien, in Pakistan oder auf den Philippinen lebt. Zudem gibt es auf *Islamonline.net* Live-Fatwas und Chats über alle möglichen Themen von der Politik oder der Wissenschaft über das Verhalten in nicht-muslimischen Ländern bis hin zu den Mann-Frau-Beziehungen und Sex. Es gibt Beratung für Frauen, Männer, Jugendliche und Eltern.

Ein wichtiges Ingrediens für das Wildwerden von Städten ist die Herausbildung von Gruppen, Gangs oder Banden, die in mehr oder weniger großem Stil die Kontrolle über Teile der Stadt ausüben oder zumindest dafür sorgen, daß Stadtviertel unsicher sind und als riskant gelten. In vielen Städten der Dritten Welt oder von Schwellenländern findet man Städte, die man fälschlicherweise als Einheit begreift. Auch der Begriff *dual cities* würde diese fragmentierten Gebilde falsch, weil zu einfach beschreiben, da es in ihnen miteinander verbundene Bereiche neben solchen gibt, die abgeschlossen wie Inseln oder Zellen in ihnen lagern oder an den Rändern andocken. Das Leben in diesen urbanen Inseln folgt wie in den Favelas von Rio de Janeiro und São Paulo oder in den Slums in Lagos oder Kapstadt eigenen Regeln, die von bewaffneten Banden brutal und blutig durchgesetzt werden. Leben ist hier wenig wert, und so wird damit auch umgegangen. Man übersieht als Außenstehender oft die Existenz dieser gewissermaßen exterritorialen urbanen Inseln, die sich dem staatlichen Rechts- und Gewaltmonopol entziehen, aber auch, daß diese mit den billigen Massentransportmitteln, den Migrationsströmen und den elektronischen Medien zu einem neuen Netzwerk zusammenwachsen und einen globalen Raum der „Schattenökonomie" bilden. Sie sind die Kehrseite des Netzwerks der „Global Cities" beziehungsweise der entsprechenden Stadtgebiete, die als Pfeiler der globalen Ökonomie fungieren. Geht man von – immer nur schätzbaren – Zahlen aus, so ist die Bevölkerung des „Slumplaneten" oder des globalen Netzwerks der urbanen „Problemgebiete" mit jetzt schon bald einer Milliarde Bewohner ein massiver Instabilitätsfaktor für einzelne Länder, aber auch für die Weltordnung. Besonders dramatisch ist dies in den Entwicklungsländern, die seit einigen Jahrzehnten in eine Phase des explosiven, aber unsteuerbaren und wirtschaftlich nicht kompensierbaren urbanen Wachstums eingetreten sind und deren unüberschaubare Megacities zugleich ihre Machtzentren sind.

Angesichts dieser Dimensionen wurde bereits im „Army War College" diagnostiziert, daß das von der US-Regierung geprägte Konzept des „globalen Kriegs gegen den Terrorismus" viel zu simpel gestrickt sei, wenn man den Blick auf eine tieferliegende, nicht ausschließlich von Ideologie beherrschte Ebene der Sicherheit in den Städten richte. Der einseitige Blick auf den islamistischen Terrorismus habe zudem die Aufmerksamkeit und die Ressourcen von anderen Entwicklungen abgezogen, so daß seit 2002 auch die Gangs in den US-amerikanischen Städten wieder florieren konnten. Gruppen von Aufständischen ähneln aus dem Blick der US-amerikanischen Sicherheitsstrategen Gruppen, die ohne jede direkte politische Ausrichtung in Städten entstehen und dort zur Destabilisierung der staatlichen oder städtischen Ordnung in bestimmten Stadtregionen beitragen, da sie eine nichtstaatlich organisierte Ordnung durchsetzen. Mit urbanen „Aufständischen", die wie im Irak keinen großen Organisationen mehr angehören, sondern bestenfalls lose Verknüpfungen mit anderen Gruppen haben, und teilweise miteinander um den Einfluß auf bestimmte Territorien und auch um Medienpräsenz konkurrieren, öffnete sich der Blick auf die bekannten urbanen Gangs oder Straßenbanden, wie man sie aus US-amerikanischen Städten kennt. Allerdings haben auch sie sich grundlegend verändert. Zeitlich parallel zum „globalen Krieg gegen den Terror" sind Gangs in den amerikanischen Städten schnell gewachsen. Zugleich nahm ihre Brutalität zu, was sich in einer steigenden Zahl von bewaffneten Raubüberfällen, Verletzungen und Morden niederschlägt. In einer landesweit angelegten Razzia wurden im Zuge der „Operation Community Shield" im Frühjahr 2005 an die tausend Mitglieder von 80 unterschiedlichen Gangs in den USA festgenommen, die schwere Verbrechen begangen haben sollen, wie das US-Heimatschutzministerium berichtete. Die Mehrzahl der Festgenommenen komme aus dem Ausland, überwiegend aus Lateinamerika. Der US-Heimatschutzminister Chertoff betonte, daß er das Phänomen der Gangs, die den „Zusammenhalt unserer Gesellschaft gefährden", sehr ernst nehme.

Die Zahl Gang-Mitglieder in den USA wurde 2005 auf 750.000 und mehr geschätzt. Alleine in Los Angeles soll es in 700 unterschiedlichen Gruppen über 100.000 Mitglieder geben, ein unübersichtliches Gespinst aus diversen Netzwerken von Gruppen. Aber viele dieser Gruppen agieren nicht nur in ihren Stadtvierteln oder Straßen und stammen aus diesen, sie sind wiederum Teil von weit verzweigten, riesigen Banden mit manchmal Tausenden von Mitgliedern in einer einzigen Großstadt und mit engen nationalen und internationalen Verbindungen, die nur durch große räumliche Mobilität und enge Vernetzung durch die Informations- und Kommunikationsmittel möglich sind. Die Kommunikation zwischen Mitgliedern, die in den Gefängnissen Haftstrafen absitzen, und den in Freiheit Agierenden wird über Boten oder Handys aufrechterhalten. Ähnlich wie Terrornetzwerke oder das organisierte Verbrechen haben sich auch die einst vorwiegend lokal operierenden Gangs globalisiert und sind mit diesen verschmolzen. Und gleich Terrornetzwerken sind auch Gangs wie MS-13 transnational und riesig, aber eher flache, dezentrale Organisationen mit hierarchischen Kernen.

Hinter dem Abrücken vom traditionellen Bild des militärischen Feindes (hierarchisch organisierte Kampf- oder Terroristenverbände, die mit poli-

tischen Zielen versuchen, ein Territorium zu „befreien") steht die an sich
wenig erstaunliche Erkenntnis, daß ein militärisch besiegtes Land noch
lange kein befriedetes Land mit einer unumstrittenen Zentralregierung,
geschweige denn ein demokratischer Rechtsstaat sein muß, während
andererseits in „normalen" Staaten urbane Inseln in die Unkontrollier-
barkeit abgleiten können. Solche Inseln oder Gebiete, die der staatlichen
Kontrolle entgleiten, sind normalerweise auch die Zonen, in denen eine
teure, flächendeckende Überwachungstechnologie nicht zu finden ist,
wie sie sich in den Geschäftsvierteln und Wohngegenden der vermögen-
deren Stadtbewohner ausbreitet. Andererseits rüsten sich die Menschen
in diesen urbanen oder dörflichen Inseln mit Schutzanlagen und mit
bewaffneten Sicherheitsdiensten auf. So können auch *gated communities*
zur Instabilität beitragen, weil sie die staatliche Rechtsordnung überla-
gern oder beschneiden.

Mad Manwaring, Professor für Militärstrategie am „Army War College",
schreibt in seiner Studie „Street Gangs: The New Urban Insurgency"
(März 2005): „Wir denken bei Widerstand normalerweise primär an
eine militärische Aktivität, und wir stellen uns Banden als ein einfaches
Problem der Strafverfolgung vor. Aber Aufständische und Banden führen eine hochkomplexe politische Handlung aus: den politischen Krieg."
Auch Thomas Hammes vom „Institute for National Strategies Studies"
der „National Defense University" beschreibt in seinem Artikel „Insurgency: Modern Warfare Evolves into a Fourth Generation" (Januar 2005)
die neue Wirklichkeit des asymmetrischen Krieges: „Der Krieg der vierten Generation, der gerade im Irak und in Afghanistan stattfindet, ist eine
moderne Form des Aufstands. Seine Anhänger versuchen die feindlichen
politischen Führer davon zu überzeugen, daß ihre strategischen Ziele entweder unerreichbar oder zu kostspielig für den erwünschten Vorteil sind.
Das grundlegende Prinzip ist, daß ein überlegener politischer Wille, wenn
er richtig eingesetzt wird, eine größere wirtschaftliche und militärische
Macht besiegen kann. Weil der Aufstand so organisiert ist, daß er eher
politischen als militärischen Erfolg anstrebt, läßt sich diese Kriegsführung
nur schwer niederschlagen." Kennzeichen des „fourth generation warfare"
(4GW) sei es, daß es keinen definierbaren Ort des Kampfes und keine
zentrale Steuerung mehr gibt, Militärisches und Ziviles nicht mehr unter-
scheidbar sind und die Differenz von Krieg und Frieden verschwimmt. So
sei auch die geläufige Unterscheidung zwischen Soldaten beziehungsweise
„feindlichen" oder „nichtstaatlichen" Kämpfern und Zivilisten nicht mehr
zu halten und durch „Nichtkombattanten" zu ersetzen, die trotzdem für

die Aufständischen oder Gangs taktisch operieren können. Die Ambivalenz von *dual-use* gilt also nicht nur in bezug auf Technologien oder auf Gebäude, Städte und Orte, sondern auch auf Menschen.

Ebenso also wie sich der Schauplatz der neuen asymmetrischen Kriege in die Städte und in die schnell wachsenden Slums an ihren Rändern (sprawling slums) verlagert hat, haben sich die beteiligten Akteure verwandelt und damit auch die Strategien. Der urbane Krieg ließe sich mit rein militärischen Mitteln nur mit der Anwendung überwältigender Gewalt gewinnen, durch die aber wie bei der Bombardierung von Städten im Zweiten Weltkrieg oder zuletzt in Grosny viele Unbeteiligte umkommen und großer Schaden verursacht wird. Im neuen Krieg können Städte oder Stadtteile zwar militärisch – oft ohne direkten Widerstand – schnell eingenommen, aber nicht gänzlich gesichert werden. Die Bekämpfung des urbanen Widerstands mit seinen „nationalen und transnationalen nichtstaatlichen Akteuren" müsse, so Manwaring in deutlicher Kritik am Militär, das im Irak die Aufständischen primär als Sicherheitsproblem und nicht als gesellschaftliches Problem betrachtet, vornehmlich mit polizeilichen und politischen Mitteln geschehen, indem gegen Armut, Ungerechtigkeit, Repression und Aussichtslosigkeit vorgegangen wird.

Im Unterschied zu herkömmlichen Kriegen und Kämpfen findet dieser „neue Krieg" in den Städten auf der ganzen Welt meist nicht gegen einen bestimmten Gegner statt, der in Form von erkennbaren bewaffneten Einheiten oder Milizen auftritt. Der Gegner ist diffus, es handelt sich um unterschiedliche, einander teilweise bekämpfende Gruppen, die auch die staatlichen Sicherheitskräfte nicht direkt angreifen und nicht das Ziel haben, ein Territorium zu besetzen. Ihr Interesse besteht primär darin, auf bestimmten Territorien eine möglichst große Bewegungs- und Handlungsfreiheit zu erzielen. Das aber untergräbt die staatliche Ordnung, wobei Manwaring hier symptomatisch für den sicherheitsstrategischen Ansatz nicht zwischen demokratischen Staaten und autoritären Regimen unterscheidet: „Was wir sehen, sind zahlreiche nichtstaatliche und transnationale Akteure, zu denen auch Gangs gehören, die aktiv zur Störung und Destabilisierung beitragen. Diese Art der Aktion ist nicht notwendigerweise gegen eine Regierung gerichtet, sondern es handelt sich um effektive Mittel, indirekt ein Regime zu schwächen. […] Die Absicht kann einfach sein, ein Klima der Gewalt, des Chaos und des staatlichen Scheiterns zu schaffen und aufrechtzuerhalten, das dem Akteur die Bewegungsfreiheit gibt, die er benötigt, um sich persönlich und als Gruppe zu bereichern." Aus einer solchen politischen und staatlichen Destabilisierung ergebe sich „eine Explosion an schwachen, inkompetenten, korrupten und/oder unaufmerksamen Regierungen, wie man sie in großen Teilen Afrikas, Europas und Lateinamerikas findet". Je mehr es solche urbanen Zonen der Instabilität gibt und je größer sie sind, desto eher nähert sich ein Staat dem Zustand eines *failed state* an, der nach der US-amerikanischen Doktrin auch zum Aktionsort von Terroristen werden kann, weil die staatliche Macht ihr Territorium und die Menschen in diesem nicht mehr kontrollieren kann und ihre Legitimität verloren hat.

Der „Feind" ist eigentlich, erklärt Manwaring, „eine Mischung aus Armut, Krankheit und anderen Ursachen von Kriminalität und gesellschaftlicher Gewalt". Dazu kämen weitere Übel wie fehlende gesellschaftliche und rechtsstaatliche Gerechtigkeit, Flüchtlingsströme, Nationalismus, religiöser Fundamentalismus, Umweltzerstörung oder ethnische Säuberungen. Manwaring spricht in diesem Zusammenhang auch von einer „Unordnung der neuen Welt", die von vielen Kräften ausgebeutet und verstärkt werden kann. Das beginnt ganz unten bei lokalen, oft ethnisch geprägten Jugend-Gangs, die auf den Straßen ihres Viertels herumziehen und diese durch ihre Überlegenheit als Gruppe, teils auch mit Anwendung von Gewalt kontrollieren und gegen konkurrierende Gangs verteidigen wollen, sich aber keineswegs in kriminelle Banden verwandeln müssen. Wo allerdings Slums oder Ghettos schon länger bestehen und sich bereits Gangs seit mehreren Generationen entwickelt haben, sind diese mehr oder weniger stark auch in organisierte kriminelle Aktivitäten verwickelt.

Von solchen Gangs als einem urbanen Phänomen wird seit Ende des 19. Jahrhunderts gesprochen. Sie waren eine Folge der Industrialisierung mit den explodierenden Städten und dem massiven Zuzug von Menschen aus dem Land oder von anderen Staaten. Soziologen führen die Entstehung von Gangs auf die Immigration und die Erfahrung einer nicht stattfindenden Integration zurück. In aller Regel sind Gangs Gruppen, die früher überwiegend aus männlichen Jugendlichen bestanden; mittlerweile werden aber auch Mädchengangs häufiger, die oft nicht weniger aggressiv sind. Gewaltbereitschaft, aber auch -anwendung ist eine wesentliche Eigenschaft von Gangs, die territoriale Ansprüche auf bestimmte Bereiche des öffentlichen urbanen Raums erheben. Kinder und Jugendliche, die in solchen „Problemvierteln" aufwachsen, sind mit Gangs konfrontiert, die zu ihrer Erfahrungswelt gehören und ihr Verhalten durch Angebote und Angst prägen. Bekannt sind die Konflikte der Gangs in den großen Städten der USA. Gangs von schwarzen oder lateinamerikanischen Jugendlichen haben sich auch in Reaktion auf die

Diskriminierung durch Gruppen von Weißen formiert; die zwischen ihnen ausbrechenden Kämpfe haben mitunter zu schweren Unruhen geführt, beispielsweise in Chicago 1919. Gangs machen nicht nur ihre Viertel unsicher, sie schützen sie auch und verstärken die räumliche Verteilung von sozialen Klassen und Gruppen durch Homogenisierung und Vertreibung Andersartiger.

Manwaring bezeichnet locker organisierte Gangs, die es überall gibt, als Gangs der „ersten Generation". Sie agieren rein lokal, meist beenden ihre Mitglieder, wenn sie älter werden, die Mitgliedschaft. Gangs zerfallen oft, während sich mit der nächsten Generation eine neue Gruppe bildet. Aber sie können auch bereits erste Ansätze einer Politisierung zeigen, wenn sie sich als ethnische oder kulturelle Gemeinschaft verstehen und andere Ethnien, Gruppen oder „Ausländer" bekämpfen, indem sie das von ihnen kontrollierte Gebiet von diesen zu „befreien" oder freizuhalten suchen. Solche Gangs sind oft normale städtische Banden von „Rowdies", auf der Kippe zur Kriminalität, aber vor allem durch Aussichtslosigkeit, Langeweile, Abenteuerlust und die Sehnsucht nach Kameradschaft geprägt. Ihre Mitglieder suchen ebenso nach Aufmerksamkeit wie nach Anerkennung. Geprägt von den Bildern, Thrills und Versprechungen der Medien und eingeschlossen in ihre Viertel sind sie sich selbst überlassen und demonstrieren ihre Leistung durch körperliche Fähigkeiten, aber auch durch Vandalismus, Herumpöbeln, Provokationen oder Schlägereien. Man berauscht sich an der Macht gegenüber Schwächeren in der sozialen Ohnmacht und holt sich durch Diebstähle und Raub, was man als Ausstattung in der urbanen Welt benötigt.

Die zahlreichen „Problemviertel" sind in Frankreich seit langem ein wichtiges politisches Thema, das Ende 2005 erneut mit den sich eine Zeitlang wie ein Flächenbrand ausbreitenden Unruhen von Jugendlichen in die öffentliche Aufmerksamkeit geriet. Die Unruhen gingen von unkoordiniert agierenden, ganz unterschiedlich zusammengesetzten Gruppen von zumeist Jugendlichen aus, die nicht nur die Konfrontation mit der Staatsmacht suchten, sondern auch allgemein ihrem Haß, ihrer Abenteuerlust und ihrer Langeweile mit Brandstiftungen einen medienwirksamen Ausdruck verleihen wollten. Teilweise nutzten aber auch kleine organisierte Banden die Unruhen aus, um zu plündern. Die vandalischen Umzüge im November 2005 waren nicht so außergewöhnlich, wie dies die Medienberichterstattung nahe legt. Ab einer gewissen Schwelle geraten Ereignisse ins Zentrum aller Medien und drängen andere Meldungen beiseite, wodurch der Eindruck suggeriert wird, daß es sich um etwas Außergewöhnliches handelt. Die Unruhen in den Vorstädten haben aber nur die täglich stattfindende „violence urbaine" verstärkt. Zwischen Januar und September wurden bereits im medialen Schatten 22.000 Autos in Brand gesetzt. In den wenigen Tagen, in denen die Revolte der Überflüssigen aufflackerte und von den Medien zur Kenntnis genommen wurde, waren es nur etwas mehr als in der Zeit davor. Ähnlich wie in englischen Städten wiederholen sich solche Gewaltausbrüche regelmäßig. Nur dann – oder wenn von einem Vertreter einer minoritären Gruppe eine aufsehenerregende Gewalttat wie Ende 2004 die Ermordung des Filmemachers Theo van Gogh durch den in den Niederlanden geborenen Marokkaner Mohammed Bouyeri begangen wird – werden auch die in den westlichen Gesellschaften vorhandenen „Ghettos" oder „Problemviertel" kurzzeitig als Bedrohung wahrgenommen, bis sie wieder von der Bildfläche verschwinden, aber weiter als Virus der sozialen Fragmentierung bestehen bleiben.

Gewalteruptionen führen gemeinhin zu Forderungen nach stärkerer Sicherheit und schärferem Vorgehen. So ist die britische Regierung aus denselben Gründen seit einigen Jahren in einen Kreuzzug gegen das so genannte „anti-soziale" Verhalten gezogen. Man will die „Kultur der Respektlosigkeit" bekämpfen, die man als Ursache der zunehmenden Jugendkriminalität sieht und die eng mit dem Gang-Phänomen zusammenhängt. So erklärte der britische Ministerpräsident Tony Blair gleich nach seiner Wiederwahl im Frühjahr 2005, daß die Jugend wieder mehr Respekt und damit lernen müsse, „daß man nicht auf seine Mitmenschen spuckt, daß man sie nicht beschimpft und daß man sich nicht zu einer Gruppe zusammenrottet und Menschen einschüchtert, die schwächer sind". Diese „Yobs", also die „Rowdies", machten, so warnt Blair, nicht nur den öffentlichen Raum unsicher, sie legten auch Schulen lahm, bedrohten Lehrer und Mitschüler und verhinderten so, daß sie und ihre Mitschüler die in einer globalisierten Wissensgesellschaft notwendige Bildung erhalten. Die Menschen hätten zunehmend Angst vor den an Straßenecken oder in Einkaufszentren herumlungernden Jugendlichen, die sich auch schon im Alter von zehn Jahren solchen Gangs anschließen. Die Orte, an denen sie sich aufhalten, so Blair, würden von normalen Bürgern gemieden, um nicht belästigt oder bedroht zu werden. Zu dem Phänomen rechnete er auch die Mode der Jugendlichen, sich an Wochenenden mit Alkohol vollaufen zu lassen (binge drinking), was ebenfalls dazu führe, daß Innenstädte um diese Zeit von vielen Menschen gemieden werden. Und er kritisierte die unter den Jugendlichen seit längerem herrschende Mode, zu jeder Jahreszeit mit Kapuzen herumzulaufen. Diese „hoodies" seien nicht nur chic, sie böten auch eine Möglichkeit, sich für die in Großbritannien massenhaft angebrachten Überwachungskameras unkenntlich zu machen. Einige Einkaufszentren haben daher, um die Jugendkriminalität einzudämmen, schon das Tragen von Kapuzen verboten.

Kriminelle Profis sind solche Jugendgangs oft nicht, aber sie können als Scharnier zur organisierten Kriminalität fungieren. Das „National Youth Gang Center" (NYGC) schätzt, daß bereits mehr als ein Drittel aller Gangs in den USA in den organisierten Drogenhandel verwickelt ist. Die dort gebotenen Karrieren und Verdienstaussichten sind oft der endgültige Einstieg in eine kriminelle Laufbahn. „Gangs gibt es heute in allen Formen", erklärt der Soziologe und Gang-Experte John M. Hagedorn. „Die Mehrzahl der Gangs in den USA und in der ganzen Welt sind noch immer unbeaufsichtigte Gruppen von Jugendlichen. Diese lose organisierten Verbände sind meist männlich, aber an manchen Orten gibt es auch schon eine große Zahl von Mädchen-Gangs. In Großstädten in den USA und anderswo auf der Welt haben sich manche Gangs institutionalisiert und bestehen schon seit Jahrzehnten. Diese Gangs sind fest in eine illegale Wirtschaft armer Stadtviertel eingebettet. Sie sind mit Gefängnis-Gangs verbunden und spielen eine wichtige Rolle für das soziale und politische Leben in Stadtvierteln. Die große Zahl von Jugendlichen und jungen Erwachsenen in Gangs macht diese zu wichtigen urbanen Akteuren."

In den USA war die Gang-Szene, nachdem die politischen Gruppierungen wie die Black Panther oder Black Muslim zerschlagen wurden oder sich entpolitisierten, in den siebziger und achtziger Jahren primär vom Drogenhandel geprägt. Zu dieser Zeit kam die Droge Crack auf, die schnelles Einkommen versprach und zu Kämpfen um Viertel als Märkten führten. Die zu jener Zeit nach der Dominotheorie in Lateinamerika betriebene Unterstützung von Militärregimen zur Abwehr von linken Bewegungen und ein verschärftes Vorgehen gegen die Gangs führten aber, wie sich seit einigen Jahren beobachten läßt, nicht zu den gewünschten Ergebnissen und legen von der verkürzten Perspektive einer primär auf Wiederherstellung von Ordnung und Sicherheit ausgerichteten Politik Zeugnis ab. Die gewünschte Ordnung in Lateinamerika wurde nicht erreicht, vielmehr beginnen nun die Länder nach links zu driften und sich vom Einfluß der USA zu befreien. Und die einst in Form krimineller Gang-Mitglieder ins Ausland abgeschobenen Probleme kommen buchstäblich wieder zurück. Aus den lateinamerikanischen Ländern waren in den siebziger und achtziger Jahren viele Menschen aufgrund der blutigen Bürgerkriege und vor drohender Verfolgung in die US-amerikanischen Städte geflohen, wo sich die ersten Latino-Gangs wie beispielsweise die MS-13 in Los Angeles gründeten. Überdies entstand gerade von den neunziger Jahren an, als die New Economy, ein städtisches Phänomen, zu boomen begann, der Druck der Besserverdienenden und Aufsteiger auf viele bislang ärmere Stadtviertel. Das führte nicht nur zu Verdrängungen, weil Wohnraum teurer wurde, sondern es setzte auch ein hartes Vorgehen der Polizei ein, um attraktive städtische Räume vom Verbrechen und damit auch von Gangs zu säubern. Die Strategie, schon nach dreimaligen leichten Vergehen Gefängnisstrafen zu verhängen, senkte zwar die Kriminalität und machte viele Bereiche von Städten sicherer, dafür aber explodierte die Gefängnispopulation. Das Gefängnissystem ist den USA selbst ein verstreuter Inselstaat im Staat und eine weitere Facette der partikularisierten urbanen Welt aus *gated communities*, Ghettos, Shopping Malls, Freizeitparks und anderen überwachten Anlagen/Gebäuden wie Flughäfen, Regierungsvierteln, Industrieanlagen, Bürokomplexen etc. In den über 5.000 Gefängnissen der USA sind mehr Menschen als irgendwo sonst eingesperrt. Derzeit werden nach Angaben des „International Centre for Prison Studies" der „University of London" über 2 Millionen Menschen im „Land of the Free" hinter Mauern im Gefängnissystem gehalten. Das sind 726 Gefangene auf 100.000 Bürger (zum Vergleich: in Deutschland beträgt die Rate 96 auf 100.000 Einwohner). Zu den Gefängnisinsassen kommen noch über 4 Millionen Menschen, die eine Bewährungsstrafe haben, sowie fast 800.000 Straftäter, die einen Teil der Strafe unter bestimmten Auflagen und schon oft mit einer „elektronischen Fessel" in Freiheit verbüßen können. Sie werden mehr und mehr mit GPS-Sendern ausgestattet, um ihren Aufenthaltsort in Echtzeit überwachen zu können. Rechnet man alle Menschen zusammen und sieht von den Angestellten ab, so ist jede zweiunddreißigste erwachsene Person in den USA entweder im Gefängnis oder auf Bewährung. Allein in den Bundesgefängnissen sind nach Angaben des FBI 11,7 Prozent aller Insassen mit Gangs verbunden. In den Gefängnissen der Kommunen und der Bundesstaaten liegt dieser Anteil noch höher.

Aus den Gangs der „ersten Generation" können besser organisierte Gruppen entstehen, denen es primär um Geld und/oder politische Interessen geht, Gruppen, die Verbindungen auch zu anderen Städten oder Ländern haben. Aus der alarmistischen Sicht von Manwaring und anderen Sicherheitsstrategen, die in der urbanen Kultur eine gefährliche Verbindung von Terror und Gangs erkennen, wird ausgeblendet, daß sich einst gewalttätige und kriminelle Gangs auch in (lokal-)politisch aktiven Gruppen verwandeln können, die sich am urbanen Gestaltungsprozeß beteiligen. Ebenso wenig Beachtung findet, daß die von Gangs geschaffene Kultur von der Musik über die Kleidung bis hin zu Sprache und Sport längst ein wichtiger Bestandteil auch der Warenwelt geworden ist, die die nachwachsenden Kinder und Jugendlichen prägen. Richtig aber ist, daß sich Städte in Richtung von *failed cities* entwickeln können, wenn sich in ihnen Gangs ausbreiten können, die sich straff organisieren und Gewalt gezielt einsetzen, um ihre Märkte gegenüber der Konkurrenz, aber auch den staatlichen Sicherheitskräften zu schützen oder auszuweiten. Seit Beginn der Globalisierung, der Umwandlung der reichen Industrieländer in Dienstleistungs- und Wissensgesellschaften und der Abwanderung von Branchen aus den Städten des Industriezeitalters in Länder mit günstigeren Bedingungen und geringeren Löhnen haben sich die Viertel der sozialen Unterschicht und Einwanderer teilweise in Fallen für ihre Bewohner verwandelt, die mangels anderer Möglichkeiten und hoher Arbeitslosigkeit leicht in eine kriminelle Laufbahn geraten. „Es kann nicht überraschen", so Andrew Papachristos in „Gang World" (Foreign Policy, März/April 2005), „daß Straßenbanden und Gewalt der Gangs mit der Globalisierung stark zugenommen haben. Heute dienen Gangs als de facto-Beschützer, -Familien und -Arbeitgeber. Die Mitglieder bleiben länger in den Gangs, junge Frauen sind an ihnen zunehmend beteiligt, und Gangs gibt es nun in allen 50 Bundesstaaten der USA und in zahllosen Counties."

Gangs gibt es in allen US-Städten mit einer Einwohnerzahl über 250.000, mehr und mehr aber auch schon in kleineren Städten und Vororten. Waren sie in den siebziger Jahren erst in 200 Städten verbreitet, so werden jetzt aus über 3.000 Städten Gangs gemeldet. Wenn es zutrifft, wie das „National Youth Gang Center" schätzt, daß es in den USA über 700.000 Mitglieder von über 20.000 Gangs gibt, dann ist dies eine beachtliche Rekrutierungsmasse für professionellere Gruppen und Banden. Das FBI bestätigt im „2005 National Gang Threat Assessment" die Ausweitung des Phänomens: „Gewalttätige Straßenbanden, die man früher vor allem in großen Städten angetroffen hat, beeinflussen jetzt die öffentliche Sicherheit, das Image und die Lebensqualität von Kommunen aller Größenordnungen in urbanen, suburbanen und ländlichen Gebieten. Gangs wirken auf die Gesellschaft auf allen Ebenen ein und führen zu einer wachsenden Angst um die Sicherheit, vor Gewalt und vor wirtschaftlichen Kosten." Nach dem FBI sind viele Gangs am Drogenhandel, vor allem auf der untersten Stufe beteiligt. Zunehmend lasse sich eine Verflechtung der Gangs mit dem organisierten Verbrechen beobachten. Zudem nehme die Ausstattung mit Schußwaffen und deren Einsatz zu, am stärksten bei mexikanischen, chinesischen und russischen Organisationen. Diese setzten die Gangs als lokale Gruppen zum Drogenhandel und/oder zur Kontrolle des Territoriums ein. Technisch würden die Gangs immer stärker auf neue Technologien setzen, um ihren Handlungsspielraum zu erweitern und der Strafverfolgung zu entgehen. Und auch das FBI weist darauf hin, daß besonders die Latino-Gangs stark zunähmen und sich im ganzen Land ausbreiteten. Dem „National Youth Gang Survey" zufolge waren bereits 2001 49 Prozent aller Gang-Mitglieder Latinos.

Bislang hatte man allerdings in den USA – im Unterschied etwa zum Irak – noch keine wirklichen Verbindungen zwischen Gangs und Terroristen finden können. Am ehesten könnten solche Kontakte, so vermutet man im US-Heimatschutzministerium, in den Gefängnissen stattfinden. Das würde vor allem den „heimischen Terrorismus" betreffen, also rechtsextreme oder neonazistische Gruppen im Umfeld des „weißen Terrorismus" wie Aryan Resistance, Hammerskins, Ku Klux Klan, National Socialist Movement, Skinheads oder National Alliance. Zu den heimischen Terroristen werden auch militante Natur- und Tierschützer gerechnet, die Anschläge auf Gebäude und Labors durchführen oder Angestellte von Einrichtungen bedrohen. Das Einsperren würde, so das FBI, die Aktivität der Gangs nicht entscheidend schwächen, da damit die Verbindung unter den Mitgliedern nicht abreißt. Das Leben im Gefängnis zwinge die Gefangenen zum eigenen Schutz dazu, sich erstmals oder wieder Gangs anzuschließen, wenn sich nicht im Gefängnis bereits eine Gruppe von Gang-Mitgliedern findet. Nach der Gefängnisstrafe bleiben dann viele in diesen Netzwerken hängen. Daher gedeihen Gangs gerade in den Gefängnissen, diesen *gated communities* der Ausgeschlossenen. Das FBI spricht von landesweit mehr als 1.600 Gangs mit über 110.000 Mitgliedern in den Gefängnissen. Dominant seien hier vor allem die Crips, Bloods, Gangster Disciples und Latin Kings, sowie die Aryan Brotherhood, The Mexican Mafia, La Nuestra Familia, die Black Guerilla Family und das Texas Syndicate.

Gangs nutzen zunehmend die neuen Informations- und Kommunikationsmedien, die einen raumübergreifenden Kommunikations- und Handlungsrahmen eröffnen, der die früher vorwiegend lokalen Gruppen in bestimmten urbanen Gebieten auch mit dieser virtuellen Erweiterung internationaler macht. Handys dienen der Absprache. Überwachungstechnologien werden eingesetzt, um Taten vorzubereiten oder sich vor Überraschungen zu schützen. Mit Notebooks, PDAs und PCs werden die Aktivitäten protokolliert, mit dem Computer lassen sich auch Schecks oder Geldscheine fälschen. Deutlich wird auch, daß das Internet nicht nur der engeren Kommunikation und Koordination dient, sondern neben den herkömmlichen „Tätigkeitsbereichen" wie Drogenhandel, Prostitution, Glücksspiel, Raub etc. neue Handlungsbereiche erschließt.

Über das Internet und die dort dank mangelnden Datenschutzes zahlreich zu ermittelnden persönlichen Daten lassen sich Zeugen identifizieren und einschüchtern. Angeboten werden, wie das FBI sagt, „Internetprostitution" und zunehmend auch Computerspiele, die mit hohen Geldeinsätzen gespielt werden. Gangs drängen auch in das Geschäft mit raubkopierten Dateien, die im Internet gehandelt werden. Angeblich könne auf der Ebene der Gang-Geschäfte im Augenblick mehr Geld mit dem Vertrieb raubkopierter Filme als mit Drogen gemacht werden. Zudem wird der Bereich des „Identitätsdiebstahls" attraktiver, bei dem relativ gefahrlos etwa über „Phishing" Internetbenutzer getäuscht werden, die dann auf gefälschten Websites ihre Kreditkartendaten, PINs, TANs oder andere persönliche Daten eingeben. In den USA scheinen hier besonders asiatische Gangs zu dominieren. Mit dem Einschleusen von „Trojanern" lassen sich Computer und Netzwerke ausspähen. Aber das Internet bietet auch ein Betätigungsfeld für eine Fortsetzung des im realen Raum gerne betriebenen Vandalismus. So können mit Viren und Würmern großer Schaden angerichtet und breite Aufmerksamkeit erregt werden. Virtuelle Gangs gefallen sich darin, möglichst viele Webseiten zu entstellen und mit sogenannten „defacements" dort ihre Graffitis anzubringen: Markierungen der Präsenz und der Macht, die nun weit über ein lokales Viertel hinaus global demonstriert und praktiziert werden kann. Websites, die meist paßwortgeschützt sind, dienen dazu, Informationen auszutauschen und sich regional oder international zu koordinieren. Mit dem Aufenthalt in den virtuellen Räumen können sich Gangs teilweise sogar aus den urbanen Räumen zurückziehen und virtuelle Gangs bilden, deren Mitglieder sich gar nicht kennen, sondern über die ganze Welt verstreut sind. Solche nationalen und internationalen Crackergruppen dringen beispielsweise in Websites ein und stehlen Kreditkartendaten oder erpressen kommerzielle Website-Betreiber mit DDoS-Angriffen, mit denen Websites lahmgelegt werden können.

Bei solchen Gangs der „zweiten Generation" kann es sich um organisierte Kriminelle (Drogen, Prostitution, Raub, Schwarzhandel, Erpressung etc.) handeln, aber auch um „militante Ideologen, Nationalisten oder Fundamentalisten", die in Verbindung mit kriminellen Gruppen stehen, sich teilweise über kriminelle Aktivitäten finanzieren und durch Herstellung von Sicherheit und sozialem Schutz für Mitglieder attraktiv sein können. Aus solchen Gruppen, die bereits mit transnationalen Verbrechensorganisationen in Verbindung stehen oder für diese arbeiten können, erwachsen schließlich die Gangs der „dritten Generation" mit großen, räumlich sich weit erstreckenden Netzwerken. Sie werden straff geführt und verfolgen, so Manwaring, neben ihren geschäftlichen Interessen oft auch politische Ziele, was zunächst heißt, daß sie direkt Territorien kontrollieren wollen und diese damit dem staatlichen Monopol entziehen. Bei diesen Gruppen kann es sich um national und international organisierte Verbrecherbanden handeln, aber auch um aufständische Gruppen oder Organisationen, die über professionelle Kämpfer oder Milizen verfügen.

Der 2002 im Flughafen von Chicago festgenommene José Padilla steht unter dem Verdacht, Anhänger von al-Qaida zu sein, aber er war auch in den USA Mitglied einer Gang, bevor er – möglicherweise auf der Suche nach einem anderen Lebenssinn wie viele der jungen Muslime, die manche als Angehörige einer überzähligen Generation bezeichnen – mit dem radikalen politischen Islam Kontakt aufnahm. Ob er tatsächlich, wie von den amerikanischen Sicherheitsbehörden unterstellt, aus Pakistan wieder zurück in die USA reiste, um dort einen Anschlag mit einer „schmutzigen" Bombe – eines der größten Risikoszenarien für Anschläge in urbanen Regionen – zu verüben, war schon bei der Verhaftung eher unwahrscheinlich. Inzwischen wurde diese Anklage zurückgenommen. Sicher ist jedoch, daß in den Köpfen vieler junger Muslime in den arabischen Staaten und in den Industrieländern, wo sie nicht heimisch werden, Ideen herumgeistern, durch besonders spektakuläre Anschläge dem tristen Leben zu entkommen und wie Bin Laden oder Sarkawi zu einer weltbekannten Berühmtheit zu werden.

Für die Entwicklung international agierender Gruppen aus urbanen Gangs, zu der die berüchtigte Mara Salvatrucha (MS-13) gehört, die neben Drogen auch Menschen über die Grenze schmuggelt, sind die mittelamerikanischen Organisationen ein gutes Beispiel. Interessant ist, daß deren Internationalisierung und Machterweiterung direktes Ergebnis einer verfehlten Politik der USA gewesen ist. Die Ausbreitung der Banden begann damit, daß die USA zu Beginn der neunziger Jahre junge Straftäter, die in urbanen Gangs organisiert waren und dort bereits ihren Unterhalt mit kriminellen Aktivitäten bestritten, wieder in die Heimatländer ihrer Eltern nach Asien, aber vor allem nach Lateinamerika abschoben. Dabei handelte es sich keineswegs nur um junge Latinos, die schwere Straftaten begangen haben, sondern auch um Kleinkriminelle. Oft haben die Abgeschobenen fast ihr ganzes Leben in den USA verbracht oder sind dort aufgewachsen, waren aber weder in den USA noch in ihrer Heimat verwurzelt, was zu vielen Problemen führte, wie dies auch in europäischen Ländern bei Zugewanderten – am stärksten bei Muslimen – deutlich geworden ist. Während man US-amerikanische Straftäter schneller in die Gefängnisse brachte, um durch Abschreckung und Einsperren die Städte sicherer machen zu wollen, war die Abschiebung der Einwanderer in mittelamerikanische Länder wie Guatemala, San Salvador oder Nicaragua ein auf den ersten Blick weitaus billigeres und effizienteres Mittel zur „Säuberung". Wurden 1996 30.000 Zuwanderer, die eine Straftat begangen hatten, abgeschoben, so waren es 2003 bereits 80.000. In den Gefängnissen von El Salvador sind 60 Prozent der inhaftierten Gang-Mitglieder Personen, die von den USA abgeschoben wurden oder von dort geflohen sind, um einer drohenden Strafverfolgung zu entgehen. Die Abschiebung war auch eine Folge der Praxis, die Gang-Mitglieder in Gefängnisse zu stecken, wodurch aber eher deren Zusammenhalt und insgesamt die Kriminalität gefördert wurden. Mit der massenhaften Abschiebung, so dachte man sich, würde man die Probleme über die Grenze exportieren können. Solche „Lösungen" werden derzeit auch in EU-Ländern bei mutmaßlichen Islamisten oder sogenannten „Haßpredigern" attraktiver.

Die wirtschaftlich schwachen Länder Mittelamerikas konnten diese Flut an Abgeschobenen nicht verkraften, die sich zudem hier gar nicht heimisch fühlten und Fremde blieben. Sie kamen in Kontakt mit anderen Abgeschobenen, bildeten neue Netzwerke oder wurden gleich wieder in bestehende Gangs integriert, wie das beispielsweise bei Mitgliedern der ursprünglich aus Los Angeles stammenden MS-13 der Fall war, die zu Hunderten nach San Salvador, teilweise auch nach Guatemala und Honduras kamen. Interessant dabei ist, daß die MS-13 zunächst als eine Selbstschutzgruppe von Jugendlichen aus San Salvador entstanden ist, die sich damit gegen die vorwiegend mexikanischen Gangs zur Wehr setzten. Erst als sie mächtig genug geworden war, verband sich die Gang mit der mexikanischen Gang Sur 13 oder Los Sureños, wodurch sie zum Teil des Netzwerks der mexikanischen Mafia wurde, aber sie blieb unter eigener Führung. Nachdem mehr und mehr Mitglieder von MS-13 straffällig wurden, in die Gefängnisse wanderten und schließlich abgeschoben wurden, bauten sie ihre Organisation in El Salvador und den angrenzenden Ländern auf. Arbeit zu finden ist hier schwer, insbesondere für Menschen, die dort gar nicht aufgewachsen sind, leicht hingegen die

Beteiligung am florierenden Drogenhandel, da die mittelamerikanischen Länder auf der Hauptroute für den Transport von Drogen in die USA liegen und zudem oft schwache Regierungen sowie korrupte Behörden haben, was teilweise auch auf die Interventionen der USA zurückgeht, die dort lange Zeit diktatorische Regimes unterstützt haben. Die demokratischen Systeme sind vielfach noch immer instabil, die Korruption ist hoch, Banden arbeiten mit Sicherheitskräften zusammen, die Gewaltbereitschaft ist ebenso groß wie die Angst vor den Banden, die aber auch Schutz gewähren können.

In Guatemala arbeiten die Gangs eng mit ehemaligen Soldaten oder Freischärlern der früheren Diktatur zusammen, die gerade in diesem Land Gewaltorgien begangen haben. Dazu kommen noch aktive Polizisten und Geheimdienstmitarbeiter. Eine Bekämpfung der Kriminalität ist so gar nicht möglich, auch wenn 2004 einige hundert Polizisten entlassen wurden, die sich von verschiedenen internationalen Organisationen bezahlen ließen. Selbst der Vizeverteidigungsminister hatte in Zusammenarbeit mit dem kolumbianischen Cali-Kartell eine kriminelle Organisation geleitet. In Honduras ist die jährliche Mordrate mittlerweile auf 154 pro 100.000 Einwohner angestiegen, doppelt so viel wie in Kolumbien, das bereits von einem Jahrzehnte währenden Bürgerkrieg gezeichnet ist. Allein in San Salvador gibt es 40.000 aktive Gangmitglieder, die wiederum in Verbindung mit Tausenden stehen, die in den USA, in Mexiko, Kanada oder auch in Europa leben. Die Gangs, auch „Maras" genannt, setzen ihre Interessen mit großer Brutalität durch, so daß sich hier das Leben in den Städten unter ähnlichen Bedingungen abspielt, wie sie schon lange in den Favelas von Rio und São Paulo anzutreffen sind. „In Guatemala wurden 2004 mehr als 3.500 Menschen, darunter 455 Frauen, ermordet", schreibt Thomas Bruneau in „The Maras and National Security in Central America" (Strategic Insights, Volume IV, Issue 5, May 2005). „Die Mehrzahl dieser Morde wurde im Freien bei hellem Tageslicht ausgeübt. Viele der verstümmelten Leichen wurden als grausame Erinnerungen an die Brutalität der Gangs zurückgelassen. Die Korruption der Regierungen und die fehlende Kontrolle des nationalen Territoriums haben es kriminellen Gangs und anderen organisierten Verbrecherbanden ermöglicht, ohne Strafe fürchten zu müssen, in jedem mittelamerikanischen Land und über die Grenzen hinweg operieren zu können." MS-13 soll insgesamt fast 100.000 Mitglieder haben, davon 20.000 in den USA und einige tausend in Kanada. „Da die Gangs ihre eigene Sprache und eigene Symbole haben", so Bruneau, „ist es für die Polizei schwierig, auf dem aktuellen Stand zu bleiben. Sie sind transnational, da sie sich schnell durch die ganze Region bewegen, auch in die USA und nach Kanada und wieder heraus. Wenn sie in einem Land wie beispielsweise El Salvador verfolgt werden, gehen sie einfach in das benachbarte Guatemala oder Honduras, um der Festnahme zu entgehen. In Interviews in El Salvador wurde mir berichtet, daß die MS-13 in einem Land einen Mord geplant und ausgeführt hat, indem man sich mit Mitgliedern in zwei anderen Ländern koordinierte. Auch wenn der Nationalstaat noch die Organisation für Gesetze, Militär und Polizei sein mag, können die Maras an den Rändern arbeiten und die staatliche Herrschaft unterwandern."

Es bestehe die Gefahr, sagt Manwaring über die Situation in Mittelamerika, daß die „halb-kriminelle und halb-politische" Macht der Gangs, neben Aufständischen und Terroristen Prototypen „nichtstaatlicher Akteure" in asymmetrischen Konflikten, allmählich ganz aus der Kontrolle gerät und dann womöglich doch umschlägt in Kämpfe, um die politische Kontrolle des Territoriums zu übernehmen. Schon jetzt würden die Gangs und Organisationen immer größere Bereiche der Städte und zunehmend auch des Landes in einem Staat kontrollieren und hätten teilweise Bewegungsfreiheit auch zwischen den Staaten. Mittelamerika könnte sich so erneut zum Pulverfaß entwickeln. Diesmal aber geht es nicht um die durch den Kalten Krieg angeheizten Kämpfe zwischen linken und rechten Bewegungen, bei denen die USA nicht die demokratisch gewählten Regierungen, sondern die antikommunistischen Kräfte gestützt hatten, die dann Diktaturen bildeten und mit großer Brutalität sowie mit Todesschwadronen ihre Macht sicherten und viele Menschen folterten, töteten oder verschwinden ließen. Das mögliche Umkippen Mittelamerikas in eine *failed region* wäre die späte Konsequenz dieser falschen Politik, die nicht nur korrupte Regimes und heimlich operierende Milizen förderte, sondern auch große Migrationswellen verursachte. Zudem gehen die USA noch immer nicht gegen viele von denen vor, die damals Menschenrechtsverletzungen begangen haben, weil die Geheimdienste und Regierungen zu eng zusammengearbeitet hatten. Mittlerweile wird das Problem in vielen Ländern bereits als das größte nationale Sicherheitsrisiko behandelt. Honduras, El Salvador, Panama, Guatemala und Mexiko haben 2003 eine enge Zusammenarbeit vereinbart, um gegen die Gangs vorzugehen, die sich mit Abschiebung und Rückwanderung internationalisiert haben.

Die hier vorgestellte neue Perspektive, wie sie in den von US-Strategen diskutierten Zusammenhängen zwischen staatlicher Erosion, urbanen Gangs und Stadtkämpfen von Aufständischen mit dem Übergang vom

Konzept der *failed states* zu den *failed* oder *feral cities* hergestellt wird, hat ein Doppelgesicht und verstärkt die Tendenz, politische Gegner nach alten Strategien zu Verbrechern und genuin soziale Probleme zu militärischen Konflikten zu machen. Einerseits wird zwar kritisch hervorgehoben, daß die neuen Konflikte in Städten mit anderen militärischen Strategien und Mitteln ausgetragen werden müssen, weil sich mit den Kriegszielen und der globalen Berichterstattung auch die Kriegsschauplätze und die Gegner verändert haben. Auch wenn die Vereinten Nationen noch weit davon entfernt sind, eine Art Weltregierung zu sein, so spielen sich dennoch viele Konflikte mittlerweile durch ihre Existenz auf der Bühne einer Weltinnenpolitik ab. Das aber würde auch bedeuten, daß sich die gewalttätigen Konflikte von der Ebene internationaler Kriege auf die solchen Phänomenen eher angemessene polizeiliche Ebene der internationalen Verbrechensbekämpfung verlagern sollten.

Auch wenn die transnational agierenden Guerillas, Befreiungsbewegungen, Aufständischen oder „Gangs" mehr oder weniger stark um politische und territoriale Autonomie kämpfen, müssen sie aus der Sicherheitsperspektive, selbst wenn sie noch nicht ganze Gebiete wie in Kolumbien, im Kongo oder in Sri Lanka oder ganze Stadtviertel wie in Rio de Janeiro und vielen anderen Städten kontrollieren, als nationaler, regionaler oder gar globaler Instabilitätsfaktor gesehen werden. Aus einer der den Status quo von Staaten und ihrer politischen und wirtschaftlichen Struktur erhaltenden Sicht gesehen, verschwimmen daher Gangs und Aufständische zu einem Phänomen, aber damit auch militärische und polizeiliche Aufgabenbereiche sowie Innen- und Außenpolitik. Der Blick primär auf die Sicherheit, die gewährleistet werden müsse und die die Bewahrung oder Errichtung einer bestimmten Ordnung impliziert, verdrängt nicht nur andere Sichtweisen und Lösungsansätze, sondern verbindet auch die vormals getrennten Dimensionen von Außen- und Innenpolitik auf eine möglicherweise gefährliche Art. Das wäre dann der Fall, wenn ähnlich wie im Konzept der *failed states* die Fragmentierung staatlicher Ordnung durch das Wildwerden von Städten oder Stadtteilen als Bedrohung der nationalen oder globalen Sicherheit betrachtet und mit präemptiven Interventionen zur Stabilitätssicherung und zur Bekämpfung von gefährlichen „nichtstaatlichen Akteuren" beantwortet wird. Das aber wäre tatsächlich der nächste logische Schritt vom US amerikanischen Konzept des „globalen Kriegs gegen den Terror" zu dem der *failed states* als Brutstätten des internationalen Terrorismus. Allerdings wäre mit diesem Schritt auch vorauszusehen, daß die Überwachungsgesellschaft noch ganz andere

Dimensionen annehmen würde, wenn nach den (islamistischen) Terroristen auch Mitglieder von transnationalen Gangs oder Verbrecherbanden zu potentiellen Terroristen werden.

„Der gemeinsame Nenner, der das Gang-Phänomen mit dem Aufstand verbindet, ist", so Manwaring, „daß das Endziel einiger Gangs der dritten Generation und von Aufständischen darin besteht, die Regierungen der betroffenen Länder zu entmachten oder zu kontrollieren." Eine faktische Regierungsübernahme wäre aus dieser Perspektive für die Diagnose einer politischen Bedrohung gar nicht entscheidend; es würde ausreichen, wenn durch Korruption und Unterwanderung lokale und nationale Behörden manipuliert sowie die sozio-ökonomische Kultur der Gang erhalten und profitabel in die „normale" Wirtschaft integriert würden. Aber es können sich auch in Slums oder in bestimmten Regionen wie in Kolumbien, in Afghanistan oder im Dreiländereck Burma, Laos und Thailand eigenständige Parallelwirtschaften etablieren.

Das Problem, auf das Richard Norton mit seinem Begriff der *feral cities* aufmerksam macht, ist vor allem auch eine Frage der Wahrnehmung. Solange die staatlichen Ordnungen noch nicht, wie etwa in Somalia, vollständig zerbrochen sind, tauchen *failed cities* nur sporadisch und als innenpolitische Probleme auf. Zudem funktionieren wichtige Teile von Städten noch im staatlichen Kontext, selbst wenn große Bereiche herausfallen, nicht mehr oder nur noch unregelmäßig kontrolliert werden können, von hoher Arbeitslosigkeit und einer Schattenwirtschaft mit einem Schwarzmarkt und mit ausgeprägten kriminellen „Branchen" geprägt sind, eine mangelhafte Infrastruktur (Zustand der Gebäude und Straßen, öffentliche Verkehrsmittel, Wasser- und Stromversorgung, Müll- und Abwasserentsorgung etc.) aufweisen und ungenügend mit sozialen Angeboten (Schulen, Krankenhäusern etc.) versorgt sind. „Wilde Städte werden", so Norton, „wenn und falls sie entstehen, etwas Neues in der internationalen Landschaft sein. Städte sind auch in der Vergangenheit wild geworden, normalerweise in der Folge von Kriegen oder gesellschaftlichen Konflikten, und auch bewaffnete Banden haben früher aus urbanen Zentren heraus operiert. Aber wilde Städte als solche werden ein neues Phänomen sein und Sicherheitsrisiken bilden, die in diesem Ausmaß bislang unbekannt sind. Es ist zu bezweifeln, ob die Mittel, Ressourcen und Strategien, die für den Umgang mit diesen Bedrohungen erforderlich wären, heute bereits vorhanden sind. Aber ausgehend von den Hinweisen auf die bevorstehende Entstehung von wilden Städten, ist es Zeit, diese Mittel zu schaffen."

Daß Städte völlig unregierbar werden, ist nur ein möglicher Endpunkt, von dem aus die Risiken des „Wildwerdens" besser oder überhaupt erst erfaßt werden können. Viele Städte, die meisten Großstädte und alle Megacities in ärmeren Ländern enthalten bereits „wilde" Inseln oder einen Archipel von solchen „pockets of darkness", wie P.H.Liotta und James F. Miskel dies nennen („Redrawing the Map of the Future", in: World Policy Journal, Frühjahr 2004). Aus der Perspektive der „Verwilderung" können diese Städte als „Patchwork"-Regionen mit mehr oder weniger sicheren oder riskanten Teilen verstanden werden. Liotta und Miskel meinen, daß solche schwarzen Löcher oder gesetzlose Zonen in noch nicht gescheiterten Staaten, die sie mit Zombies vergleichen, international noch eine größere Bedrohung sind als wirkliche *failed states*, weil sie im Gegensatz zu diesen Parias der Staatengemeinschaft von der Souveränität des Staates profitieren und in die globalen Ströme eingebunden bleiben.

In Rio de Janeiro werden zahlreiche der 600 bis 700 Favelas mit bis zu 2 Millionen Bewohnern von Banden kontrolliert, die mit brutaler Gewalt ihre Herrschaft stabilisieren. Manchmal dringen schwer bewaffnete Einheiten der Militärpolizei in die Armenviertel ein, um gegen die Drogenbanden vorzugehen, doch normalerweise geht die Polizei nicht in diese Viertel hinein. Teilweise korrupt, kooperiert sie allerdings auch mit manchen Banden oder trifft mit ihnen Vereinbarungen, um die Bandenkriege im Zaum zu halten. Die Gewalt für die Bewohner der Favelas geht nicht nur von den Banden aus, sondern auch von der Polizei und den Todesschwadronen, die oft aus Militärpolizisten bestehen und, beispielsweise, im Auftrag von Bürgern oder Geschäftsinhabern wohlhabender Stadtviertel handeln. Allein in Rio wurden 2005 fast tausend Menschen von Polizisten getötet. Nach einem Bericht von *amnesty international* aus dem Jahr 2005 wurden „außergesetzliche Exekutionen, exzessive Gewaltanwendung und Folter offensichtlich zu normalen Polizeimethoden". Morde durch Todesschwadronen seien in manchen Favelas zur alltäglichen Routine geworden.

Von einem bestimmten Punkt der Erosion an können Städte insgesamt ins Rutschen geraten. Nortons Beispiel für eine solche Stadt auf dem Weg zu einer *feral city* ist Johannesburg (2,3 Millionen Einwohner), einst eine prosperierende und wohlhabende Industriestadt, die nun – neben manchen brasilianischen und neuerdings irakischen Städten – zu einer der gefährlichsten Städte der Welt geworden ist, aber weiterhin – einschließlich ihrer urbanen Region mit 8 Millionen Einwohnern – das wichtigste Wirtschafts- und Finanzzentrum Südafrikas ist. Die Arbeitslosigkeit ist hoch, zwischen 30 und 40 Prozent der Einwohner, überwiegend Schwarze, haben keine reguläre Beschäftigung. Über 40 Prozent der Einwohner sind unter 24. AIDS ist wie überall in Afrika verbreitet. Auch wenn die Zahl schwerer Verbrechen in den letzten Jahren zurückgegangen ist, ist Johannesburg eine gefährliche Stadt geblieben. Von April 2004 bis zum März 2005 gab es nach der Polizeistatistik 18.800 Morde, 55.000 Vergewaltigungen, 24.000 versuchte Morde, 250.000 Überfälle mit der Absicht schwerer Gewaltanwendung und 260.000 „normale" Überfälle, zudem 2.600 Fälle von Entführungen und 12.400 Fälle von „Carjacking". Die Stadt versucht, die Ansiedlung neuer Slums oder Shantytowns zu verhindern, indem sie immer wieder zerstört werden. Oft genug werden sie allerdings genauso schnell wieder aufgebaut. Man versucht die Innenstadt, das Geschäftsviertel, zu retten und sicherer zu machen, um deren Abgleiten zu verhindern und neue Unternehmen, Geschäfte und Bewohner anzuziehen, nachdem viele Unternehmen und reichere Einwohner die Innenstadt verlassen haben und in die nördlichen Vororte gezogen sind. Die Müllabfuhr wurde verbessert, es gibt Regelungen für Straßenhändler, die Zahl der Polizisten wurde erhöht und die gesamte Innenstadt mit einem computergesteuerten System von zahlreichen Überwachungskameras ausgestattet, wodurch die Kriminalität zumindest in diesem Bezirk zurückgegangen ist. Johannesburg, für Norton auf Messers Schneide zu einer *feral city*, ist ein gutes Beispiel für die Situation. Die gut in die nationale und internationale Wirtschaft integrierte Stadt kämpft darum, nicht weiter abzugleiten. Auch wenn es große Bereiche mit Slums und armen Wohnvierteln im Süden und Südwesten (Soweto) gibt, die vom Rest der Stadt mehr oder weniger abgehängt sind, sind die Vororte im Norden relativ sicher, wohlhabend und wirtschaftlich attraktiv.

Das große Problem für die Zukunft der urbanisierten Gesellschaft wird sein, ob vor allem die Großstädte und Megacities in den Entwicklungsländern auch den Menschen aus den ärmeren Schichten die Chance zu einer Teilnahme am sozialen und wirtschaftlichen Leben in einem demokratischen Rechtsstaat mit staatlichem Gewaltmonopol bieten können. Dann wären sie nicht mehr länger genötigt, sich am Rande der Gesellschaft durchzuschlagen und ihren Status als Ausgeschlossene zu bekräftigen, indem sie gesellschaftliche und urbane Strukturen des Ausschlusses aufbauen oder sich in diese integrieren. Die von den Sicherheitsstrategen in all ihrer Einseitigkeit dennoch richtig verstandene Gefahr besteht, daß mit vielen „wilden" Enklaven ab einem bestimmten Punkt – dem Eintritt der Fluchtgeschwindigkeit, mit der ein Gegenstand das Gravitationsfeld eines Himmelskörpers verlassen kann – in den Städten eine Erosion der öffentlichen Ordnung eintritt, die den Zerfall eines Landes in *failed cities* oder besser: in ein Konglomerat aus relativ autonom durch Gangs oder andere Gruppen „regierten" urbanen Enklaven beschleunigt, die allerdings wiederum, wie wir gesehen haben, zunehmend transnational vernetzt sein können. Dadurch entstünde ein Netz von *failed cities*, die aus dem System der Nationalstaaten herausbrechen. Ansätze dazu gibt es, wie wir gesehen haben, etwa in Mittelamerika. Man kann sich durchaus vorstellen, daß in Zukunft Städte nicht nur nach sozialen Schichten und bestimmten Funktionen räumlich aufgeteilt und durch Überwachung voneinander abgegrenzt sind, sondern daß neue Grenzen durch die Städte hindurchgehen, mit Hightech-Anlagen gesichert und von Sicherheitskräften, Milizen oder Gangs kontrolliert werden. Einen solchen Archipel überregional, international und auch global vernetzter urbaner Regionen mit bestimmten Korridoren – Flugplätzen, Autobahnen, Häfen, Geschäfts- und Verwaltungszentren sowie gesicherten Wohnanlagen – und den davon teilweise ausgegrenzten oder sich auf andere Weise organisierenden urbanen Regionen und Korridoren existiert schon heute. Diese urbane Kluft läßt allerdings die staatliche Integrität meist noch intakt, die erst, so wie in Somalia oder im Irak, durch Bürgerkriege oder Interventionen in Frage gestellt würde.

Dieser Prozeß kann durch ethnische, kulturelle oder religiöse Konflikte verstärkt werden, die an dem Zusammenhalt der oft durch äußere Macht zufällig gebildeten „Nationalstaaten" rütteln. Möglicherweise können auch globale Konzerne direkt als politische agierende Akteure in das Machtvakuum eintreten und sich als „corporate government" territoriale Einflußzonen sichern, die nicht mehr geographisch, sondern nur logistisch zusammenhängen müssen. Nichts spricht dafür, daß die jetzige Ordnung der Nationalstaaten von Dauer ist. Insbesondere die europäische Geschichte zeigt, daß die Fragmentierung von Gesellschaften in einen Archipel aus kleineren konkurrierenden, koalierenden oder neutralen Akteuren und Stadtstaaten zwar eine große Instabilität, aber auch eine keineswegs nur negative Dynamik hervorbringen kann. Der Weg von *failed states* zu wilden Städten, vor dem Sicherheitsstrategen warnen, könnte mit der Instabilität auch ein Aufbruch in eine neue Renaissance sein. Das aber wird, wenn man nur auf Bedrohungen achtet und den „langen Krieg" gegen den Terrorismus ausruft, den man schließlich überall zu sehen beginnt, auch schon gedanklich verstellt.

Bauwelt Fundamente
(lieferbare Titel)